U0936420

健康与幸福

JIANKANG YU XINGFU

鲁晓静　邢志丽◎主　编

首都经济贸易大学出版社
Capital University of Economics and Business Press
·北　京·

图书在版编目（CIP）数据

健康与幸福/鲁晓静，邢志丽主编. --北京：首都经济贸易大学出版社，2018.9
ISBN 978-7-5638-2866-1

Ⅰ.①健… Ⅱ.①鲁… ②邢… Ⅲ.①健康教育—高等学校—教材 Ⅳ.①G647.9

中国版本图书馆 CIP 数据核字（2018）第 214941 号

健康与幸福
鲁晓静 邢志丽 主编

责任编辑 赵晨志 田玉春
封面设计 砚祥志远·激光照排 TEL：010-65976003
出版发行 首都经济贸易大学出版社
地　　址 北京市朝阳区红庙（邮编 100026）
电　　话 （010）65976483 65065761 65071505（传真）
网　　址 http：//www. sjmcb. com
E-mail publish@cueb. edu. cn
经　　销 全国新华书店
照　　排 北京砚祥志远激光照排技术有限公司
印　　刷 北京市兴怀印刷厂
开　　本 787 毫米×1092 毫米 1/16
字　　数 422 千字
印　　张 16.5
版　　次 2018 年 9 月第 1 版 2018 年 9 月第 1 次印刷
书　　号 ISBN 978-7-5638-2866-1/G·422
定　　价 39.00 元

内容简介

本教材按照现代健康理念，从身体健康、心理健康和社会适应三个方面阐述健康与幸福的关系。结合职业学校的学生实际，从科学饮食、充足睡眠、适当运动三个方面讲授身体健康，从自我认知、人格完善、情绪管理、意志培养、人际交往、学会学习、相知相爱七个方面讲授心理健康，从适应环境、认知偏差、角色冲突、团队合作、积极心态五个方面讲授社会适应。

本教材作为职业院校的素质教育教材，从基本的社会常识入手，以养成良好习惯为切入点，引导学生树立健康的理念，养成健康的心态，获得幸福的人生。

本教材适合作为高职和中职院校学生素质养成教育的教材。

内容简介

前　言

为贯彻落实《中共中央国务院关于深化教育改革全面推进素质教育的决定》的精神，进一步加强对全国高等学校大学生心理健康教育工作的领导和指导，根据《国家中长期教育改革和发展规划纲要（2010—2020年)》、《教育部 人力资源和社会保障部 财政部关于实施国家中等职业教育改革发展示范学校建设计划的意见》（教职成〔2010〕9号)、《教育部 卫生部 共青团中央关于进一步加强和改进大学生心理健康教育的意见》，依照《普通高等学校学生心理健康教育工作基本建设标准（试行)》，我们结合学生实际编写了本部素质教育教材，旨在培养学生树立健康理念，获得积极心态，追求幸福人生。

教材的特色

第一，教材的栏目设计新颖，趣味性强。通过趣味小测验激发学生兴趣，利用"例海藏真""真知灼见""聚焦实验""博闻天下"等栏目详细解读和分析相关理论知识，易于学生理解和掌握，让学生确立目标。

第二，教材内容由浅入深。每章的编写分四部分：了解自我、认识自我、完善自我、超越自我。同时，运用案例将知识具体化、形象化，使全书内容浅显易懂，生动活泼。

第三，教材的学习以学生探索性的认知和实践活动为主导，教师不是扮演塑造者和指导者的角色，而是推动学生积极思考、自我反省和自我教育。

教材的主要内容

按照现代健康理念，健康包括身体健康、心理健康和社会适应良好三个方面。本书结合学生实际，从科学饮食、充足睡眠、适当运动三个方面讲授身体健康，从自我认知、人格完善、情绪管理、意志培养、人际交往、学会学习、相知相爱七个方面讲授心理健康，从适应环境、认知偏差、角色冲突、团队合作、积极心态五个方面讲授社会适应。

本书为素质教育系列教材之一，素质教育系列教材由刘玉娟担任总主编，本教材的主编是鲁晓静、邢志丽，副主编是蔡一品、王玉。

本书编写过程中，借鉴了一些专家学者的研究成果，在参考文献中已一一列出。在此，我们向这些作者表示深深的敬意和谢意！

由于时间关系和编者水平有限，书中难免有不足之处，真诚欢迎专家、同行和广大读者批评指正。

编者

2018年6月

目　录
Contents

绪　论　走进健康

了解自我——趣味小测验

学生健康生活方式测量表

1. 如果你需要早起床，你会：

A. 上好闹钟　　B. 请别人叫　　C. 自己醒来

2. 早上睡醒以后，你会：

A. 立即起床学习　　B 不慌不忙，起床后做操锻炼，然后学习

C. 在被窝里能多躺一会儿是一会儿

3. 早晨起床时，你的心情通常是：

A. 一般的　　B. 愉悦的　　C. 烦心的

4. 每天到教室上课，你总是：

A. 准时到教室　　B. 或早或晚，但都在 10 分钟之内

C. 非常灵活

5. 听了一上午的课，你的心情通常是：

A. 烦躁不安的　　B. 心境平和的　　C. 轻松愉悦的

6. 尽管学习很忙很累，也和同学有说有笑。

A. 天天如此　　B. 有时如此　　C. 很少如此

7. 对校园生活中出现的矛盾，你会：

A. 争论不休　　B. 反应冷淡　　C. 明确表态

8. 在课余时间内，你一般：

A. 参加社交活动　　B. 参加体育活动或文娱活动

C. 参加家务

9. 对待来客，你：

A. 热情，认为有意义　　B. 认为浪费时间　　C. 非常讨厌

10. 晚上你对睡觉时间的安排是：

A. 同一时间上床　　B. 往往凭一时高兴

C. 等所有的事情做完以后才睡觉

11. 如果你自己能控制假期，你会：

A. 集中一次过完　　B. 一半安排在夏季，一半在冬季

C. 留着，有事时用

12. 对于运动，你一般：

A. 喜欢看别人运动　　B. 做自己喜欢的运动　　C. 不喜欢运动

13. 最近两周，你：

A. 到外面玩过　　B. 参加过体力劳动或体育运动

C. 散步 400 米以上

14. 你是怎样度过假期的：

A. 消极休息　　B. 做点体力劳动　　C. 参加体育活动

15. 你认为自尊心的表现方式是：

A. 不惜代价要达到目的　　B. 深信经过努力会有结果

C. 要别人对你做出正确的评价

计分标准：请参照表 1 将各题的得分相加，计算出总分。

表 1　计分标准

得分 题号 / 选项	1	2	3	4	5	6	7	8	9	10	11	12	13	14	15
A	3	1	2	0	0	3	0	1	3	3	2	0	3	0	0
B	2	3	3	3	1	2	0	2	0	0	3	3	3	2	3
C	0	0	0	2	3	0	3	3	0	0	1	0	3	3	1

结果解释：

如果你的总分在 37 ~ 45 分，说明你的生活方式良好，你是一个善于学习、生活和工作的人，有较高的工作效率和学习效率。

如果你的总分在 25 ~ 36 分，说明你的生活方式比较好，能在繁忙的工作中掌握恢复活力的艺术，有提高效率的潜力。

如果你的总分在 13 ~ 24 分，那就表明你的生活方式健康的程度中等，你应该努力改善自己的生活方式。

如果你的总分在 12 分之下，说明你的生活状况不佳，应该下定决心彻底改变有害的生活习惯。

注：本测验的结果仅供参考。

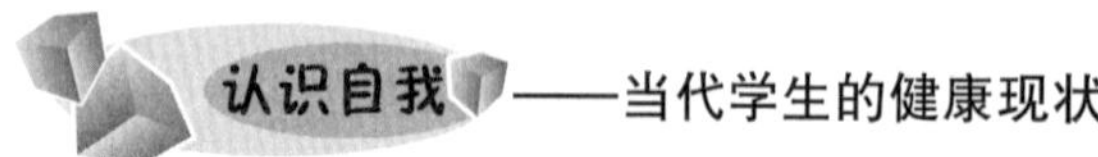

认识自我——当代学生的健康现状

习近平同志在党的十九大报告中指出：“青年兴则国家兴，青年强则国家强。青年一代有理想、有本领、有担当，国家就有前途，民族就有希望。”这是习总书记对青年一代寄予的殷切期望。

青年强是多方面的，既包括思想品德、学习成绩、创新能力、动手能力，也包括身心健康、体魄强壮。青年们只有把课业学好，把身体锻炼好，做到德智体美全面发展，才能成为祖国建设的栋梁之材。

但是，现在的青年学生的健康状况却不容乐观。辽宁省某高校入学新生的健康体检状况的调查结果显示，体检异常人数的比例逐年上升，主要体现在血压偏高、体重超标、视力下降等状况，对入学新生的心理健康状况筛查结果也显示出有心理问题的学生人数呈逐年上升态势，包括抑郁、自杀意念、攻击、依赖、适应困难等，这种健康“问题”的增多需要引起全社会的重视。

凡·高：悲情画家悲情离世

在19世纪的那些伟大画家中，凡·高的价值在那个时代被人们低估了。虽然后来他成为最著名的画家之一，一幅画最高能卖到8 250万美元，但在当时，他却是最落泊的艺术家。一贫如洗的他一直靠他的商人弟弟资助生活。

生活的潦倒、情感的挫折、命运的不公，这一切都让凡·高越来越郁郁寡欢，他会时常选择用自残的方式来折磨自己。1888年12月23日，凡·高和法国阿尔城艺术家协会会长戈甘经历过一场激烈争论后，用剃须刀在自己的耳朵上割下了一块肉，并用报纸将它包起来。这是凡·高第一次在人们面前呈现出过激的表现，而事实上，他当时的抑郁症已经很严重了。

1889年2月，凡·高因耳伤出院才过了一个月，当他走到医院的一个出口处时，突然拿起了装满松节油的瓶子，喝下了一升多松节油，这是他第一次企图自杀。之后的凡·高便时常出现令亲友不安的举动，这显然是因为精神负担过重而引起的。

终于，到了1890年7月27日，不堪心理重荷的凡·高拿着手枪走进了一个农民的田庄。他没有将左轮手枪对准自己的头部或心脏，而是朝自己的下腹部开了一枪。然后他拖着沉重的脚步回到了自己的房间。被人发现时，已是两天后的早晨了。

资料来源：搜狐网。

这位才华横溢的大画家死时年仅37岁。

健康是人类永恒的主题，是人类生存发展的要素。以往，人们普遍认为“健康就是没有疾病”，随着科学的发展和时代的变迁，现代健康观告诉我们，健康已不再仅仅是指四肢健全、无病，还需要在精神上保有一个完好的状态。人的精神、心理状态和行为对自己和他人甚至对社会都有影响，因此，更深层次的健康观还应包括人的心理、行为的正常以及社会适应能力。可以说，健康的含义是多元的、广泛的。

一、世界卫生组织关于健康的定义

20世纪70年代，世界卫生组织明确指出：“健康不仅指没有身体的缺陷和疾病，还要有完好的心理状态和良好的社会适应能力。”这就是人们所指的身心健康，也就是说，一个人在躯体健康、心理健康、社会适应良好方面都健全，才是完全健康的人。

躯体健康：一般指人体生理的健康。

心理健康：具备健康心理的人，人格是完整的，自我感觉是良好的；情绪是稳定的，积极情绪多于消极情绪；有较好的意志力，能保持心理上的平衡；对未来有明确的生活目标，能切合实际地、不断地进取，有理想和事业的追求。

社会适应良好：指一个人在自己所处的环境中，有充分的安全感，且能保持正常的人际关系，能有效避免认知偏差和角色冲突，较快地适应纷繁复杂的环境变化，为他人所理解，为大家所接受。

随着人们对健康观念的深入研究，世界卫生组织于1999年又提出了身心健康的新标准，即“五快”（机体健康）和“三良好”（精神健康）。

“五快”具体指：吃得快、拉得快、走得快、说得快、睡得快。

吃得快，说明消化功能好，有良好的食欲，不挑食，不厌食，不偏食，不狼吞虎咽。

拉得快，说明吸收功能好，一旦有便意，能很快排泄，感觉轻松。

走得快，说明运动功能及神经协调机能良好，步履轻盈，行走自如。

说得快，说明思维敏捷，反应迅速，口齿伶俐。

睡得快，说明神经系统兴奋—抑制过程协调好，上床很快入睡，睡得沉，醒后精神饱满，头脑清醒。

精神健康“三良好”是指：

良好的个性人格、情绪稳定、性格温和、意志坚强、感情丰富、胸怀坦荡、豁达乐观。

良好的处世能力，观察问题客观现实，具有较好的自控能力，能适应复杂的社会环境。

良好的人际关系，助人为乐、与人为善，对人际关系充满热情。

由此可以看出，健康已不再仅指生物学意义上的正常状态，它已经扩展到了精神和社会关系两个方面的健康状态，即把人的身心、家庭和社会生活的健康状态均包括在内。

一名妇女发现三位蓄着花白胡子的老者坐在家门口。

她不认识他们，就说：“我不知道你们是什么人，但各位也许饿了，请进来吃些东西吧。”

三位老者问道：“男主人在家吗？”

她回答：“不在，他出去了。”

老者们答道："那我们不能进去。"

傍晚时分，妻子在丈夫到家后向他讲述了所发生的事。

丈夫说："快去告诉他们我在家，请他们进来。"妻子出去请三位老者进屋。

但他们说："我们不一起进屋。"

其中一位老者指着身旁的两位解释："这位的名字是财富，那位叫成功，而我的名字是健康。"

接着，他又说："现在回去和你丈夫讨论一下，看你们愿意我们当中的哪一个进去。"

妻子回去将此话告诉了丈夫。丈夫说："我们让财富进来吧，这样我们就可以黄金满屋啦！"

妻子却不同意："亲爱的，我们还是请成功进来更妙！"

他们的女儿在一旁倾听。她建议："请健康进来不好吗？这样一来我们一家人身体健康，就可以幸福地享受生活、享受人生了！"

丈夫对妻子说："听我们女儿的吧，去请健康进屋做客。"

妻子出去问三位老者："敢问哪位是健康？请进来做客。"

健康起身向她家走去，另外两人也站起身来，紧随其后。

妻子吃惊地问财富和成功："我只邀请了健康，为什么两位也随同而来？"

两位老者道："健康走到什么地方我们就会陪伴他到什么地方，因为我们根本离不开他，如果你没请他进来，我们两个不论是谁进来，很快就会失去活力和生命，所以，他在哪里我们都会和他在一起的！"

资料来源：个人图书馆。

二、健康的标准

世界卫生组织提出的健康的十条标准是：①精力充沛，能从容不迫地应付日常生活和工作的压力而不感到过分紧张；②处事乐观，态度积极，乐于承担责任，事无巨细不挑剔；③善于休息，睡眠良好；④应变能力强，能适应环境的各种变化；⑤能够抵抗一般性感冒和传染病；⑥体重得当，身材均匀，站立时头、肩、臂位置协调；⑦眼睛明亮，反应敏锐，眼睑不发炎；⑧牙齿清洁，无空洞，无痛感，齿龈颜色正常，不出血；⑨头发有光泽，无头屑；⑩肌肉、皮肤富有弹性，走路轻松有力。

艾里克森的心理社会阶段理论将人分为八个阶段，分别是：婴儿期（0~1.5 岁），儿童期（1.5~3 岁），学龄初期（3~5 岁），学龄期（6~12 岁），青春期（12~18 岁），成年早期（18~25 岁），成年期（25~65 岁），成熟期（65 岁以上）。

艾里克森认为，在每一个心理社会发展阶段中，都有其核心问题，解决了核心问题之后所产生的人格特质，包括了积极与消极两方面的品质，如果各个阶段都保持向积极品质发展，就完成了这阶段的任务，逐渐实现了健全的人格，否则就会产生心理社会危机，出现情绪障碍，形成不健全的人格。

对于青年人而言，心理健康的标准主要有以下八条。

（一）智力正常

智力，是人的观察力、注意力、记忆力、想象力、思维力、创造力及实践活动能力等的综合，包括在经验中学习或理解的能力，获得和保持知识的能力，迅速而成功地对新情境做出反应的能力，运用推理有效地解决问题的能力等。这是学生学习、生活与工作的基本心理条件，也是适应周围环境变化所必需的心理保证，因此，衡量学生的智力是否正常，关键在于其是否正常地、充分地发挥了自我效能：即有强烈的求知欲，乐于学习，能够积极参与学习活动。

（二）情绪稳定乐观

情绪，是对一系列主观认知经验的通称，是多种感觉、思想和行为综合产生的心理和生理状态。主要包括：积极情绪多于消极情绪、乐观开朗、富有朝气，对生活充满希望；情绪较稳定，善于控制与调节自己的情绪，既能克制又能合理宣泄自己的情绪，情绪的表达既符合社会的要求又符合自身的需要，在不同的时间和场合有恰如其分的情绪表达；情绪反应与环境相适应，反应的强度与引起这种情绪的情境相符合。

（三）意志坚定健全

意志，是人在完成一种有目的的活动时进行的选择、决定与执行的心理过程。意志坚定健全者在行动的自觉性、果断性、顽强性和自制力等方面都表现出较高的水平。意志坚定健全的学生在各种活动中都有自觉的目的性，能适时地做出决定并运用切实有效的方式解决所遇到的问题，在困难和挫折面前，能采取合理的反应方式，能在行动中控制情绪，言而有信，而不是行动盲目、畏惧困难、顽固执拗。

（四）人格完整

人格完整，是指有健全统一的人格，个人的所想、所说、所做都是协调一致的。人格完整包括人格结构各要素的完整统一；具有正确的自我意识，不产生自我同一性混乱，以积极进取的人生观作为人格的核心，并以此为中心把自己的需要、目标和行动统一起来。

（五）自我评价正确

正确的自我评价是学生心理健康的重要条件，学生在进行自我观察、自我认定、自我判断和自我评价时，能做到自知，恰如其分地认识自己，摆正自己的位置，既不以自己在某些方面高于别人而自傲，也不以某些方面低于别人而自卑，面对挫折与困境，能够自我悦纳，喜欢自己，接受自己，自尊、自强、自制、自爱适度，正视现实，积极进取。

（六）人际关系和谐

人际关系，是指人与人在相互交往过程中所形成的心理关系。良好而深厚的人际关系，是事业成功与生活幸福的前提。其表现为：乐于与人交往，既有广泛而深厚的人际关系，又有知心朋友；在交往中保持独立而完整的人格，有自知之明，不卑不亢；能客观评价别人和自己，善取人之长补己之短，宽以待人，乐于助人，积极的交往态度多于消极态度，交往动机端正。

（七）社会适应正常

社会适应，是指个体逐渐地接受现有社会的道德规范与行为准则，对于环境中的社会刺激能够在规范允许的范围内做出反应的过程。社会适应正常包括个体应与客观现实环境保持良好秩序，既要进行客观观察以取得正确认识，以有效的办法应付环境中的各种困难，不退缩；又要根据环境的特点和自我意识的情况努力进行协调或改变环境适应个体需要，改造自我适应环境。

（八）心理行为符合大学生的年龄特征

大学生是处于特定年龄阶段的特殊群体，大学生应具有与年龄和角色相适应的心理行为特征。

值得注意的是，个体的心理健康与不健康并无明显界限，它是一个连续化的过程，如将正常比作白色，将不正常比作黑色，那么在白色与黑色之间存在着一个巨大的缓冲区域——灰色区，世间大多数人都散落在这一区域内。这说明，对于多数学生而言，在人生的发展过程中出现心理问题是正常的，不必惊慌失措，应积极加以矫正。与此同时，个体灰色区域也是存在的，所以，学生应提高自我保健意识，及时进行自我调整。

人的健康状态的活动是一个发展的过程。当一个人产生了某种心理问题，并不意味着永远保持或行将加重，要知道，心理冲突是正常的，而且是可以自行解决的。事实上，不健康的心理是人的发展中不可避免的发展性问题，会随着个体的心理成长逐渐调整而趋于健康。

完善自我——维护健康

健康来自于点滴积累，健康来自于日常维护。拥有良好的心理品质，养成良好的生活方式是维护健康的重要途径。

一、维护心理健康

（一）要有正确的自我认知

自我认知与自我觉察是进行清晰的自我定位的基础，也是个人职业与事业生涯的起点。自我认知包括：认知自己的价值观、人生方向和目标，认知自己的性格特征，认清自己的优势和劣势，觉察自我情绪变化的原因等。

例海藏真

一日，老和尚为了启发他的徒弟，便给了他一块非常美丽的石头叫他去蔬菜市场叫卖，小和尚心里虽然感觉很奇怪，但仍欣然接受了。临行前，老和尚笑呵呵地对他的徒弟说："注意，你不要卖掉这块石头，只要在菜市场上叫卖一下，看需要多长时间才会有人前来询问价格，然后你只要告诉我这块石头在蔬菜市场上能卖多少钱便可以了。"

徒弟虽然疑惑不解，但还是抱着那块石头去了菜市场。菜市场上，很多人都用奇怪的眼光看着这个小和尚，他们心想：这和尚为什么在这儿出售如此平凡的石头呢？其中有几个善良的老人还热心地上前来询问价格，打算购买那块石头。但让小和尚失望的是，那些人最多的只愿意付几个铜板来购买那块石头。最后，小和尚不得不失望地抱着那块石头回到了寺庙，把情况原原本本说给了老和尚听。

老和尚说："那么，明天你抱着这块石头再去黄金市场，问问那儿的人。同样，只是问问价格，但不要卖掉它。"第 2 天，有人愿意出到 1 000 两银子来购买那块石头。第 3 天，老和尚让徒弟去珠宝商那儿问问价格，结果有人竟然出 5 万两银子。因为小和尚不卖，所以价格长到了 30 万两银子，或者任凭小和尚开价，只要他肯卖出。第 4 天，小和尚去拍卖行问问价格，结果全国最出名的拍卖师告诉他这是千年不遇的宝石，太难得了，这个石头也被作为当天压轴的宝物亮相，结果有一国国王愿意出三个城池来和小和尚交换。

老和尚之所以这样做，主要是想培养和锻炼小和尚充分认识自我价值的能力和对事物的理解能力。在菜市场、黄金市场、珠宝市场、拍卖行，同样一个东西，有人将它抬得很高，有人把它贬得很低，有价值的东西，只有在懂得其价值的人面前才有价值，不要管别人怎么看，关键是自己怎么看自己。在很大程度上，你可以掌握自己的命运，决定自己的价值！

资料来源：百度文库。

（二）要塑造良好的人格特征

人格是个体心理行为的基础，它会影响到人的身心健康、活动效率、潜能开发以及社会适应状况。因此，重视人格的整合与塑造，既是身心健康的需要，又是自我发展、自我实现的需要。

人格障碍是指明显偏离正常且根深蒂固的行为方式，具有适应不良的性质，其人格在内容上、本质上或整个人格方面异常，由于这个原因，病人遭受痛苦或使他人遭受痛苦，给个人或社会带来不良影响。人格的异常妨碍了他们的情感和意志活动，破坏了其行为的目的性和统一性，给人以与众不同的特异感觉，在待人接物方面表现尤为突出。人格障碍通常开始于童年、青少年或成年早期并一直持续到成年乃至终生。部分人格障碍患者在成年后会有所缓和。

人格障碍主要有12种类型：强迫型人格障碍、偏执型人格障碍、分裂型人格障碍、反社会型人格障碍、攻击型人格障碍、癔症型人格障碍、回避型人格障碍、依赖型人格障碍、自恋型人格障碍、边缘型人格障碍、抑郁型人格障碍、违拗型人格障碍。

（三）要有平和、快乐的心态

心理健康可以延缓衰老，增强免疫力。早前曾有报道说，癌症的发病率与战争有直接关系。很多国家战争年代癌症发病率普遍较高，我国10年浩劫时期也有很多老干部死于癌症，这都与心态不平衡有关。因为癌细胞每人身上都有，当你身体强壮、心态平和时癌细胞处于沉睡状态，临床也常见到带癌生存多年者。当你免疫功能低下，负面情绪较多时，癌细胞就开始活跃，它们可以侵害人体各个器官，引发癌症。所以人生在世，不要斤斤计较，过分攀比。要有平和、快乐的心态。

例海藏真

有位哺乳期母亲，经常和丈夫吵架，常常是一边喂奶一边吵骂不休，后来这孩子身体极差，不久就夭折了。原来正是这位母亲长期争吵吵出了“毒奶”，孩子吃这种毒奶而夭折。科学实验证明：人生气时体内产生的毒素，是心情平和时产生的毒素的50多倍，对肝、肾损害最大。可见极度不良的心理状态会严重影响到人的健康。

（四）要有坚定的意志

意志力是指一个人自觉地确定目的，并根据目的来支配、调节自己的行动，克服各种困难，从而实现目的的品质。当人们善于运用这一有益的力量时，就会产生决心。而人有决心就说明意志力在起作用。人的心理功能或身体器官对决心的服从，正说明了意志力存在的巨大力量。

霍金不倒的神韵

霍金从小就拥有对自然科学的强烈兴趣，在大学时代（当时还没患病），他就意识到，肯定会有一套能够解释宇宙万物的理论，并陶醉于对其的思索之中，把这当作了自己的信仰，并具有极强的使命感。

在他21岁得知自己患上不治之症后曾也消沉过一段时间，极度失望时他做了一个梦，梦见自己努力去帮助一些人。医生当时预测他最多只能活2年，但2年过后情况并不是非常糟糕。后来他又想到了以前曾和自己一个病房的男孩，那个男孩第二天就死去了。他似乎明白了什么，觉得自己还不算倒霉，不应该就这样放弃，自己17岁就考上了剑桥大学，拥有异乎常人的头脑。

患病后，霍金为了家庭，为了自己的理想，果断地"站了起来"，继续自己的研究。他在个人传记中谈到，他并不认为疾病对他有多大影响，他每天都陶醉在自己的世界之中，努力不去思考自己的疾病。同时，他又努力证明自己能够像常人那样生活！霍金在自己的生活中，只要能做到的事情绝不麻烦别人，他很厌恶别人把自己当作残疾人，他说：一个人身体残疾了，决不能让精神也残疾。霍金的意志力是非常坚强的，同时他又是一个对生活很有主见的人。他对生活永远充满了乐观和幽默的态度。在他患病后，曾有6次非常近距离地和死神相遇，他都顽强地活了下来。

一次霍金演讲结束后，一位女记者冲到演讲台前问道："病魔已将您永远固定在轮椅上，您不认为命运让您失去太多了吗?"大师的脸上充满了笑意，用他还能活动的3根手指，艰难地叩击键盘后，显示屏上出现了四段文字："我的手指还能活动；我的大脑还能思维；我有终生追求的理想；我有爱我和我爱的亲人和朋友……"在回答完那个记者的提问后，他又艰难地打出了第五句话："对了，我还有一颗感恩的心！"现场顿时爆发出雷鸣般的掌声……

的确，用霍金自己的话来说，活着就有希望，人永远不能绝望！比大海更广阔的是天空，比天空更广阔的是人的胸怀！即使病魔把霍金固定在轮椅上，他也是无限空间里的"王者"！

资料来源：瑞文网。

霍金的故事告诉我们，每个人都应该成为自己命运的主宰，都应该对自己的生活有自己的主见，拥有自己的梦想，用坚定的意志力，全力以赴地为之奋斗！

（五）拥有良好的人际关系

人际关系是指人与人在相互交往过程中所形成的心理关系，人与人的交往关系包括亲属关系、朋友关系、学友（同学）关系、师生关系、雇佣关系、战友关系、同事及领导与被领导关系等。建立良好的人际关系，不仅能让你在遇到困难时获得帮助，更重要的是，这对自己健康的维护以及自身能力的提高也有很大帮助。

聚焦实验

哈佛大学成年发展研究中心在75年前展开了一项大规模的纵贯研究，在当时他们选定了724位男性，对他们的生涯发展进行全面的追踪。研究者每年定期考察他们的生活、工作、健康状况和家人，举凡落魄失意、高迁翻身或生老病死，研究人员都进行了翔实的描述，就连受访者的医疗记录也进行了分析。

不只是受访者会去世，教授与研究人员在75年中也会相继过世，但哈佛大学未曾放弃，一代学者死亡后，还有下一代的专家接棒，如今这项研究计划已经传到了第四代主持人罗伯·沃丁格教授手中。就在去年，他将75年来的研究成果公之于世：幸福的关键因素到底是什么？

原来“关系”就是一切！沃丁格教授在TED的演说时表示，良好的关系，是让我们保持幸福与健康的最关键因素！一切都取决于我们跟他人的关系。因为在这75年的研究中，学者发现拥有良好人际关系的人，不仅自我感觉比较幸福，晚年时也少有病痛，而且记忆的衰退程度也明显低于那些孤独又缺乏稳定关系的人。

资料来源：视频资料《决定你人生幸福的是什么》。

（六）拥有良好的适应能力

社会适应能力是指人为了在社会更好生存而进行的心理上、生理上以及行为上的各种适应性的改变，与社会达到和谐状态的一种执行适应能力。

要拥有良好的适应能力，最快适应大学生活和学习，就必须在新的生活环境中学会独立，学会协调，学会平衡；在新的学习环境中找到方向，探索方法；在新的人际环境中学会交往，学会做人。

二、维护生理健康

（一）注意保持个人卫生、环境卫生

个人卫生是一个人精神面貌的外观体现，是仪容美的关键，是礼仪的基本要求，也是健康的根本保障。不管长相多好，服饰多华贵，若满脸污垢，浑身异味，那必然破坏一个人的美感，甚至还有可能引病上身。因此，每个人都应该养成良好的卫生习惯，做到“入睡起床洗脸、脚，早晚、饭后勤刷牙，经常洗头又洗澡，讲究梳理勤更衣”。不要在人前“打扫个人卫生”，比如剔牙齿、掏鼻孔、挖耳屎、修指甲、搓泥垢等，这些行为都应该避开他人进行，否则，不仅不雅观，也不尊重他人。与

人谈话时应保持一定距离，声音不要太大，不要对人唾沫四溅，杜绝唾液中的病毒传染。

肯尼亚不良卫生习惯导致疾病传播 致多人死亡

新华网内罗毕5月28日电，据肯尼亚媒体28日报道，该国卫生部日前公布的一份调查显示，只有25%的肯尼亚人经常洗手，许多人饭前便后都不洗手，这使得大部分肯尼亚人容易患上疾病。

肯尼亚《旗帜报》援引肯尼亚卫生部健康促进部门负责人尼古拉·穆拉古利的话说，由于肯尼亚人没有养成经常洗手这种基本的卫生习惯，伤寒、霍乱、腹泻等疾病发生普遍。每年有约3万名儿童死于腹泻，而这种疾病是可以通过洗手预防的。

穆拉古利说："我们看到，除非人们看到手上有脏东西，否则他们会觉得手是干净的，其实上面有细菌。我们有着不良的卫生习惯，这在农村和贫民窟里更为严重，因为那里缺少干净的水源。"他指出，洗手可以将腹泻发生率降低20%。

不良卫生习惯是霍乱爆发的原因之一。去年肯尼亚爆发的霍乱持续了4个月，造成50多人死亡。

资料来源：新华网。

（二）要有全面均衡的营养膳食

人是活的生物机体，总在不断地进行新陈代谢，各种细胞都在不断更新，体内维持生命的各种营养物质在不断消耗，因此需要不断地补充才能保持身体健康。如果营养补充不足，体质会逐渐下降，甚至会出现各种各样的疾病。比如一个孩子生下来时身体情况很好，一切都很正常，那是他父母遗传给他的基因健康，这就是先天的健康。生下来以后要保持一个健康的体魄，使他健康成长，就需要为他提供全面均衡的营养，使其有生成气血的物质供应；加上脾胃的共同协作，消化吸收各种营养物质，才能使他得到健康。

有人认为现在生活条件很好，吃的也不错，营养足够了，这种说法并不正确。人需要的营养是全面均衡的，缺少了不行，过剩了也不行。如果只按自己的喜好大吃特吃，可能会吃出病来。当前许多"富贵病"如糖尿病、肥胖症、高血脂、高血压等都与饮食不合理有密切关系。人们还有一个误区，就是认为吃高热量的食品，营养价值就高。其实不然，营养物质全面均衡才能健康。

著名的木桶定律的内容大致为：一个木桶能盛多少水，不是取决于木桶壁上最长的那块木板，而是取决于木桶壁上最短的那一块。根据木桶定律的核心内容，可以有两个推论：其一，只有木桶壁上所有木板都足够高，木桶才能装满水；其二，只要这个木桶里有一个木板不够高，木桶里的水就不可能是满的。人的营养健康就好比是这个木桶，各种食物就是木桶的木板，缺了哪一块都会降低健康水平。

从现代营养学角度讲，各种食物提供给人的营养是不同的。谷物主要提供人体所需要的能量，禽畜肉类主要提供动物蛋白和脂肪，果蔬类主要提供人体必需的维生素、微量元素和纤维素。这些食物缺了哪种都不利于身体健康。

（三）适当运动

运动可以促进血液循环、增进食欲、增强代谢，也有助于人体对食物中营养素的吸收和利用。"生命在于运动"，运动有利于个体的健康长寿，但也不能忽略了营养物质的补充。俗话说："没有无源之水，无本之木"，如果只有运动消耗体力，没有足够的营养补充，摄入与支出不平衡，天长日久，免疫功能低下，就会出现各种疾病。运动要适量，运动过量对身体会有伤害。

撞大树的由来

有一对老年人是退伍军人，患有腰椎间盘突出症，他们退休来到农村，闲来无事就互相扶着在家乡的山上练习爬山。有一天，二人正在缓慢上山，看到一个穿道袍的老者，鹤发童颜，两眼有神，飞快地行走在山路上。他们接连三天碰到这位老者，第四天老者又看到他俩互相扶着艰难爬山，老人说："你们在干什么？""我们在练习爬山，锻炼锻炼。"老人说："恐怕你们爬一天，半山腰也爬不到，如果真想锻炼的话，我告诉你们一个方法：去撞大树一年，再来爬山，保证你们一天能爬到山顶。"说完老者飞快地下山了。后来的三天里，这对退休老人依旧坚持去爬山。第四天，那位身穿道袍的老人正好和他俩对面相遇，他对二位退休老人说了一句话："真是朽木不可雕也！"然后扬长而去。二位退休老人被惊呆了，仔细品味着道袍老人的话，如梦方醒：这位道长告诉咱们撞大树的方法既简单方便，又无毒副作用，还不花一分钱，咱们为什么不试一试呢？从这天开始，二位退休老人每天撞大树三次，每次半小时，按照道长说的去做。半年后就感觉浑身有使不完的劲儿，腰椎间盘突出症也无影无踪，行走时再也不用人搀扶了。一年后两位老人身体健康起来，又去爬山，一口气爬到了山顶。

资料来源：百度文库。

（四）要有适当的休息和充足的睡眠

睡眠可以使人体进行自我调理和减轻疲劳，提高自身免疫功能，因此我们的学习生活不要过于紧张，要注意劳逸结合。

平日严重缺觉　死亡率上升

英国24日公布的一项最新研究显示，如果平时睡眠不足，那么因此而罹患心血管疾病而辞世的概率将比正常人高出1倍多。

这项由英国政府与美国基金资助的研究历时17年，以1万多名英政府工作人员为研究对象。研究者选取年龄在35岁至55岁之间的人，观察他们的睡眠模式并记下这些人的死亡率。

主持研究的英国沃里克大学医学院心血管病教授弗朗切斯科·卡普乔在英国睡眠协会年会上介绍说，缺觉似乎能引发血压升高，患心脏病与中风的概率因此增加，不过科学家还不清楚原因。他说，这一研究成果揭示了现代忙碌生活方式隐藏的危险。

研究结果发现，把睡眠从每晚7小时减至5小时以下的人，因各类原因死亡的概率是常人的1.7倍，而因患心血管疾病而死亡的可能性是常人的两倍多。

卡普乔说："三分之一英国人与超过40%美国人每日睡眠常常不足5小时，这并不是一个小麻烦……人们在现有社会压力下减少睡眠多干活，但这似乎并不是好主意。"

先前研究中关于缺觉导致健康受损的结论并不鲜见，而卡普乔首次将缺觉与死亡明确联系到一起。

不过，这项研究还发现，每晚睡眠超过9小时的人死亡率同样较高。卡普乔解释说，这些人的死亡通常与心血管疾病无关，可能是睡眠过多造成其他一些健康问题，如抑郁症等。因此，研究建议，适宜睡眠时长为每晚7小时左右。

资料来源：《睡眠》杂志。

（五）定期检查身体

健康体检是一种新的自我保健方式，它可以变被动看病为主动检查，变消极治病为积极防病。医疗专家认为，看似健康的人也应该每年或至少两年进行一次体检，因为定期体检能够早期发现一些无痛或症状不明显的疾病。

博闻天下

某单位职工健康体检，被检总人数为1 462人，其中妇女506人。通过这次体检，查出高血压182人，占17.4%；高血脂208人，占14.2%；脂肪肝167人，占11.4%；糖尿病64人，占4.3%；肝癌2人，占0.14%；乳房疾病54人，占10.6%，其中，乳腺癌1人，（仅检查妇女）。另据中科院某研究所的一次健康体检发现：被检查的66名中年知识分子中有35人程度不同地患有各种疾病，其中有2人为早期肿瘤。再如深圳市某保健中心对全市26 000名青年干部职工的健康档案的调查分析表明：30～45岁年龄段中，高血压发病率近10%，高血脂发病率约占25%，脂肪肝发病率约占20%。以上数字是触目惊心的。健康体检的重要性就在于使这些潜伏在身体里的“定时炸弹”及早暴露，让人及时治疗。这对逆转病情、恢复健康、提高生活质量至关重要。花最少的钱获取健康，定期体检不失为上策。

（六）戒掉不良嗜好

烟草中含有大量的有毒物体。烟草燃烧所产生的烟气中，含有一千多种对人体有害的成分，其中尼古丁的危害最大。一支香烟中含有的尼古丁足以毒死一只小白鼠。吸烟还容易患各种疾病，如肺癌、胃癌、食道癌及肺气肿等。世界上每年约有250万人死于和吸烟有关的疾病，每13秒就有一个人被烟草夺去生命。吸烟还使周围的人“被动吸烟”，损害他人健康。这是一种不文明、不道德的行为。吸烟对成年人来说是“慢性自杀”，对青年人危害更大，青年人吸烟后可能会突然出现头晕、脚站立不稳等现象；咳嗽、多痰等症状的出现则更为普遍。烟草潜伏的危险性更大，小于15周岁便开始吸烟的青少年比不吸烟的青少年肺癌的发病率高约17倍。另外，长期饮酒可以导致体内多种营养素缺乏，损伤肝细胞，增加高血压的危险。

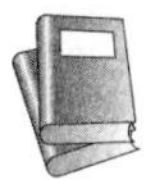

例海藏真

上海市肝病研究中心主任瞿瑶教授讲过这样一个故事：一位患急性黄疸型肝炎肝功能刚恢复正常出院的中年患者，适逢新春佳节，婚宴接二连三，开始他还能牢记出院时医生的一再嘱咐，做到了不管什么人劝说也滴酒不沾。可就在一次特殊的宴席上，一位挚友问他闻到什么味道时，他终于拒绝不了扑鼻而来的茅台酒香的诱惑，心想只饮一小杯尝尝总该不会出事吧，可就是在喝下这杯酒后的第二天，他发现自己小便发黄、乏力、恶心……就是这杯酒引起他肝炎复发，并很快发展成急性重型肝炎，终因抢救无效而丢掉了性命。

（七）控制用药

"是药三分毒"，服药会加重肝脏的负担，尤其是安眠药，不仅具有毒性，易引起肠胃功能的紊乱，还容易减退记忆力、抑制呼吸，导致睡眠异常、性格变异。

药能治病，也能致命

医生处方用药或病人自己购买非处方药治疗疾病，既要考虑到治疗效果，又要注意药物对人体的危害及用药的安全，大多数药物都或多或少地有一些毒副作用，特别是在长期使用或用量较大时，很容易在病人身上出现毒副反应。即使像"阿司匹林"这样公认的比较安全的常用药物，如果大量服用，也能引起中毒甚至死亡。又比如"驱蛔灵"，也是一种家庭普遍应用、毒性较小的驱虫药，但用量较大也会产生头晕、头痛、恶心、呕吐、腹泻等症状。一些新药，由于临床测试不够，对其毒副作用观察及了解不够，也容易发生严重不良后果。如20世纪50年代造成8 000多例畸形胎儿的"反应停"曾轰动一时；又如国内一度曾应用"呋喃西林"内服治疗细菌性痢疾，后来医生陆续发现其毒性反应颇为严重，特别是引起多发性周围神经炎，难以治愈，给病人造成极大痛苦。

资料来源：《各类药物滥用的危害》（出自《首都食品与医药》）。

10条心理健康小贴士

1. 遵从你内心的热情

尝试寻找对你有意义并且能让你快乐的事情，不要只是为了轻松而得过且过。

2. 多和朋友们在一起

不要总在座位上呆坐着，尝试与同学沟通，尝试理解父母。良好而亲密的人际关系，是你幸福感的有力保障，最有可能为你带来幸福。

3. 学会失败

成功没有捷径，历史上有成就的人，总是敢于行动，也会经常失败。不要让对失败的恐惧，绊住你尝试新事物的脚步。

4. 接受自己的全部为人

失望、烦乱、悲伤是人性的一部分。接纳这些，并把它们当成自然之事，允许自己偶尔的失落和伤感。然后问问自己，能做些什么来让自己感觉好过一点。

5. 简化生活

更多并不总代表更好，好事多了，也不一定有利。你买了太多的练习册吗？参加了太多的辅导班吗？学习应求精而不在多。

6. 有规律地锻炼

体育运动是你生活中最重要的事情之一。每周只要3次，每次只要30分钟，就能大大改善你的身心健康。

7. 睡眠

每天7到9小时的睡眠是一笔非常棒的投资。这样在醒着的时候，你会更有效率、更有创造力，也会更开心。

8. 慷慨

现在，你的钱包里可能没有太多钱，你也没有太多时间。但这并不意味着你无法助人。“给予”和“接受”是一件事的两个面。当我们帮助别人时，我们也在帮助自己；当我们帮助自己时，也是在间接地帮助他人。

9. 勇敢

勇敢并不是不恐惧，而是心怀恐惧，依然坚定向前。

10. 表达感激

生活中，不要把你的家人的关怀、朋友的帮助、健康等当成理所当然的事。它们都是你回味无穷的礼物。记录他人的点滴恩惠，始终保持感恩之心。

超越自我——设定健康目标

在“了解自我”模块中，你的生活方式健康吗？在“认识自我”模块中，你对自己的健康方式有了全面的分析与掌控了吗？在“完善自我”我模块中，你知道该如何调节、改善自己的不健康生活方式了吗？心动不如赶快行动，让我们行动起来，立即制定自己的健康目标吧。

我的健康目标

1. 经过问卷测试，我的生活方式______，其中，______方面的生活习惯与健康的生活方式不符，具体体现在____

____

造成这种生活习惯的原因是：________________________________

____

预计会造成的不良影响是：________________________________

____

2. 根据这一方面的不足之处，我为自己制定的健康目标如下：

①短期目标（日常目标）：____________________

②中期目标（1～3 年）：____________________

③长期目标（3 年以上）：____________________

3. 对我的目标进行评估：

经分析发现，我的目标难易度为______；预计见效时间为______；预期达到的效果是：____________________

4. 目标实施步骤：

①____________________

②____________________

③____________________

第一部分

身体健康

第一章　科学饮食　保持健康

了解自我——趣味小测验

学生饮食习惯测量表

1. 吃饭不愿剩，经常吃完盘中所有的食物。

A. 是　　B. 偶尔　　C. 否

2. 常吃咸菜以及咸鱼、腊肉等腌制食品。

A. 是　　B. 偶尔　　C. 否

3. 经常吃刚屠宰的猪、牛、羊肉，认为其最新鲜。

A. 是　　B. 偶尔　　C. 否

4. 喜欢选购白的馒头、挂面等面食，认为颜色越白越好。

A. 是　　B. 偶尔　　C. 否

5. 喜爱吃烧烤类食物，如羊肉串、烤鱿鱼等。

A. 是　　B. 偶尔　　C. 否

6. 喜欢在看电视、读书或行走时吃东西。

A. 是　　B. 偶尔　　C. 否

7. 经常吃方便面。

A. 是　　B. 偶尔　　C. 否

8. 不管食物营养价值如何，只要对胃口就买。

A. 是　　B. 偶尔　　C. 否

9. 喜欢吃素。

A. 是　　B. 偶尔　　C. 否

10. 为了某种目的，时常节食或严格限制饮食。

A. 是　　B. 偶尔　　C. 否

11. 喜欢用咖啡、冷饮或罐装甜饮料代替日常饮水。

A. 是　　B. 偶尔　　C. 否

12. 喜欢吃全麦面或杂粮。

A. 是　　B. 偶尔　　C. 否

13. 常吃洋葱、大蒜、姜。

A. 是　　B. 偶尔　　C. 否

14. 在每天的食谱中，都会安排胡萝卜、西红柿。

A. 是　　B. 偶尔　　C. 否

15. 西瓜、草莓喜欢挑个儿大的买。

A. 是　　B. 偶尔　　C. 否

16. 用餐后马上吃水果。

A. 是　　B. 偶尔　　C. 否

17. 晚餐是三餐中最丰盛的。

A. 是　　B. 偶尔　　C. 否

18. 常吃大豆、豌豆或扁豆。

A. 是　　B. 偶尔　　C. 否

19. 每天喝一杯牛奶或酸奶。

A. 是　　B. 偶尔　　C. 否

20. 每周都吃河鱼或海鱼。

A. 是　　B. 偶尔　　C. 否

21. 常吃柑橘类水果，如柚子、橙子或橘子。

A. 是　　B. 偶尔　　C. 否

22. 经常不吃早餐。

A. 是　　B. 偶尔　　C. 否

23. 常在农贸市场购买没有包装的豆腐和豆制品。

A. 是　　B. 偶尔　　C. 否

24. 幼年到现在一直偏爱某类食物。

A. 是　　B. 偶尔　　C. 否

25. 喜爱吃动物内脏，如猪肝、猪大肠、羊杂碎等。

A. 是　　B. 偶尔　　C. 否

26. 菜里要是盐、味精放少了，会觉得没有味道。

A. 是　　B. 偶尔　　C. 否

27. 炒菜时，等油冒烟了才放菜。

A. 是　　B. 偶尔　　C. 否

28. 放了好几天的剩菜热后继续食用。

A. 是　　B. 偶尔　　C. 否

29. 每天刷碗时都用洗洁精。

A. 是　　B. 偶尔　　C. 否

30. 喜食甜食，烹炒各种菜时都喜欢放些糖。

A. 是　　B. 偶尔　　C. 否

计分标准：请参照表 1－1 将各题的得分相加，计算出总分。

表 1-1　计分标准

得分 题号 选项	1	2	3	4	5	6	7	8	9	10	11	12	13	14	15
A	0	0	0	0	0	0	0	0	0	0	0	0	2	2	2
B	1	1	1	1	1	1	1	1	1	1	1	1	1	1	1
C	2	2	2	2	2	2	2	2	2	2	2	2	0	0	0
得分 题号 选项	16	17	18	19	20	21	22	23	24	25	26	27	28	29	30
A	0	0	0	2	2	2	2	0	0	0	0	0	0	0	0
B	1	1	1	1	1	1	1	1	1	1	1	1	1	1	1
C	2	2	2	0	0	0	0	2	2	2	2	2	2	2	2

结果解释：

得分在 51～60：A 级健康饮食标准（钻石级）。能达到这个级别的人并不多，说明您非常了解如何健康地安排饮食，有良好的饮食健康意识和生活习惯，有高水准的饮食安全与营养方面的知识。

得分在 41～50：B 级健康饮食标准（黄金级）。您和您的家人有较高水准的饮食安全与营养知识，您的健康饮食水平高出平均水平，但还有可以提升的地方。

得分 30～40 分：C 级健康饮食标准（白银级）。您的饮食健康状况处在中等水平。在越来越注重饮食健康的今天您没有落伍，但还需要努力，才能更好地保持并增进健康。您需要关注食品健康方面的信息，以获取更多的食品安全与营养方面的知识，提高健康的食品安全与营养方面的知识。

得分在 30 分以下：D 级健康饮食标准（铜铁级）。很遗憾，您的饮食状况不健康。如果不加以改变，饮食对身体造成的损害会以您意想不到的方式显现出来。为了您和您家人的健康与幸福，请您马上对你的饮食方式和习惯做出调整，密切关注饮食健康和相关咨询，尽力改善现在的饮食状况。

注：本测验的结果仅供参考。

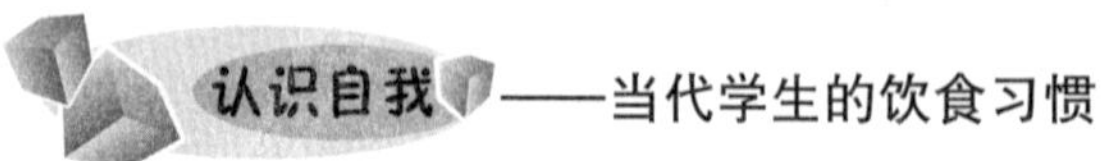

认识自我——当代学生的饮食习惯

有关部门对沈阳市一所职业学校的学生早餐饮食情况进行抽查，在抽查的 141 名学生中，发现学生饮食存在以下几个问题：①有 54 名学生不能保证一日三餐，他们有的一日两餐，有的一日一餐，更有甚者只有饿了才吃，这部分学生占抽查人数的 38.30%；②20 名学生根本不吃早餐，占抽查人数的 14.18%；③学生的饮食卫生无法保证，67 名同学的吃饭地点是在校外小吃店或者教室里，占抽查人数的 47.52%，74 名学生吃饭的餐具为一次性容器或者塑料袋，占抽查人数的 52.48%。虽然该调查为小样本调查，但在一定程度上反映了现今青少年学生的餐饮现状。

早餐是一日之中最重要的一餐。优质的早餐会让你的头脑反应灵活、思维敏捷，提高工作和学习效率。我们既要吃早餐，更要吃好早餐。对于青少年学生而言，优质的午餐与晚餐同样为身体的生长提供了必要的能量补充，午餐、晚餐亦不可或缺。除此之外，学生们也要养成用餐盘及自带饭盒吃饭的习惯，用塑料袋盛装食品既不安全也不卫生，塑料袋遇热、遇油时，塑料中的有害物质就会渗入食物中。最新研究显示，塑料产品中的增塑剂也是一种致癌物质，而再生塑料因为工艺简陋等原因，其增塑剂在与食品尤其是油性食品接触时更容易渗出。一次性的餐具同样存在不耐热、高温下易分解有害物质的问题。因此，我们既要保证一日三餐，养成科学的饮食规律，又要时刻注意避免不良用餐习惯，保证身体健康。

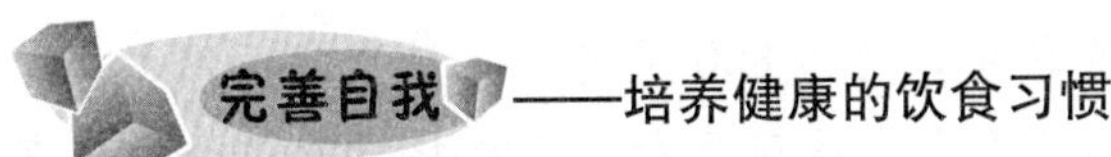

“不会吃饭”的人和“会吃饭”的人，会有5～10年的寿命差别。你信吗?

“中国要保持快速发展，就要有健康的人口。而成本最低，非常有效的途径就是合理的膳食和规律的锻炼，这对个人和中国的未来都非常重要。”韩卓升博士说。

数据显示，我国15～17岁少年高血压患病率已达7.0%。体力活动不足、不吃早餐、在外就餐、饮酒、吸烟等危害健康的行为和生活方式对健康的影响日益突出。专家指出，少年儿童健康的行为和生活方式的缺失，不仅影响少年儿童的体格和智力发育，还会影响劳动生产力和人口素质。

资料来源：《中国经济周刊》，2008年第9期。

民以食为天，饮食与健康一直是人们永恒的话题。饮食的目的在于达到健康的需求，健康最主要的依赖在于饮食。二者相互作用、相辅相成。在科学高速发展的今天，人们越来越忙碌而逐渐忽略了健康的饮食习惯。学生是祖国的未来，拥有健康的身体，应从良好的饮食习惯开始。

一、确保一日三餐

（一）早餐

早餐是人一天最重要的一餐，只有早餐摄取了足够的能量，人才能在一整天保持一个较好的状态。因为早餐距离前一晚餐的时间最长，一般在12小时以上，体内储存的糖原已经消耗殆尽，应及时补充，以免出现血糖过低的现象。血糖浓度低于正常值会出现饥饿感，大脑的兴奋性随之降低，反应迟钝，注意力不能集中。所以，不吃早餐或者早餐的质和量不够，容易引起能量和营养素的不足，降低上午的学习效率。有调查研究发现，坚持吃早餐的青少年要比不吃早餐的青少年长得壮实，抗病能力强，在学校课堂上表现得更加突出，听课时精力集中，理解能力强，学习成绩更加优秀。

由此可见，丰盛的早餐不但使学生的精力充沛，而且有益于学生的身体发育。

不吃早餐的危害

第一，对大脑造成危害。脑的血流量每分钟约为800毫升，耗糖量每小时约为5克，不吃早餐就会导致血糖不能满足大脑的需求。特别是青少年的脑组织正处于发育期，血、氧、葡萄糖的需求量比成人更高。如血糖过低，脑意识活动就会出现障碍，长期如此将会影响大脑的重量和形态发育。

第二，对消化系统危害大。前一天晚上吃的食物经过6小时左右就从胃里排空进入肠道。第二天若不吃好早餐，胃酸及胃内的各种消化酶就会去“消化”胃粘膜层。长此以往，细胞分泌黏液的正常功能就会遭到破坏，很容易造成胃溃疡及十二指肠溃疡等消化系统疾病。

第三，容易导致慢性病的产生。不吃早餐，饥肠辘辘地开始一天的工作，身体为了取得动力，会动用甲状腺、副甲状腺、脑下垂体之类的腺体，去燃烧组织，为慢性病埋下隐患。

第四，容易出现便秘。在三餐定时情况下，人体内会自然产生胃结肠反射现象，简单说就是促进排便。若不吃早餐成习惯，长期可能造成胃结肠反射作用失调，容易产生便秘。

早餐如何吃才有利于身体健康呢?

好的早餐应该是：主食为主，副食次之，有干有稀。

（1）一定要有谷类食物。谷类食物可分解成葡萄糖，它是脑组织中的主要供能物质。好的早餐最好各种谷类食物搭配，粗细结合。

（2）一定要有适量的蛋白质供给。牛奶、鸡蛋、黄豆、花生等食物，均含有丰富的蛋白质，早餐食用利于健康。

（3）要有一定量的蔬菜。研究发现，日均摄入量超过569克蔬菜的人比摄入量少于249克的人，早亡风险降低10%，并且寿命长1年以上。另外，日均再多食用200克蔬菜或水果，早亡风险就会再降6%。早餐选择一些青菜，如莴笋、白菜、黄瓜、萝卜、西红柿等，或豆制品如豆腐、豆干、豆皮等，可以为机体提供丰富的营养素和矿物质。

(4) 要有适量的植物油。适量的橄榄油或核桃油，可以为人体提供所需的热量，增加菜的色、香、味，促进食欲。

医学研究证明，7 点到 8 点吃早餐最合适，因为这时人的食欲最旺盛。

此外，早餐与中餐之间隔 4 ~ 5 小时左右为好。如果早餐较早，那么数量应该相应增加或者将午餐相应提前。

（二）午餐

俗话说："早上吃好，中午吃饱，晚上吃少。"午餐，作为一天中"承上启下"的一顿饭，是补充能量的关键一餐。午餐除了要补充上午工作的消耗，还要满足下午工作的需要。午餐应多摄入一些蛋白质和胆碱含量高的肉类、鱼类、禽蛋和大豆制品等。因为这类食物中的优质蛋白可使人血液中的酪氨酸增加，进入人脑之后，可转化为使人头脑保持敏锐的多巴胺和去甲肾上腺素等化学物质，对脑的理解和记忆功能有重要作用。因此，保证充足而丰富的午餐，可以为学生下午的学习提供助力。

不吃午餐的危害

目前，青少年学生学业十分繁重，每天上午课程排得满满的，致使大脑和身体都处于高度的紧张状态中。如果长期不吃午餐，就会对青少年的身体产生巨大损害，具体表现如下。

(1) 反应迟钝：早、午饭是大脑活动的能量之源，如果没有进食午餐，体内无法供应足够血糖以供消耗，便会感到倦怠、疲劳、脑力无法集中、精神不振、反应迟钝。

(2) 慢性病可能"上身"：不吃早餐或午餐，饥肠辘辘地进行一天的学习，身体为了取得动力，会动用甲状腺、副甲状腺、脑下垂体之类的腺体，除了造成腺体亢进之外，更会使得体质变酸，患上慢性病。

(3) 肠胃可能要"造反"：不吃午餐，直到晚上才进食，胃长时间处于饥饿状态，会造成胃酸分泌过多，于是容易造成胃炎、胃溃疡。

所以希望同学们能够认真而不是敷衍地对待吃午餐的问题。

（三）晚餐

俗话说："晚饭少一口，活到九十九。"由于晚饭后至次日清晨的大部分时间是在床上度过的，机体的热能消耗并不大，吃得过饱、过晚反而会加重肠胃负担，因此，晚餐不宜过饱。

另外有专家指出，晚餐不宜吃得太晚，否则易患尿道结石。很多学生很晚才吃晚餐，餐后不久就上床睡觉。在睡眠状态下血液流速变慢，小便排泄也随之减少，而饮食中的钙盐除被人体吸收之外，余下须经尿道排出。据测定，人体排尿高峰一般在进食后四至五小时，如果晚餐太晚，到晚上八、九点钟才进食，那么，排尿高峰便在凌晨以后，此时人正睡得香，高浓度的钙盐随尿液在尿道中滞留，与尿酸结合生成尿酸钙，与草酸结合生成草酸钙，当其浓度较高时，在正常体温下可析出结晶并沉淀、积聚，形成结石。因此，为了预防尿道结石，除多饮水外，还应早进晚餐，使进食后的钙盐排泄高峰提到睡觉之前，排一次尿后再睡最好。

二、改掉不良的饮食习惯

习惯的养成犹如纺纱，一开始只是一条细细的线，随着我们不断地重复相同的行为，就好像在原来那条丝线上不断缠上一条又一条丝线，最后它便成了一条粗绳，把我们的思想和行为给缠得死死的。习惯若不是最好的仆人，就是最坏的主人。未来的健康，靠药物来维持不是理想的出路，而饮食对健康起绝对性作用。如何改掉不良的饮食习惯是我们面对的一件大事。

（一）边吃饭边看电视（手机）的习惯

很多学生养成了吃饭时看电视（手机）的不良习惯，经常在吃饭时端着饭碗跑到电视机面前坐着，眼睛一动不动地盯着屏幕，嘴巴做着机械式的咀嚼，筷子往嘴里塞着食物。长此以往，就会引起肠胃消化道疾病。吃饭看电视还让部分学生与父母的沟通减少，容易造成性格孤僻，成为一个既不健康也不快乐的人。

正确的做法：远离电视或放下手机，学会“一心一意”吃饭，吃饭时适当与父母进行交流沟通，增加感情。

边吃饭边看电视有多种坏处

第一，容易影响食欲。除了生理因素可以引起食欲外，外部因素也可以通过条件反射来增强食欲。边吃饭边看电视，人们的注意力往往集中于电视，忽视了食物的味道，使本来已经出现的食欲因受到电视的抑制而降低或消失，久而久之就会出现营养不良现象。

第二，影响食物的消化与营养的吸收。人在吃饭时，需要消化液和血液帮助胃肠消化食物。吃饭时看电视，大脑也需要大量的血液。这样，出现相互争抢血液供应的情况。结果，两方面都不能得到充分的血液，就会吃不好饭，也看不好电视。时间长了，还会出现头晕、眼花等症状。

所以，在家中不要边吃饭边看电视，最好是饭后20～30分钟再看电视。

游戏成瘾被定为精神疾病

新闻背景：世界卫生组织（WHO）在今年初宣布，该组织将在今年发布的第11版《国际疾病分类》（ICD－11）中，加入“游戏成瘾”（gaming disorder），并列为精神疾病。相关规定将自6月19日起生效，WHO将通知世界各国政府，将游戏成瘾纳入医疗体系。

游戏成瘾是否应该列入精神疾病范畴，一直是个争议性很大的话题，放下争议，在我们身边，游戏成瘾、网络成瘾、手机成瘾等问题确实是一直存在的，而且有加重趋势，尤其是青少年，出现此类问题更是令家长备受困扰。

手机套上防水袋，一边洗澡一边刷游戏

每年寒暑假期间，因沉溺于网络游戏耽误学习而来到沈阳市精神卫生中心儿童青少年心理门诊咨询就诊的学生和家长都络绎不绝。14岁的小影（化名）是一名初三女生。从家长的介绍中医生了解到，小影有典型的完美人格，办事认真仔细，特别抗拒失败。加上人际交往圈狭窄，使她在潜意识中将手机游戏视为与外界隔离的“保护伞”，表现出对手机游戏的一种“成瘾”心理。

游戏成瘾严重影响了她的正常生活和学习。近两年，小影表现出离不开手机的“症状”，哪怕是洗澡的时候，只要听到或者以为自己听到了游戏中的提醒声，她就要马上关掉水龙头，湿漉漉地跑出来看手机。有时候洗一次澡跑出来三四次。后来她干脆把手机用防水袋装起来带进了浴室里，一边洗澡一边刷游戏。

随着智能手机的普及，越来越多的年轻人开始被手机依赖症所困扰，手机游戏成瘾的问题也随之增加。沈阳市精卫中心儿童心理门诊主任王永柏表示，一些性格内向、缺乏自信的人是感染“手机依赖症”的高发人群。这些人往往交际圈小、朋友少，想与外界联系又不积极主动，只能借助于玩手机、玩游戏来排解孤独感和证明自己的存在。还有像小影这样，在现实生活中极其害怕失败的人，往往容易到游戏的虚拟世界中寻找“成就感”。

焦虑缺乏自信心，白领患上“手机依赖症”

除了青少年之外，成年人其实同样是网络成瘾、游戏成瘾问题的不可忽略的一个群体。刚毕业的学生小李，在沈阳某公司做市场推介工作。他一般从早上出门上地铁就开始玩游戏，下班回家更是经常彻夜不睡地刷游戏。终于有一次，小李在工作中出现重大失误，领导大怒之后，小李决定卸载所有手机游戏。可是卸载后，他突然感到不适应，整天坐立不安，总觉得手机里有游戏的声音，整个人变得神经兮兮的。心理专家认为，小李的表现是典型的“手机游戏依赖症”。

无独有偶，28 岁的张小姐是一家文化公司的职员，由于工作的性质需要和外界频繁联系，手机便成为她形影不离的得力“助手”，使用手机的频率也远远高于他人。由于工作业绩突出，张小姐被提升至管理岗位去从事行政工作。工作性质的转变使得接入电话骤然减少，一向对工作热情很高的张小姐开始感到十分焦虑，时不时地掏出电话来看是否有未接电话，有时还会莫名其妙地发火。其实，张小姐患上的也是一种手机依赖症。

“手机依赖症”严重的人还会出现手脚发麻、心悸、头晕、冒汗、肠胃功能失调等症状。“手机依赖症”严重者应及时接受心理医生疏导，像小李和张小姐这样，影响到正常的工作和生活的，就不宜再自行解决。

资料来源：中国经济新闻网。

（二）暴饮暴食的习惯

暴饮暴食是一种不良的饮食习惯，很多学生在遇到烦心事或者困难时，就会采用暴饮暴食的方式发泄心中的烦闷。有些同学在遇到好吃的食物时，无法克制美食对自己的诱惑，亦会发生暴饮暴食的现象。长期的暴饮暴食会加重肠胃负担，产生器质性疾病。

正确的做法是：将愤怒、不愉快的情绪进行升华，转化成积极正向的行为模式，同时尽量克制自己，抵制食物诱惑。

2007 年 11 月，澳大利亚科学家公布的研究结果显示，少吃 20% 就能让寿命延长 20%。美国布法罗大学 2007 年 12 月的一项研究结果显示：少吃可以把内脏和血管中囤积的脂肪“赶跑”，提高运动和反应能力。美国科学家的实验结果表明：轻微饥饿，有助于防止一些常见病，从而可延长寿命。其原因在于，细胞死亡是衰老的重要原因，而轻微饥饿会激发人体潜能，拯救细胞使之免于早亡早死。

资料来源：克拉玛依网。

（三）挑食的习惯

谁都知道挑食的坏处，可还是有很多的学生挑食挑得厉害。大部分学生喜好吃荤咸的食物，并认为这样并无不妥。虽然脂肪是人体能量的重要来源之一，并可提供人体必需的脂肪酸，有利于脂溶性维生素的消化吸收，但是脂肪摄入过多是引起肥胖、高血脂、动脉粥样硬化等多种慢性疾病的危险因素之一。同样，膳食盐的摄入量过高与高血压的患病率密切相关，应尽量少吃。

正确做法是：多吃蔬菜和水果，尽量清淡不挑食。

只吃“肉”的小辛

小辛是“荤食主义者”，三岁开始就不吃蔬菜，几年下来小辛的个头没有同龄人高，体检下来各项指标都与同龄人有差距，健康状况也不好，便秘、气色不好，易患呼吸道疾病，小辛的父母后悔莫及。而只吃菜不吃肉的孩子各项发育指标同样不理想，营养不良、易感冒、身体抵抗力差。

高盐饮食危害巨大

据测算，一份感恩节火鸡大餐的盐分至少可达 2 000 多毫克。美国政府对每日盐摄入量的指导标准为最多每日 2 300 毫克。而医学专家表示，每日 1 500 毫克盐（老年人可更少些）已经足够生理需要。但实际上，美国人目前日均盐摄入量达 3 300 毫克至 4 000毫克。

高盐饮食成为美国人健康问题的一大危害。美国平均 3 个成年人中就有 1 个高血压患者。而血压升高除了肥胖、缺乏运动等原因外，盐分摄入过高也是一大原因。

美国公众利益科学中心的一名负责人称，一个不断提升的科学共识是，高盐饮食已经成为公众健康的最大威胁之一。美国医学联合会称，如果在未来 10 年内减少一半加工食品和饭店菜肴中的盐含量，每年将可挽救 15 万美国人的生命。

（四）吃零食的习惯

如今的零食名目繁多，包装考究，惹得学生心头痒痒，加之“减肥”思想作怪，校园频频出现“零食当正餐”的现象。吃零食过量会影响食欲，妨碍正餐的摄入量，从而影响身体的正常发育。

正确做法是：明确零食中含有大量的化学添加剂，这些添加剂不仅不会给身体带来营养，还会带来伤害，引发多种疾病。所以最好的办法是少吃或不吃零食，保证

"一日三餐"。

吃薯片等于"吃"汽车废气

日本电视早新闻中播出了一条消息：薯片中含有丙烯酰胺成分，具有很强的致癌性！日本厚生劳动省从薯片中检验出高浓度的被认为具有致癌性的丙烯酰胺。此前瑞典政府研究发现：含有大量碳水化合物的谷物类，如果进行烧烤油炸等烹调处理，会生成具有致癌作用的丙烯酰胺。

以油炸土豆食品作为日常零嘴的英国、法国、美国等国家纷纷进行了试验和检测，全都对此得出肯定结论。在国际癌症研究机构（IARC）对致癌物质危险程度的5级分类中，丙烯酰胺被列为第2级，致癌性相当高。IARC的5级分类中，最危险的是1级，属于确认致癌物质；其次是2A和2B级，具有较高致癌可能性。1级的有煤焦油、石棉、口嚼香烟、镉元素等；2A级的有丙烯酰胺、用作木材防腐剂的杂酚油、汽车排放的废气等。薯片中的丙烯酰胺与汽车排放的废气属于对人体危害程度相等的有毒物质，所以有人说，吃薯片等于在"吃"汽车的废气！

（五）餐后不运动的习惯

如今，电子产品日益普及，电脑逐渐成为学习工具，学生接触电脑的时间也越来越长。甚至有许多学生吃饭时也在上网，随之而来的就是身体状况越来越差。用餐时及餐后长时间坐在电脑前，没有适量的运动，会使肠胃功能消退，如果进食量过大而运动量不足，多余的能量就会在体内以脂肪的形式积存下来，增加体重，造成超重或肥胖。

正确做法是：改变久坐少动的不良生活方式，养成天天运动的习惯，坚持每天多做一些消耗能量的活动。

改变饮食习惯可有效防治糖尿病

芬兰专家经过长期研究发现，改变饮食习惯和加强运动可以有效防治成年型糖尿病。

芬兰公民保健所公布的最新研究报告显示，健康的饮食结构和有指导地进行运动锻炼，能够使糖尿病患病率降低58%，并能使至少一半的人推迟患上糖尿病。

芬兰是糖尿病高发的国家之一。由于受遗传因素和生活方式的共同影响，全国有7%的成年人患有糖尿病。1998 年，公民保健所在芬兰 5 个城市实施为期 3 年的糖尿病防治计划，500 多名身体肥胖的中年男女被分为两组进行跟踪观察和治疗。结果发现，接受严格的饮食和运动指导的一组人员身体状况明显良好，糖尿病发病率不到另一组生活习惯没有变化人员的一半。

负责这项研究工作的芬兰科学院院士亚科·图奥米莱赫托指出，不良的饮食习惯、身体肥胖和年龄结构是诱发糖尿病最主要的原因。因此，培养包括饮食在内的良好生活习惯和坚持锻炼对预防糖尿病十分重要。

目前，芬兰正在制订国家预防糖尿病计划，重点通过各种宣传活动使青少年从小就养成良好的饮食习惯，以减少糖尿病发病率。

资料来源：《饮食科学》。

（六）只喝饮料不喝水的习惯

如今的饮料中含有大量的糖、香精、色素、碳酸等成分，大量饮用不仅可能造成牙齿酸蚀症，还会干扰多种酶的功能，对新陈代谢产生影响，导致消化不良。因此，以饮料代替水，不仅起不到补充水分的作用，相反还容易患上“饮料综合征”，也就是医生常说的“饮料病”。

正确的做法是：多饮健康的“白开水”。可以准备一个玻璃杯，随身携带“白开水”，少买塑料瓶装饮品，这样做既健康又环保。

水是生命之源

水是人类赖以生存繁衍的最基本的物质之一。人对水的需要仅次于氧气，人短期不吃饭，只要能喝到水，可存活数周至数月。但如果几天喝不到水，机体失水 6% 以上，就会感到乏力、无尿；失水达体重 10 % 以上时，可出现烦躁、眼球内陷、皮肤失去弹性、全身无力、脉搏增加、血压下降；失水达体重 20%，生命就无法维持。倘若在沙漠地带缺水，24 小时内即可导致死亡。因此，水是生命之源。

（七）吸烟与饮酒的习惯

目前，吸烟饮酒现象已逐渐成为我国青少年中较严重的行为问题。据上海市的一份调查资料表明，上海市目前 20 ~ 29 岁的青年吸烟率为 45% 以上；《中国青年报》的一则报道指出，目前我国在校男学生中吸烟率已在 27% 以上。吸烟饮酒日久则上瘾，若过度沉溺其中，还会形成中毒症状，以至形成长期依赖，这会对青少年的生理、心理带来一系列危害。

从生理上说，青少年仍处于生长发育期，尼古丁和酒精对人体的各种组织和器官都会产生有害影响。不断地摄取尼古丁和酒精易导致肝硬化、内分泌腺损伤，心力衰竭，高血压，胃内黏膜萎缩、炎症，毛细血管溢血以及肺部器质性病变，造成对疾病的整体抵抗力降低，甚至缩短寿命。不少青少年瘾君子还可能发展出自杀或犯罪行为或由于传染病发作，尤其是呼吸道传染病、肺结核等造成肝脏和心脏功能的衰竭而死亡。

从心理上讲，青少年吸烟饮酒可导致一系列神经症和精神障碍。

从行为上讲，青少年烟酒成瘾，可能引起思维过程的严重退化和智力功能的严重损伤，严重者会出现思维中断、记忆检索障碍等症状。由于运动机能失调，人际交往、言语感觉和理解能力方面的退化，青少年在运动行为、人际交往、求学就业方面也将受到严重影响，做出不负责任甚至是反社会的行为。因此无论是家庭还是青少年个人，都应对此有正确认识。

正确的做法是：远离香烟，拒绝饮酒。

聚焦实验

少量饮酒，也有损健康

《自然》杂志的一篇报告指出：即使少量饮酒，也有损健康。研究者列举了他的论据：35 岁以下的人，只要喝酒就会增加患多种疾病的危险；35 ~ 65 岁的男性，每周喝 5 杯以上，女性喝 8 杯以上，患病的风险就会随饮酒量的增加而增加。

同时，也有一些研究得出与《自然》杂志相似的结论。

少量饮酒会增加约 60 种疾病的患病概率。流行病学证据表明，自 1970 年以来在世界范围内开展的研究都证明，少量饮酒（每天 1 ~ 2 杯），可以降低老年男性和女性患冠心病的风险约 20% ~ 30%，但即使是少量酒精也会增加和促成大约 60 种其他疾病的患病率。

少量饮酒会对大脑产生不利影响。美国科学家公布的一项研究结果也表明，无论是轻度还是中度饮酒，都不能避免对这些人的大脑产生不利的影响。一周饮酒量在 1 ~ 6 杯之间的人被视为轻度饮酒者，中度饮酒者则是一周饮酒 7 杯以上。根据磁共振成像检查的结果，轻度和中度饮酒者在饮酒后的确会引起脑量的萎缩。

健康饮食指南针

1. 最科学的吃饭时间表

早餐——7：00

这时你可能还“睡”在床上，可实际上你的体温已经开始上升、脉搏开始加快、交感神经变得逐渐活跃，消化功能也已经开始运转，胃肠道处于苏醒状态，能最高效地消化吸收食物中的营养成分，这是早餐的最佳时间。

加餐——10：30

要知道，在早上7点到10点之间的这个时间段，你体内的新陈代谢速度要比在其他时间段快上40%。所以，此时你需要吃一些低脂肪的碳水化合物来补充能量，来帮你集中精力、保持积极的工作状态。

午餐——12：30

这是你的身体能量需求最大的时候，是吃午餐的最佳时间。此时你体内胃肠道的消化积极性已经远不如早餐的时候，所以用餐时需要细嚼慢咽，万万不能一边盯着电脑一边吃午餐。这样做不仅容易发胖，营养也无法吸收。

下午茶——15：30

这也是需要立即补充能量的时候，因为你体内的葡萄糖含量已经大大降低，不仅思维速度变慢，烦躁、焦虑等不良情绪也开始冒头，如果再不及时补充能量，你的工作就很难顺利、愉快地进行下去了。

晚餐——18：30

晚餐一定要在睡前4个小时解决，这是食物在胃肠道中完全消化吸收所需的时间。否则带着未消化的食物入睡，不仅会堆积脂肪，你的睡眠质量也会受到影响。

超越自我——设定健康目标

在“了解自我”模块和“认识自我”模块中，你初步了解了自己的饮食习惯，了解了不健康的饮食习惯造成的健康隐患。在“完善自我”模块中，你对应该怎样吃好三餐，对健康食品和健康饮食有所认识和掌握了吗？你知道哪些饮食习惯应该改正以及如何改善自己的这些不良的习惯了吗？心动不如赶快行动，让我们行动起来，立即制定自己的健康饮食目标吧。

我的健康目标

1. 经过问卷测试，我的饮食习惯______，其中，______方面的习惯与健康不符，具体体现在____

____

造成这种生活习惯的原因是：________________________________

____

预计会造成的不良影响是：________________________________

____

2. 根据这一方面的不足之处，我为自己制定的健康饮食目标如下：

①短期目标（日常目标）：______________________________

②中期目标（1～3 年）：______________________________

③长期目标（3 年以上）：______________________________

3. 对我的目标进行评估：

经分析发现，我的目标难易度为______；预计见效时间为______；预期达到的效果是：______________________________

4. 目标实施步骤：

①______________________________

②______________________________

③______________________________

第二章　充足睡眠　修养身心

——趣味小测验

睡眠质量小测试

1. 睡眠时间很不规律，不能按时上床睡眠：

A. 经常　　B. 有时　　C. 很少　　D. 从未

2. 工作或娱乐至深夜：

A. 经常　　B. 有时　　C. 很少　　D. 从未

3. 躺在床上脑子里全是白天见过的人和发生的事，难以入睡：

A. 经常　　B. 有时　　C. 很少　　D. 从未

4. 入睡后稍有动静就能知道：

A. 经常　　B. 有时　　C. 很少　　D. 从未

5. 整夜做梦，醒来时觉得很累：

A. 经常　　B. 有时　　C. 很少　　D. 从未

6. 很早就醒来，而且再也睡不着了：

A. 经常　　B. 有时　　C. 很少　　D. 从未

7. 有点不顺心的事就彻夜难眠：

A. 经常　　B. 有时　　C. 很少　　D. 从未

8. 换个地方就难以入睡：

A. 经常　　B. 有时　　C. 很少　　D. 从未

9. 上夜班就睡眠不好：

A. 经常　　B. 有时　　C. 很少　　D. 从未

10. 使用安眠药才能安然入睡：

A. 经常　　B. 有时　　C. 很少　　D. 从未

计分标准：

A 记 5 分，B 记 2 分，C 记 1 分，D 记 0 分。

结果解释：

如果你的总分在 20 分以上，说明你有严重的睡眠障碍。

如果你的总分在 5 ~ 20 分，说明你的睡眠质量比较差。

如果你的总分在 5 分以下（没有 A 项），说明你的睡眠质量良好。

如果你的累计得分在 5 分以上，特别是有 A 项得分，您需要高度重视您的睡眠状况，想办法改善睡眠质量了。

注：本测验的结果仅供参考。

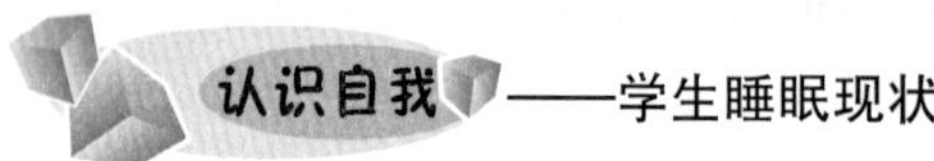

在校大学生作为一个特殊的群体，其繁重的学习任务、有限的活动范围、易于波动的情绪、日益增大的就业压力以及集体生活环境等，都可能影响其睡眠质量，从而影响身心健康。从最近的调查看来，大学生的睡眠状况不容乐观。

调查研究表明，在校大学生的就寝时间一般为十点以后，对 141 名学生的抽样调查显示，73% 的学生的睡觉时间为十一点到十二点之间，这些晚睡的学生中，有 36.4% 的学生在上网，14.8% 的学生在看书，剩下的学生在闲聊、运动等。另外，对学生的睡眠习惯调查发现，大多数学生的睡眠规律为晚睡早起，这反映了学生睡眠时间不足的问题，晚睡早起的行为习惯也导致了半数以上的学生在上课时偶尔或经常睡觉。对学生的睡眠质量进行进一步的调查发现，约有 1/4 的学生的睡眠质量偏低，这些学生中，有 68% 的学生称前一天的睡眠对自己第二天的状态没什么影响，但是，有 32% 的学生感觉到自己在第二天情绪低落。可见，睡眠不足不仅危害学生的身体发育，对学生学习、掌握知识也存在较大的影响。

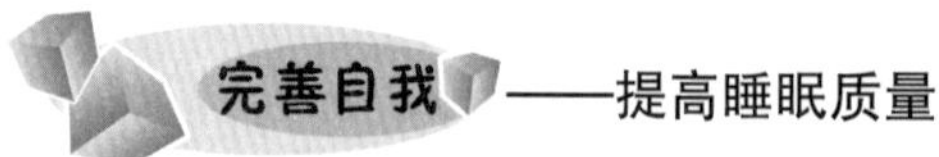

通宵上网猝死网吧 类似事件频繁发生

无论是工作还是娱乐，连续熬夜对人体健康伤害极大。8 月 6 日，在南宁市淡村路的一家网吧里，一名男子通宵上网 10 多个小时后，静悄悄地离开了人世。警方初步估计，该男子为猝死。

“我们看到他睡在桌子上很久不醒，就过去喊他，结果吓了一跳，人死了。”6 日下午 6 时许，这家网吧的一名网管接受办案民警询问时说。死者是一名中年男子，他已连续两天来上网。5 日他在这里上网一天后离开了网吧，6 日凌晨，他又来到网吧柜台，往上网账户里充了 100 多元后继续上网。这名网管指着柜台上的电脑屏幕说，该男子上网时主要是玩游戏。从电脑上的显示记录查看得知，他在这里已连续上网 10 多个小时。网吧工作人员发现情况后，立即拨打急救电话，120 医生赶到时，该男子已死亡。

专家称，睡眠是消除疲劳、保护大脑、增强免疫力的重要保障，玩游戏使人神经紧张，更加不适宜长时间沉浸其中。长时间让身体保持紧张，再加上睡眠时间不足，就可能出现心律失常，导致悲剧发生。睡眠对于我们极为重要！

一、睡眠的定义

不同的时代赋予睡眠不同的含义。法国学者认为，睡眠是由于身体内部的需要使感觉活动和运动性活动暂时停止，给予适当刺激就能使其立即觉醒的状态。后来人们认识了脑电活动，认为：睡眠是由于脑的功能活动而引起的动物生理性活动低下，给予适当刺激可使之达到完全清醒的状态。

现代医学认为：睡眠是一种主动过程，是恢复精力必需的休息，有专门的中枢管理睡眠与觉醒，睡时人脑只是换了一个工作方式，使能量得到贮存，有利于精神和体力的恢复；而适当的睡眠是最好的休息，既是维护健康和体力的基础，也是取得高度生产能力的保证。

睡眠往往是一种无意识的状态，与觉醒状态相比，睡眠时，人与周围的接触停止，自觉意识消失，不再能控制自己说什么或做什么。处在睡眠状态的人肌肉放松、神经反射减弱、体温下降、心跳减慢、血压轻度下降、新陈代谢的速度减慢，胃肠道的蠕动也明显减弱。从外在看，睡着的人是静止的、被动的，实际不然，通过脑电波我们会发现，人在睡眠时脑细胞发放的电脉冲并不比觉醒时弱，这证明大脑并未休息。

二、睡眠的时相

睡眠由两个交替出现的不同时相所组成，一个是慢波相，另一个是异相睡眠。慢波相又称非快速眼动睡眠，主要用于恢复体力；异相睡眠又称快速眼动睡眠，此时相中出现眼球快速运动，并经常做梦，主要用于恢复脑力。

正常成年人入睡后，首先进入慢波相，历时 70 ~ 120 分钟不等，继而转入异相睡眠，约 5 ~ 15 分钟，这样便结束第 1 个时相转换，接着又开始慢波相，并转入下一个异相睡眠，如此周而复始地进行下去。整个睡眠过程，一般有 4 ~ 6 次转换，慢波相时程逐次缩短，而异相时程则逐步延长。若睡眠全时为 10 小时，则慢波睡眠约占 8 小时，而异相睡眠占 2 小时。

三、睡眠的作用

（一）维护个体生理健康

1. 缓解个体生理疲劳，恢复机体活力

睡眠是缓解生理疲劳的主要方式。睡眠期间是人体内脏各器官合成并制造能量物质的好时机。与此同时，由于心率变缓、体温降低、血压下降、内分泌减少，致使基础代谢率降低，从而恢复机体活力。

又如，睡眠可以保护视力并滋润眼球。比起看绿色植物，睡眠是更有效的“养眼”方法。当你闭眼入睡后，劳累已久的眼球睫状肌终于得到休息，防止了视力下降和“老花眼”提前“报到”。此时，白天处于抑制状态的泪腺分泌也开始增加，滋润因长时间用眼而干涩的眼球；角膜的温度也有所上升，细胞新陈代谢加快。

另外，睡眠可以放松内脏器官。除了大脑，人体大多数内脏器官如心脏、肠胃等都受植物神经支配。植物神经分为交感神经和副交感神经。白天，交感神经活跃，心跳及肠胃蠕动都加快；当你睡着时，交感神经受到抑制，副交感神经呈现活跃状态，内脏器官得到休息放松。如果疲倦时不睡觉，不仅内脏器官得不到休息，容易因劳累过度感到不适，植物神经也容易紊乱，埋下失眠隐患。

2. 增强机体免疫力

人体在正常情况下，能对侵入机体的抗原物质产生抗体，并通过免疫反应将其清除，保护人体健康。睡眠能增强机体产生抗体的能力，从而增强机体的抵抗力，与此同时，各组织器官的自我康复速度也在睡眠中加快。医学实验也发现，人如果减少4小时的睡眠，体内免疫细胞活力就减弱28%，而获得充足睡眠后便可恢复。

3. 促进生长发育

睡眠与个体早期的生长发育密切相关。个体在出生后相当长的时间内，大脑继续发育，这个过程离不开睡眠。研究表明，只有睡眠状态下，生长的速度才会不断加快，因为睡眠期血浆生长激素可以连续数小时维持在较高水平。另外，睡眠可以规律个体的分泌激素。睡眠状态下，规律分泌的各种激素积极发挥着作用。以生长激素为例，当你进入深睡状态1小时后，其分泌进入高峰，是白天的3倍多。该激素除了促进生长，还能加速体内脂肪燃烧。相反，若睡眠不足，内分泌紊乱，激素分泌丧失规律，不仅情绪变得容易激动，还可能影响生育能力。

4. 延缓衰老，促进长寿

科学研究不断显示，健康长寿的老年人均有一个良好而正常的睡眠。人的生命好似一团燃烧着的火焰，不分昼夜地过度燃烧使生命耗损加快，而睡眠恰恰是给火焰一个休整的时间，它使火焰燃烧调到最小的程度，因此能延缓衰老，保证生命的长久。另外，在睡眠过程中，皮肤的新陈代谢最为旺盛，肌肉、内脏器官等的消耗都减少，其血管处于相对“瓶颈”状态，而皮肤血管则完全开放，血液可充分到达皮肤，为其提供营养，进行自身修复和细胞更新，起到延缓皮肤衰老的作用。如果错过了“睡眠”这个“孕育”美丽的最佳时机，皮肤容易变得干涩、粗糙、晦暗、多皱，尤其眼睛附近容易出现黑眼圈。

另有研究表明，睡觉也是头发获取营养的关键时机。因为白天仅大脑皮层活动就要消耗人体全部新陈代谢及日常活动所需养分的1/4，颈动脉运输的血液多向脑部集中，输送到侧支的血液量较少，而头皮组织恰恰仅靠颈动脉的侧支供血提供营养。若长期睡眠不足，没有在夜晚给头发供应充足的血液，头发将变得稀少而缺乏弹性。

（二）保护个体心理健康

1. 保护大脑，促进心理健康

充足的睡眠，会使大脑得到很好的休整，进而使个体精力充沛、思维敏捷，办事效率高。因为，人的记忆完全是在睡眠过程中形成和巩固的。当你睡着时，大脑在重播、分析、储存一天的事务，并留下记忆痕迹。在睡眠状态下大脑的神经变化程度是清醒状态下的2倍，一些神经路径的信号增强并形成细胞间的新连接，另一些路径的信号变弱并失去连接，使得大脑内的记忆远比持续工作状态下清晰得多。而睡眠不足对大脑会造成一定影响，这类人通常表现为烦躁、激动或精神萎靡、注意力涣散、记忆力减退等，严重者可诱发抑郁症、焦虑症等心理疾病。长期缺少睡眠则会导致幻觉的产生，这也是精神疾病的标志之一。另外，大脑在睡眠状态下耗氧量会大大减少，这有利于脑细胞的能量贮存。因此，睡眠有利于保护大脑，促进心理健康。

2. 发展思维，促进学习

睡眠对于一个人的思维和学习能力起着决定性的作用。睡眠可以提高一个人在清醒时的注意力、警觉性、专注性、推理能力和解决问题的能力，促进个体学习能力的提高。缺乏睡眠者，其认知过程会受到不同程度的影响，进而影响个体的思维发展。

睡眠好比健康银行，可以常存取，却不能透支。现在人们的平均入睡时间相比30年前，已经延后了1小时左右。世界卫生组织的调查显示，全球约有29%的人存在各种睡眠问题，中国居民睡眠障碍的患病率高达42.7%。好睡眠俨然成为现代都市生活的“奢侈品”。

聚焦实验

断眠实验

我们一般称不睡为“断眠”，该名词一般是用于强制性手段不让其睡觉或是因测试睡眠对生理机能的影响而不让被试者睡觉的场合。而对于想睡却无法入睡，或在自己的意识支配下不睡觉的，一般称之为“失眠”或“不眠”。

对人进行断眠实验最早是在19世纪20年代的后半期，有三个青年人坚持断眠了90个小时，结果虽然他们的感觉、反应的敏捷度、运动速度、记忆力以及计算能力都变得迟钝，但在实验后通过12个小时的睡眠，都恢复了正常状态。其中一人，在断眠的第二个晚上出现了幻视、体温下降等异常状况，但体重却反而增加了。

从那以后，又有许多学者进行了多次断眠实验，发现随断眠时间增长，人产生机体障碍的程度也越来越大。学者古来托曼在1939年曾对35名学生进行过连续3天的断眠实验，实验的结果是：断眠的第一夜，受试者在前半夜个个信心十足、主动配合，看书或娱乐，显得很轻松。但到凌晨三四点钟时则有强烈困意袭来，眼睛干涩不舒服，时时打呵欠，这时正值一天之中人体温最低的阶段。到天快亮时，困意逐渐消失，第2天又可像平时那样学习、活动。这些变化显然与昼夜节律有密切关系。这种感觉对于坐过长途硬席火车的人都会有体会。

断眠第二夜与第一夜的不同之处就是要使这些人保持清醒显得有些困难了，需要不断地想出新花样，如聊天、散步、吃东西、做游戏等。被试两眼干涩、发痒，不闭上眼睛这种感觉就很难消失。同样，凌晨三四点钟最为难熬，到天快亮时又开始好转。但与前一天有明显不同，被试不能长时间坐着，一坐下来就犯困、就要睡过去。让他们数自己的脉搏，往往数到20次以后就乱了。需严加监视，稍不留神就会有人呼呼睡去。

断眠第三夜，情况更加严重，有人开始出现错觉、幻觉，把挂着的衣服当成人，把自来水流水声当成人在谈话。判断力与记忆力等均明显下降，脾气变得暴躁易怒。

恢复自由睡眠后的第2天，被试的上述一切症状全部消失。

综合各研究结果可得出以下结论："在完全断眠100～120小时的情况下，'断眠精神异常症'的出现是不可避免的。"例如，怕自己变成其他人，幻想要朋友变得与自己相同，或感觉自己是机器人等。另外，还有人感觉身体发生了变化，如身体变大或变小等。

资料来源：《激活沉睡的脑》。

四、合适的睡眠时间

人一生中有三分之一的时间是在睡眠中度过的，五天不睡眠人就会死去，睡眠作为生命必需的过程，是机体复原、整合和巩固记忆的重要环节，是健康不可缺少的组成部分。

正常人每月睡眠时间6～8小时，小孩最好在晚上20：30之前睡觉，这样对身体发育有利；青少年应该在晚上22点左右睡觉；而老人在晚上21～22点睡觉比较好。

当我们睡觉的时候，身体的各个器官并没有休息，它们开始进入排毒阶段，这个阶段对生命体的恢复极为重要，这也就是为什么长期睡眠不足的人身体抵抗力下降的原因所在。那么，睡觉时都有哪些器官进行排毒呢？这个时候我们最好应该如何做呢？

晚上9～11点为免疫系统（淋巴）排毒时间，此段时间应安静或听音乐。

晚上11点～凌晨1点，肝的排毒时间，需在熟睡中进行。

凌晨1～3点，胆的排毒时间，需在熟睡中进行。

凌晨3～5点，肺的排毒时间。此即为何咳嗽的人在这段时间咳得最剧烈，因为排毒"动作"已走到肺，此时不应用止咳药，以免抑制废积物的排除。

凌晨5～7点，大肠的排毒时间，应上厕所排便。

早上7～9点，小肠大量吸收营养的时段，应吃早餐。疗病者最好早吃，在6：30前，养生者在7：30前，不吃早餐者应改变习惯，即使拖到九十点吃都比不吃好。

半夜至凌晨4点为脊椎造血时段，必须熟睡，不宜熬夜。

睡眠专家认为：睡眠是新陈代谢活动中重要的生理过程，没有睡眠就没有健康。睡眠不足，不但身体消耗得不到补充，而且由于激素合成不足，会造成体内环境失调。美国的免疫学家在对睡眠和人体免疫做了一系列研究后认为，睡眠除了可以消除疲劳，还与提高免疫力、抵抗疾病的能力有着密切关系。有充足睡眠的人血液中的 T 淋巴细胞和 B 淋巴细胞均有明显上升，而这两种细胞正是人体内免疫力的“主力军”。困倦是大脑相当疲劳的表现，不应该等到这时才去睡觉。只有养成定时睡觉的习惯，保证每天睡眠时间不少于 7 小时，才能维持睡眠中枢生物钟的正常运转。所以，年轻人也应该学会控制自己的生活习惯，不让自然节律被打乱，陷入恶性循环。

五、不健康睡眠误区

（一）平时通宵，周末狂睡

有些人平时工作很辛苦，有时加班到了凌晨，第二天还得六七点起床上班，睡眠严重不足。于是，周末在家恶补睡眠，睡上 20 小时，把平时的觉都补回来。还有些人今天听说 8 小时睡眠足够，明天听说 7 小时睡眠长寿，到底多少小时睡眠好，自己也搞不清楚。不过据说充足的睡眠既美容又养颜，那就睡 10 小时。每天到底睡多久好呢？

专家分析：每天保证正常的睡眠时间是很重要的，一般成年人应该在 6 ~ 9 个小时。比如晚上 10 ~ 11 点睡觉，早上 6 ~ 7 点起床，这样可以使人维持一个较稳定的生物节律，对人体身心都是有益的。

对于睡眠时间的长短，没有统一的说法。因人而异可以分为长睡眠型（8 小时左右）和短睡眠型（6 小时左右），其实 4 ~ 10 小时都属于正常范围，第二天醒后精神饱满既可。实际上，各种人群对睡眠的要求是不同的。一般而言，10 ~ 18 岁的人群，每天需要 8 小时的睡眠时间，18 ~ 50 岁的人群，每天需要 7 小时的睡眠时间，50 ~ 70 岁的人群，每天需要 5 ~ 6 小时睡眠时间。特别对于上了年纪的人，睡眠质量比不上年轻人是自然规律，只要不影响身体健康就好。关于每天应该睡多少小时，因个人体质存在差异，只要符合自己的睡眠习惯，能够保证白天精力充沛、醒后没有疲乏感即可。很多伟人睡得很少但却精力旺盛，原因在于他们补充的主要是深睡眠，量虽少、质却高。

（二）睡前保持安静，避免运动

有些人，晚上一有活动，睡觉时就会兴奋得睡不着。所以，他们认为吃完饭就应保持安静，连一些正常的低运动量活动也拒绝参与。本来白天就在单位里坐了一天，回家后继续坐着，坐到睡觉前反而睡不着了。

专家分析：适量运动促睡眠。

临睡前的过量运动会令大脑兴奋，不利于提高睡眠质量。但适量的体育运动能够促进人的大脑分泌出抑制兴奋的物质，促进深度睡眠，迅速缓解疲劳，从而使身体恢复进入一个良性循环。

特别是脑力工作者，一天下来可能都没什么身体活动，而晚饭后的轻微活动反而有助睡眠。研究发现，临睡前做一些如慢跑之类的轻微运动，可以促进体温升高。当慢跑后身体微微出汗时（一般来讲在20～30分钟为宜）即停止，这时，体温开始下降。当30～40分钟后睡觉时，人将很容易进入深度睡眠，从而提高睡眠质量。

（三）公交地铁上补睡眠

有些人晚上喜欢熬夜工作，觉得好在公司与家距离甚远，无论是坐地铁还是坐公交车，只要一坐下来就打瞌睡，一路睡到公司，认为这样的补眠方式，既没影响工作，又不耽误睡觉。

专家分析：深睡眠使人得到充分恢复。

正如前文所讲，人的睡眠大致分为“非快速眼动睡眠”和“快速眼动睡眠”两个阶段，在前一个阶段中，又可以分为“浅睡眠”和“深睡眠”两个过程，这两个过程在睡眠中循环多次。人们只有在睡眠中经历了几个“深睡眠”过程后，才能使疲劳得到充分的消除。但是，在汽车上睡觉、打盹、补觉，容易受到各种因素的干扰，汽车的晃动、光线的刺激、声音的影响、空间的狭窄等都不容易使人进入“深睡眠”状态，而在“浅睡眠”状态下休息，只能使人得到不充分的恢复。我们经常听到有人抱怨，车里睡了一觉后，反而觉得腰酸腿疼、疲乏无力。另外，在车上睡觉，还容易导致生病。比如车上睡觉，脖子歪向一边，容易使一侧的脖子肌肉疲劳，很容易落枕。还有，在车上睡觉，车门开关、风扇吹动，一不小心就容易着凉。白天疲劳的时候小睡一段有助于体能的恢复，但是尽量不要选择在车上睡。

（四）睡得不好用吃来补

有些人觉得睡眠不好，就多吃些人参、鹿茸等补品，认为这样做不但有益于提高睡眠质量，而且补得好了，就是适当减少些睡眠时间问题也不大。还有些人认为，白天睡觉影响晚上睡眠，所以从不午睡。

专家分析：学会睡个“子午觉”。

美国医学教授威廉·德门特说：“睡眠是抵御疾病的第一道防线。”他发现，凡是在凌晨3点钟起床的人，第二天的免疫力就会减弱，血液中有保护作用的杀病菌细胞也会减少1/3。所以，我国民间流传的“吃人参不如睡五更”这句话是很有道理的。我国传统养生学提倡睡“子午觉”。“子”是指夜间的23点～1点，“午”是指白天的11～13点。认为睡“子时”可以养精蓄锐，而睡“午时”则可以顺应阳气的生发。

为了保证深睡眠，应该尽量做到早睡早起。晚上10点至凌晨4点，是最佳睡眠时间，入睡的最晚极限不能超过11点。过了11点后，人反而会变得兴奋，更难入睡。凌晨两三点，是熬夜的人感到最困的时候，而天亮后，人就开始进入浅睡眠期，这时候开始多梦、易醒。有些人喜欢睡“回笼觉”来增加睡眠时间。当然，这不失为补充睡眠不足的一个办法，但要注意的是，“回笼觉”补充的主要是浅睡眠，效果不如早睡早起获得的深睡眠更好，宁可早上5点起床，也不要到晚上12点才睡觉。

此外，睡午觉也是个很好的睡眠习惯。临床基础研究已经证实，深睡眠在一天中有几个阶段，在中午12点至下午2点之间，有半小时的深睡眠期，但具体从哪个时段开始，因个人情况而异。因此，中午小睡片刻，可以获得半小时深睡眠，帮助人体机能的自行修复。从人的能量消耗和补充平衡角度，午睡也很有道理。因为从清晨到中午，从中午到晚上入睡前，这两个时段都有七八个小时，持续运作会让人体各部分的效能降低，尤其是脑力劳动者，午睡是有效的“充电”手段，小睡片刻换来的是下午工作的高效率。但午睡并不需要过久，半小时足够，最多不超过1小时，否则会影响晚上的睡眠。

睡眠时间研究

加州大学圣地亚哥药学院和美国癌症学会联手进行过一项研究，该实验长达6年时间。他们对100万名年龄介于30岁到102岁的研究对象进行了观察。在这项实验中，研究对象的年龄、病史、健康情况等都已被考虑进去，他们是跟与自己身体状况相似的对象作比较。研究发现，每天仅睡六七个小时的人，比每天睡超过8小时或少于4小时的人死亡率要低很多。其中，每天睡7小时的人死亡率最低，而即使是只睡5小时的人，这个系数也要低于睡够8小时的人。

尽管研究机构表示，对于死亡率和睡眠时间的因果对应关系，目前还需要更多的证据来证明，但这无疑给了我们一个新的提醒：我们到底需要睡多久？

睡眠是一个系统工程，睡觉并不是倒在枕头上，盖上被子合眼一宿，再睁开眼睛醒来这么简单，它是一个复杂的渐变过程。

为什么我们有时醒来后身体会神奇地恢复力量，而有时却感觉比睡觉之前还累呢？这便是睡眠的深度和状态不同导致的。

芝加哥大学的研究人员在对几千名志愿者进行过睡眠时的脑电波记录后，揭示了人体的睡眠周期：在睡眠中，人体首先进入慢波睡眠期，后是快眼动睡眠期，之后再重复开始，一夜大约有4~6个睡眠周期。

那些夜里常常醒来，或者在还未得到充分休息以前就醒来的人，他们的睡眠节律是很混乱的，脑电波图在各阶段都显示出快速、急剧升降和受到抑制的波形，这在正常人睡眠中是见不到的。

因此，只有充分进行好4~5期的深度睡眠，人体的生理机能才能得到充分的修复，免疫系统才能够得到加强，能量也能得到充分补充。

延长睡眠时间并不一定能弥补自己的睡眠不足，相反，如果一味地赖在床上却没有得到高质量的睡眠，这对于人体反而是有害无益的，它甚至会缩短你的生命。对那些只睡了6，7小时就自然醒来的人来说，只要你觉得头脑清醒、感觉良好，就放心地起床活动吧。

除了睡眠时间有规律，避开咖啡因和酒精、每天适量运动等老生常谈的忠告也十分有用。为了改善睡眠，我们还可以借鉴一下美国国家睡眠协会的小建议：跟着太阳同起落。尽可能地在太阳升起的时候起床或在起床时点一盏很亮的灯，明亮的光线会让人体生物钟调整到最佳状态。每天在晨光中晒上一小时，你会觉得精神奕奕，而晚上也更容易睡着。

完善自我——提高睡眠质量

不管你是否容易入睡，掌握好下述的促睡十要诀，可免却你失眠之苦和使你的睡梦更香甜。

1. 按时上床

坚持按自己习惯的时间上床睡觉，机体在此时间会反应性地要求休息，周末和休息日也应如此。

2. 保持卧室空气流通和温度适宜

好的环境有助于快速入睡，气温以18℃～20℃为佳，干燥天气对地板应洒水。保证高质量睡眠，寝具起了尤为关键的作用。“健康睡眠”的核心首先是要营造一个合适的环境：主要是一个清静的卧室和舒适的寝具，通风是卧室的一个重要条件，因为新鲜的空气比什么都重要，无论室外的温度高低，睡觉之前都应该开窗换气。

3. 坚持睡前的习惯性活动

睡前应进行你习惯的某些活动：喝药茶、喝牛奶、洗澡、写日记或听一会儿音乐。

4. 注意饮食

晚上尽量少吃难消化或油腻或刺激性的食物，睡前2小时不喝含酒精或咖啡因的饮料。

5. 睡前不能进行剧烈运动

如你有傍晚或晚上锻炼的习惯，要在睡前4小时进行。

6. 不要带着问题上床

如果真有什么一时解决不了的问题，可用笔记下来，留待第二天再想。

7. 睡前不要用脑过度

苦思冥想会使大脑兴奋异常而难以入睡。

8. 睡前热水泡脚

热水泡脚会使你感到更舒适并有利于身体保健。

9. 睡前活动应与白天的主要活动相反

如体力劳动者睡前应看点书报或听些音乐，脑力劳动者则可进行些轻微的体力活动如散步、做操等。

10. 上床即睡

如无睡意最好不“恋床”，起来干点事，待有睡意时再上床睡觉。

世界睡眠日

为唤起全民对睡眠重要性的认识，2001 年，国际精神卫生和神经科学基金会主办的全球睡眠和健康计划发起了一项全球性的活动，将每年初春的第一天——3 月 21 日定为“世界睡眠日”。此项活动的重点在于引起人们对睡眠重要性和睡眠质量的关注。“世界睡眠日”之所以定在每年初春第一天，是因为这天太阳照在赤道上，南北半球白昼与黑夜相等，人的睡眠时间和活动的时间均等，把这一天定为睡眠日比较合适。同时，季节变换的周期性和睡眠的昼夜交替规律都与我们的日常生活息息相关。2003 年，中国睡眠研究会把“世界睡眠日”正式引入中国。

国际睡眠微环境医学研究协作组织发起的“多睡一小时”全球公益活动是每年世界睡眠日期间的全球性健康睡眠主题公益活动之一，主要呼吁世界睡眠日当日通过象征性地多睡 1 小时来引起人们对健康睡眠的重视和关注。

危害健康的睡觉陋习

我们每天都在睡觉，但是，你的睡觉习惯是正确的吗？也许你一直认为对的习惯其实是错误的，而这种错误的睡觉陋习在摧毁着你的健康而你却浑然不知。那么，让我们一起看看我们常见的睡觉陋习有哪些吧。

1. 酒后入睡

随着生活方式的改变，如今年轻人的夜生活较为丰富，特别是一些职业上应酬较多的人士，常会伴着微醉入睡。医学研究表明，睡前饮酒入睡后易出现窒息，一般每晚两次左右，每次窒息约 10 分钟。长此以往，人容易患心脏病和高血压等疾病。

2. 以衣代被

寒冷的冬夜，有些人害怕着凉受寒，往往穿着毛衣、毛裤或棉背心等睡觉。人在睡眠状态下躯干、四肢肌肉是放松的，而且睡得越香甜，肌肉就越松弛。穿过多的衣服睡觉，会影响全身肌肉的放松，不利于血液循环和呼吸功能的发挥。个体因衣被裹压容易做噩梦、窒息以致出现夜惊等病症。由于衣被过多，温度高，衣服易汗湿，醒来后如不及时更换湿衣和增添衣服，容易引起感冒。

3. 睡觉时高枕双臂

不少人睡觉时喜欢两臂高抬放在枕头上，这种睡姿对健康十分有害。手臂上抬不利于肩部与上臂肌肉的放松，久之会引起肩部疼痛不适。把手臂放在枕头上，还会影响上肢血液循环，引起手麻。另外，手臂上抬可引起腹内压力升高，易使胃内的食物连同消化液倒流进入食管，刺激食管黏膜，引起食管黏膜充血、水肿，甚至产生反流性食管炎。

4. 睡觉不关电热毯

整夜开着电热毯，不但使人醒来后感到口干舌燥，还容易患感冒。人在入睡时被窝里的理想温度为33℃~35℃，相对湿度为55%~60%，在这种“小环境”下，皮肤的血管处于收缩状态，血流减慢，使机体得到充分的休息和调整。如果电热毯加热时间过长，被窝内的温度持续过高，皮肤血管就会扩张，血液循环加快，呼吸变深变快，抗御病菌的能力下降，易导致感冒。所以，电热毯的正确使用方法是：在睡觉前10分钟接通电源，当被褥预热之后关闭电源，只要进被窝时不感到骤凉就可以了。

5. 蒙头睡觉

有些人爱蒙头睡觉，尤其是在冬天。由于空气不流通，被窝里的氧气不充足，体内各器官得不到足够的氧气供应，醒来后人会感到头晕、胸闷、乏力、精神不振，还可能诱发做梦，而且常常是噩梦连连，人易从梦中惊醒。

6. 带妆睡觉

一些女性，特别是青年女性睡觉前不卸妆。皮肤上残留的化妆品堵塞毛孔，造成汗腺分泌障碍，不仅容易诱发粉刺，而且时间长了还会损伤皮肤，使皮肤的衰老速度加快。

7. 戴饰物睡觉

一些人在睡觉时不摘卸饰物，这对身体十分有害。一些饰品是金属制作的，长期佩戴对皮肤有所磨损，使人在不知不觉中引起中毒反应。一些有夜光作用的饰品会产生放射性辐射，量虽微弱但长时间积累可导致不良后果。佩戴饰物入眠不利于新陈代谢，这也是戴饰品的局部皮肤容易老化的原因。

超越自我——保证我的睡眠

促进睡眠，一方面要抑制神经的兴奋状态，另一方面需要肌体放松。放松治疗的原理在于：通过身心松弛，尤其是全身肌肉的松弛，来减少紧张，抑制兴奋，降低警醒水平，诱导睡眠的发生。对因焦虑情绪引起的失眠或对睡不好的恐惧引起的失眠，适宜采用放松训练。通过放松训练减少精神和躯体的紧张来治疗失眠。

在国外，越来越多的人愿意接受一种快餐式的“放松疗法”，这种方法既方便又快速，现将该方法与同学们分享如下：

进行放松训练，先要体会一下紧张与放松之间有什么差别。可以用这样一个方法感受一下：紧握右手拳头，并持续5~7秒钟，注意体验有何感觉，尤其是体验不舒适感。接着，很快将手放松，持续15~20秒，此时看是否有手臂温暖的感觉。还有一个更简单的检验方法：紧张时，指温冰凉、心跳快速、肌肉紧绷；放松时，指温温热、心跳和缓、肌肉放松。在了解放松的感觉后，再进行放松训练。

放松方法很多，如渐进性肌肉松弛法、静坐冥想法、自律训练法、生物反馈法、自我催眠法等。这里介绍几种操作简单、效果明显的放松训练方法。

1. 放松训练方法之一

身体躺下。把注意力集中在右手，右手握紧拳头，持续大约5秒钟后，再松开，肌肉放松。注意观察完全放松后的右手与自然放松的左手的感觉有什么不同。然后再用左手重复做一遍。接着以相同方法对手臂、脸、颈部、肩部、腹部、臀部、股部、小腿、脚的肌肉，重复练习。

2. 放松训练方法之二

把注意力集中到对身体沉重感的体验上，能够使人放松。

躺在床上，闭上眼睛，自然呼吸。然后把注意力集中在双手或双脚上，全身肌肉极度放松。然后默念自我暗示的语句："我的左手越来越沉重了！""我的右手越来越沉重了！""我的双脚越来越沉重了！""我的全身都越来越沉重了！"在默念过程中如果有与四肢沉重感无关的意念，就要立即停止，重新来过。

3. 放松训练方法之三

仰卧床上，两手自然伸直，两腿舒展，自然分开，与肩同宽，脚尖向外。两眼向上平视一下，再把眼光收回到眉中间，向鼻尖看，一直看到脐下小腹部，意守下腹，再闭上眼睛、嘴唇，用舌抵上腭，深呼吸24次，并同步意念"呼""吸"。之后改为自然呼吸。如果尚未放松或入睡，可重复进行几次。但一般不过多地重复。不要数数，以免引起兴奋。

4. 放松训练方法之四

首先躺下，也可坐在一张靠背椅上，闭上眼睛，在头脑里想象一些比较熟悉或比较向往的景象。如可想象你漫步在一片绿油油的草地，草地里开着各色小花，芳香扑鼻。这时往前走，隐隐约约听到了清脆的流水声，原来是一条清澈的小溪，几条小鱼儿在逆水往上游着。你弯腰试着去抓，水很清凉怡人……你可以再想象下去。要有身临其境的感觉，使五官、身体都处于美好的感受之中。

想象的题材很多，如辽阔平坦的海滩、山清水秀的公园、烟雾缭绕的仙境等。不要想象过于刺激的东西，在你的想象里，环境是闲适舒缓的，你感受的都是一些舒适的景象。你从想象中得到放松、得到愉悦，暂时忘却了失眠带给你的紧张，说不定在美好的遐想中就酣然入梦了。

第三章　适当运动　强健体魄

——趣味小测验

学生体育锻炼情况调查问卷

1. 你觉得上学校体育课能增强体质吗？

A. 能　　B. 不能　　C. 不知道

2. 你在闲暇时间参加体育锻炼吗？

A. 经常　　B. 偶尔　　C. 不参加

3. 你是否喜欢参加各类体育活动或体育锻炼？

A. 喜欢　　B. 不喜欢　　C. 一般

4. 你对体育课的内容感不感兴趣？

A. 有兴趣　　B. 没有兴趣　　C. 一般

5. 你会因为体育活动太辛苦、太累而不喜欢体育活动吗？

A. 会　　B. 不会

6. 你是否觉得上体育课是种负担？

A. 是　　B. 不是　　C. 不知道

7. 当你的心情不好或学习紧张时，你会通过体育锻炼进行调节吗？

A. 经常　　B. 偶尔　　C. 从来没有

8. 你是否觉得体育锻炼让你变得更阳光、更精神？

A. 会　　B. 不会　　C. 一般

9. 你是否把体育锻炼当成日常生活的一部分？

A. 是　　B. 不是

10. 在体育课上，老师安排自由活动，你是否会积极锻炼？

A. 经常　　B. 偶尔　　C. 不会锻炼

11. 你是否喜欢体育课？

A. 喜欢　　B. 不喜欢　　C. 一般

12. 你觉得开设体育课有必要吗？

A. 有必要　　B. 没必要　　C. 可有可无

13. 每次体育课你都在做什么？

A. 积极参加运动　　B. 少量运动　　C. 拒绝参加运动

14. 你认为体育锻炼对自己有没有好处？

A. 有　　　　　　B. 没有　　　　　C. 一般

15. 你有自己的体育锻炼计划吗？

A. 有　　　　　　B. 没有　　　　　C. 随机安排

计分标准与结果解释：

如果你选择的答案中，“A”占大多数，说明你对于体育运动的重要性有很清楚的认识，能够按照学校的安排和要求进行体育锻炼，测试结果表明你的身体是比较健康的。

如果你选择的答案中，“B”和“C”的选项占多数，说明你已经忽略运动了，从思想认识到实际的行动你都需要重新审视，你需要认真考虑学校为什么要安排体育课？为什么要安排这些体育运动项目？自己该如何对待体育课？否则，你就要承担向不健康迈进这一隐性事实的后果了。

注：本测验的结果仅供参考。

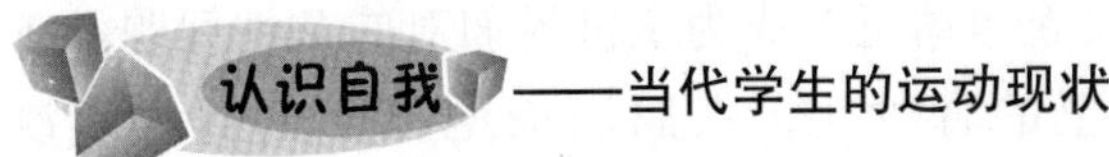

——当代学生的运动现状

一项面向34个国家的7万多名青少年开展的调查显示，爱“泡”在电视机前的并非只有美国儿童，全球近三分之一的儿童每天看电视或玩电脑的时间达到或超过三小时。

位于日内瓦的世界卫生组织的瑞吉娜·古特尔德和她的同事发现，从阿根廷到赞比亚，全球多数儿童都缺乏锻炼，这和他们生活在富国和穷国没有多大关系。古特尔德说：“在身体锻炼水平上，我们发现穷国和富国的孩子没有太大差别。在贫穷国家长大并不意味着能得到更多的锻炼。”

该研究在《儿科学期刊》上发表。研究人员于2003年至2007年间对南北美洲、亚洲、欧洲和中东地区年龄在13岁到15岁之间的72 845名学生进行了调查。研究人员将“充足的身体锻炼”定义为每周至少锻炼五天，每天至少进行一小时的户外锻炼。除了在学校或做作业的时间外，每天看电视、玩电脑游戏或上网聊天的时间超过三小时的孩子被定义为“惯于久坐”。

研究人员发现，根据这些定义，只有1/4的男孩和15%的女孩进行了足够的锻炼。1/4的男孩和近30%的女孩“惯于久坐”，缺乏锻炼。除赞比亚外，所有国家的女孩都不如男孩爱活动。乌拉圭爱活动的男孩比例最高，达到42%，赞比亚的这一比例最低，只有8%。印度女孩最活跃，其中有37%达到建议活动量，埃及的女孩最不爱动，只有4%进行了足够的锻炼。缅甸的“久坐型”儿童最少，只有13%的男孩和8%的女孩惯于久坐。圣卢西亚和开曼群岛的儿童最惯于久坐，58%的男孩和64%的女孩每天坐着的时间达到或超过三个小时。

2011 年 4 月 26 日，加拿大健康活跃生活和肥胖症研究组织发布年度《加拿大活跃健康儿童报告》称，加拿大青少年缺乏锻炼的趋势加重。他们在 2010 年的日均锻炼时间约为半小时，而在电视或电脑前的日均耗时却超过 6 个小时。

加拿大联邦卫生部曾颁布过《加拿大体育活动指引》，建议青少年每天至少进行一个小时的中度至剧烈运动。但《加拿大活跃健康儿童报告》称，目前只有 9% 的男孩和 4% 的女孩能够达到上述标准，有 44% 的青少年每周只有三天能运动一个小时，而高达 80% 的青少年日均运动量只有半小时。

与青少年日均运动量的下降相对，他们在看电视、玩电脑方面的时间却大幅上升。这份报告说，在 2010 年时，加拿大青少年放学后每天在电视或电脑前消耗的时间平均为 6 小时，周末会超过 7 小时。这意味着青少年平均每周的“屏幕时间”已在 40 小时以上，和成年人一周的工作时间相当。

从以上报道可以看出，青少年学生缺乏运动正在成为全世界面对的共性问题。在西方，那些喜欢懒懒散散“赖”在家里的青少年，人们诙谐地称呼他们为“沙发土豆”。

这种情况究竟是什么原因导致的呢？最主要的原因就是在青少年学生的休闲时间里存在的诱惑实在太多了。进入 21 世纪，科学技术日新月异，新奇有趣的“花样儿”层出不穷，青少年学生可以选择的课外娱乐活动的内容越来越多：电视、视频游戏、互联网、动漫卡通书画……数不胜数，传统的户外体育活动自然就被很多学生弃之脑后，越来越多的学生喜欢把自己关在屋里、待在屏幕前、浸淫在这些显然弊多利少的娱乐活动中。其实，这种懒散的生活方式会给日后的身体带来诸如心血管疾病等的极高风险。另外，研究表明，久坐不动对学生的学业表现和自尊心的建立等均有着非常消极的影响。

再看一看我们国家青少年的运动情况。

一项关于我国青少年学生运动情况的调查数据显示，我国青少年学生平均每天参加户外活动的时间为 92 分钟，其中 23.5% 的学生每天室外活动时间在半小时之内。每周从不参加体育运动者约占 38%，而只有 11.7% 和 9.2% 的青少年学生每周运动 3～4 次和 5 次以上，只有 8.4% 的人连续自觉参加体育运动超过一年。

与此相对，我国青少年学生每天花在上网和玩网络游戏上的时间明显偏长。在被调查者中，只有不到一半的人将每日上网时间控制在 1 小时以内，每天上网超过 4.5 个小时者达到了 7.4%。大学生沉溺于网络的时间比初高中生高出一倍。

在过去的 22 年里，中国青少年学生的平均身高虽然提升了 1.45cm，但身体综合素质却明显下降。无论是和西方发达国家比较，还是和我们的邻国日本、新加坡比较，我国青少年学生的平均运动时间、身体素质水平都处于严重落后状态，而且各指标水平还在持续下降。

与身体素质下降相对应的是青少年近视率增长和居高不下的肥胖率。数据显示，中国大中型城市中，每100个小学生中就有30多个人近视，初中生近视率超过一半，高中生近视率高达74.91%。同时，肥胖已成为城市青少年身体健康的另一个重要问题。与1999年相比，城市男生由6.21%的肥胖率上升到11.45%。由肥胖引起的心脏、肾脏病变的情况已经出现。

究其原因，不是因为我国青少年学生的营养结构不合理或者缺乏营养，而是因为他们真正在室外、在阳光中、在球场上的时间太少了。

可以说，现在体育运动正在逐步被青少年学生所抛弃。今天，青少年学生的运动现状和由此而引发的健康状况令人担忧。

——热爱运动

热爱运动的名人的故事

1. 美国前总统布什：坚持跑步身体好

对美国人来说，前总统布什堪称他们运动及锻炼的楷模。布什的习惯是在健身房利用健身器材及跑步机锻炼，他的重量训练还包括坐姿推举、扩胸与扩背运动。因工作繁忙，布什经常利用一切可以利用的空隙跑步。曾经在访问墨西哥途中，他在空军1号会议室里的1台跑步机上跑了起来。可以说，布什是走到哪里就跑到哪里，他跑步的身影在美国许多地方出现过。在总统套房里，在戴维营的林间小道上，当然，还有位于白宫顶楼的健身房内。迄今为止，他个人跑步的最好成绩是6分钟45秒跑完1.6千米。

布什每周跑步4次至5次，举重至少2次。其中周四进行长跑，周日一般进行快跑训练，其他时间进行慢跑和器械练习。

2. 新加坡前内阁资政李光耀：每天长跑20分钟

新加坡前内阁资政李光耀年过古稀仍然头脑清楚、精神饱满、腿脚利落。

不论在家还是出国，他每天雷打不动坚持长跑20分钟。李光耀说："我每天都做运动，如果不做便感到懒散，我发现健身操使我感觉更好，能开胃，也睡得更好。"李光耀经常从事的运动项目除了跑步外，还有游泳和骑自行车。如果是应邀去没有运动设施的国家开会，他的随身行李一定要带着可折叠的健身脚踏车，在清晨或晚饭前进行运动。

李光耀曾是个胖子，喜欢吃炸鸡翅，喝啤酒和葡萄酒。他现在这副身板，都是他努力进行体育锻炼的结果。他倡导体育运动，认为居住在城市里的人，必须注意锻炼身体，这方面他也率先做到了。

3. 法国前总统希拉克：步行上班也锻炼

法国前总统希拉克是欧洲各国政府首脑的老大哥，与他年龄接近的有意大利前总理贝卢斯科尼和德国前总理施罗德。西班牙前首相阿斯纳尔和英国前首相布莱尔、美国前总统布什、俄罗斯总统普京都比他年轻许多，但他一直拥有一副运动健将的身板。希拉克身材高大，体魄健壮。但了解他的人都知道，他其实并不太喜欢体育运动，也没有到森林或海滨散步的习惯，他常做的运动是每天早晨8时30分离开爱丽舍宫公寓，步行去办公室上班。

4. 澳大利亚前总理霍华德：每天散步不可少

约翰·霍华德可谓澳大利亚政坛罕见的“常青树”。自从1974年先后当选新南威尔士州自由党议员和联邦众议员后，小个子的霍华德在政坛角逐近30年仍屹立不倒。他曾表示：自己经常锻炼，身体很好。

每天散步是他必不可少的。早晨7时30分左右，身着他喜欢的“袋鼠”牌运动套装，从他居住的基里比利大厦出发，沿着海边散步35分钟。

即使你正处于青少年时代，倘若体力与精神状态不佳，青春也将会缺乏应有的活力，变得暗淡无光。反观年长之人，只要他们对生活充满期待，始终保持乐观的情绪、开朗与豁达的性格，坚持不懈地参与运动，同样可以令自己青春永驻，不给人年老迟暮之感。这表明，运动不仅能使人体新陈代谢旺盛，增强各器官、系统的机能，达到增强体质、延年益寿的目的，更在相当程度上能够让生命永远充满青春与活力，对于青少年身体的发育、体质的增强及心理的健康成长都具有积极的影响。

一、体育运动对身体健康的影响

（一）促进体格的发育

经常参加体育运动的学生，体内新陈代谢显著增强，体力消耗与产生热量也都有所增加。进行体育运动的时候，人体全身经络的血液循环加速，骨关节的新陈代谢也同时加强，加快了造骨的进程。运动的过程中，骨所承受的压力对软骨板的生长起到了良好的刺激作用，促进了软骨板的增长，加速了骨的生长。所以，经常进行体育运动的青少年学生的身高往往比不经常进行体育运动的学生要高一些。

具体而言，运动对体格发育的影响主要体现在以下几点。

（1）体育锻炼会增强体内营养物质的消耗，使整个机体的代谢加快，提高食欲。

（2）体育锻炼会促进胃肠蠕动和消化液分泌，改善肝脏、胰腺的功能，使整个消化系统的功能得到提高，为人的健康长寿提供良好的物质保证。

（3）体育锻炼可预防骨裂。骨质疏松会引起骨裂，骨裂在各个年龄层次的人群中均可能发生。研究表明，有规律的体育锻炼可以通过提高骨质密度和骨的强度达到预防骨裂之目的。当然，体育锻炼对于骨质疏松病人也具有积极的治疗作用。

（4）体育运动可以控制体重与改变体型。过分肥胖会影响人的正常生理功能，尤其是容易加重心脏负担，缩短寿命。如果一个人的皮下脂肪超过正常标准的15%～25%，那么，他的死亡危险率会增加30%。俗话说：“常练筋长三分，不练肉厚一寸。”由于体育锻炼能减少脂肪，增强肌肉力量，保持关节柔韧性，故可以控制体重，改善体形和外表。

（5）体育运动能够延年益寿。有一项持续30年的研究显示，不锻炼的人比经常锻炼的人早逝的可能性增加31%。那么，为什么有规律的体育锻炼有助于延年益寿呢?其主要原因在于有规律的体育锻炼可以预防心脏病和癌症的发生。

（二）促进神经肌肉的发育

经常参加体育运动可以使学生的神经细胞获取更充足的葡萄糖和氧气供应，保证大脑在紧张的脑力劳动中能够获得更充分的营养，对提高学生神经系统的功能、反应能力和大脑工作能力有显著的效果，有助于提高学生的学习效率。体育运动还是一种运动性的休息，能把因疲劳而降低的视觉、听觉感受力提高30%，使学生学习起来更加精神饱满、思维敏捷。

经常参加体育运动，还会因为对新陈代谢的直接作用使肌肉获得更多的营养，肌纤维也因为肌肉获得良好的供血而逐渐变粗、增大，从而增加了肌肉的弹性，肌肉工作的能力及耐力也都相应地得到提高。因此，体育运动对青少年肌肉的生长发育具有决定性的作用。

具体而言，运动对神经功能的影响主要体现在以下几点。

（1）改善神经系统的功能。人的活动是在神经系统支配下的协调活动，坚持锻炼的人常表现为机体灵活、耳聪目明、精力充沛，这正是神经系统功能健全的表现。

（2）降低糖尿病发生的危险。糖尿病的特征之一是人的血糖水平很高，如果病人不加控制，还会引起许多其他健康问题，如视力减弱和肾亏等。有规律的体育锻炼由于能控制血糖水平，可使个体发生糖尿病的可能性大大降低。

（3）保持身体活动的能力。人类老化的主要特征之一是身体活动能力的逐步衰退，尤其是60岁以后，身体活动能力的退步尤为明显。事实表明，有规律的体育锻炼能使老年人身体活动能力的退化减慢。

哈佛录取注重运动才能和天赋

哈佛大学香港校友会前主席露丝·鲍莱特（Ruth Boulet）表示，哈佛录取委员会对于申请者考评的因素中，与学术考试分数同等重要的还有申请者的运动才能和天赋。

哈佛有40个运动队，包括橄榄球队、足球队、游泳队等。

运动是要投入很大的时间和精力才能坚持下来的，如果一个学生能够同时兼顾运动及学业成绩的话，他所展现出来的对于时间的掌控能力就可见一斑。

（三）促进心肺功能的发育

经常参加体育运动可以促进学生心脏血管系统的发育。运动的时候，心脏的工作负荷加大，心率增加，血液流量增大，全身的血液循环因此得到改善。同时，经常参加体育运动可使学生的冠状动脉得到很好的扩张，血脂类代谢物质在血管壁内的沉积减少，使学生的心肌血流量增加3～4倍，对学生预防动脉粥样硬化、高血压、冠心病等成人病非常有益。此外，经常参加体育运动，还可使学生的呼吸肌变得发达，肺活量增加，使机体供氧能力明显提高，大大减少了上呼吸道疾病的患病率。

具体而言，运动对心肺功能的影响主要体现在以下几点。

（1）预防心血管病。心血管病是当今世界上危及人类生命的头号杀手。据报道，在美国每死去的两个人中就有一个患有心血管病，在我国死于心血管病的人在各类疾病中占比亦居首位。大量研究表明，参与有规律的体育锻炼可以显著地降低心血管病形成和发生的率。

（2）改善呼吸系统的功能。人在体育锻炼过程中呼吸加深，会吸进更多的氧气，排出更多的二氧化碳，从而使得肺活量增大，残气量减少，肺功能增强。经常锻炼的人由于身体适应能力较强，其呼吸显得平稳、深沉、匀和，频率也较慢，平均每分钟呼吸6～8次，而不锻炼的人平均每分钟呼吸12～15次。

二、体育运动对心理健康的影响

毛泽东同志曾对体育运动和心理健康的关系进行过精辟的论述："勤体育则强筋骨，又足以增知识，又足以调情感，又足以强意志。"这充分表明体育运动对促进身心健康有着积极的意义。

保持积极乐观的情绪状态，正确对待生活中不可避免的困难和挫折，充分发挥自己的潜能，这些对每个人来说是十分重要的。但如何保持良好的心理健康状态呢？参加体育运动是调节人的情绪状态、促进心理健康水平的重要手段之一。

（一）体育运动能够让学生正确认识自我

体育运动可以让学生了解到自己在哪些方面有特长，对自己的能力、性格和优点做出客观、恰当的评价，同时还能让学生发挥出自身的潜能，体验到自己存在的价值，端正自我意识。

运动让他们变得更加自信

巴克利教练（南非）是专业运动员出身，参与过各种短跑和跳跃的项目，但担任特奥教练对她来说也是一种考验。“你常常要花很多很多时间才能教会运动员一个简单的动作或一个基本的技术要领，这和教普通运动员差距太大了。但正是因为这样，我们付出得多，当获得一点成绩时，获得的欣喜感受自然也是加倍的！老实说，这些年来我本人是在‘享受’这份工作，而且经常被我的运动员们感动。”

巴克利教练就运动对智障人士的意义感触颇深，“智障人士参与运动需要有很大的勇气，可以说能参加就很不容易了，但我们鼓励他们这样做有很大的意义，因为他们可能在智力上无法取得很大的发展，很难就此获得自信，但通过我们的努力可以让他们强壮一些，通过体质的发展得到整体发展，让他们从这方面找到自信。”

克丽娜教练（南非）是一个开朗的教练，她认为除了帮助运动员树立自信外，通过运动建立一个交流的平台也是很重要的。有比赛时她带着运动员们在赛场和其他运动员、工作人员进行交流；没比赛的时候，她就带着运动员们上看台，为队友甚至为竞争对手呐喊加油，充分感受特奥运动的氛围。无论比赛还是生活，她都和自己的运动员们融洽相处，宛如姐妹，“来！帮我们拍张照，你行的……你拍得很好！”她用鼓励的话语告诉她的运动员——在运动的平台上，你们是令人骄傲的。

她还有一个爱好，就是和别国嘉宾交换纪念章。在她的带动下，她的运动员们也鼓起勇气和他人交流，渐渐地，他们证件的系带上挂满了来自各个国家和地区的纪念章。“我希望他们能懂得，其实人与人之间很容易交流，这次特奥会主办方安排得非常出色，在上海，我们可以接触到来自全世界许多城市的人，为什么不利用这么好的交流平台呢?”

资料来源：《东方体育日报》。

（二）体育运动能促进良好人际关系的形成

体育运动是增进人与人接触的一种有效形式，在活动过程中，能够培养学生的交往能力。体育运动在协调人际关系方面起着很大的作用，能够使处在同一个集体中的人学会互相关心，学会理解他人、帮助他人，形成与人交流、合作的习惯，进而形成一种良好的人际关系。学生在进行体育活动的过程中，会因为直接或间接地与其他同学接触和交流而对他人产生亲近感，从而提高与其他同学正确交往的能力。

人际关系紧张？打篮球去——锻炼可塑造良好的行为方式

可能很多人都有这样的经历，平时工作繁忙、人际关系复杂，常常让人焦躁不安，和同事的关系也日趋紧张。可进行一些体育锻炼之后，就会觉得心情愉快，工作起来也很轻松。对此，北京师范大学运动心理系副教授、硕士生导师孙璞解释说，不要小瞧了体育锻炼，它不仅能有效地宣泄坏心情，暂时转移注意力，还能对心理健康产生潜移默化的作用。

其实，心理状态是极为复杂的，不能简单地分为健康或不健康。就像身体，生大病的次数不多，可“小打小闹”的感冒、头痛总少不了几回。当我们的情绪郁闷消极时，往往需要找到一个发泄口，可能是大哭一场、饱餐一顿或“狂歌热舞”一番，而体育锻炼正是一种积极的宣泄过程，能够改变坏心情。

在生活中我们不难发现，那些人际关系好的人，总是心情愉快、精神饱满，对任何事都充满兴趣；而人际关系不好的人常常无精打采，缺乏生活的乐趣。孙教授建议这类人不仅要多参加体育锻炼，而且锻炼的方式应偏重于群体性运动。因为体育锻炼能较好地克服孤僻，忘却烦恼和痛苦，协调人际关系。如篮球、足球或打沙包、跳大绳等多人协作的游戏活动，强调的是参与者相互配合、沟通。打篮球时，在传接球的过程中合理地碰撞、队员间的协作，都要求每个成员有整体意识，从全局出发，抛弃个人的私心杂念，这种情感上的相互感染能促进良好的人际关系，培养合作与竞争的意识。

资料来源：《健康时报》。

（三）体育运动有助于获得良好的情绪体验

体育运动之所以能够调节情绪，是因为参与体育运动的人能够体验到运动带来的愉快感觉。心理学家认为，适度的体育运动能够促使人体释放一种多肽物质——内啡肽，这种物质能够使人们获得愉快、兴奋的情绪体验。参加体育运动，尤其是参加自己喜爱和擅长的体育运动，能够使人从中得到乐趣，振奋精神，产生良好的情绪。

学生在进行体育运动的过程中，会伴随产生成功与失败、欢乐与痛苦、忧伤与憧憬等强烈而又深刻的情感体验，这些丰富的情感体验有利于学生健康情感的形成，有利于情感自我调节能力的发展。

莫慧兰谈运动

莫慧兰，广西桂林人，壮族，前国家体操队队员。1990 年 12 月进入国家体操队，

1997 年退役。曾在 1994 年广岛亚运会上一人独得团体、平衡木、自由操、跳马和高低杠五枚金牌。其低杠上的“团身前空翻越杠”动作被国际体联称为“21 世纪”动作，并被命名为“莫式空翻”。2001 年 10 月开始担任凤凰卫视《中国奥运行》节目主持人。

作为昔日的体操名将，莫慧兰告诉记者，她在退役后曾经有很长一段时间放弃了锻炼，直到后来工作后才发觉运动的好处，因此重新开始了体育锻炼。莫慧兰说：“当你专注于运动的时候，会忘掉很多不快，而且运动后感觉全身都非常舒服，整个人都充满了活力。”莫慧兰建议大家积极投身锻炼。不管是去健身中心，还是去打网球、羽毛球或是从事其他运动，都能达到你想要的锻炼目的，而这会给整个人的身心带来很大好处。

（四）体育运动有利于坚强的意志品质的形成

意志品质是指一个人的自觉性、坚韧性、果断性、自制力，以及勇敢顽强和独立主动的精神。体育运动能培养青少年学生坚强的意志品质，增强抵抗挫折的能力。学生在体育运动的过程中，形成吃苦耐劳、坚持不懈、顽强拼搏、克服困难的思想作风，有助于培养合作意识和谦虚谨慎、沉着果断、奋发进取等高尚的意志品质。

在探险中觉悟管理思想和发现环保、慈善
——极限运动给王石、给万科带来了新的境界

万科集团董事长王石，在中国企业家圈中是一个特例，他积极倡导和实践极限运动，从 2002 年至 2006 年的 5 年时间中，他成功登顶了世界七大洲的最高峰，并且徒步到达了南北两极点。王石曾经表示：“极限运动使我超越自我而获得满足。”而目前全世界只有 10 个人完成此项探险。

中央电视台主持人曲向东策划的大戈壁探险活动，走的是唐代高僧玄奘西行之路，这满足了王石的人文需求，而其中组织的个人竞速和集体竞速则更富有创意。团队方面，和王石走大戈壁的包括万科队、万科合作伙伴队、北京万通集团公司队、青岛天泰集团公司队、企业家一队、企业家二队等。

那么，中国的企业家在参加这种挑战体能极限的运动中，还能得到什么？

中国人民大学 EMBA 中心副主任武晓宇说：“我们希望通过参加戈壁挑战赛，中国企业的老总们能从中获得一些启示和收获。虽然我们很难对体育精神给出一个准确的定义，但其包含的坚持、顽强、互助的品质，以及责任心和团队精神，都应该是中国企业老板必备的素质。”

浙江中新力合担保有限公司执行董事高政回忆说：“第一天我的体力就有些透支，很快便体会到了戈壁行走的艰苦和单调。”而浙江卓信科技股份有限公司董事长朱亚男不得不佩服王石："那天的行走，让我深切地体会到了坚持的意义。这跟经营企业的过程很像，坚持下去就会看到方向，就会豁然开朗，如果停在原地，企业可能面临死亡。"

将探险与企业管理连接在一起的，其实还有搜狐的张朝阳、万通的冯仑、青岛天泰的王若雄等人。他们有一个共同点：个人越是敢于探险，公司就越有成长性。

资料来源：前瞻网。

（五）体育运动能预防和治疗心理疾病

良好的情绪对人的行为具有正向作用，消极的情绪则会影响人的正常学习和工作，还会对人的身体心理造成许多不良的影响。人们在复杂多变的社会环境中，常常会产生压抑、紧张、忧虑等不良情绪，如果长时期处在情绪压抑、忧虑和紧张中，还会导致疾病的产生。

体育运动可以帮助人们从烦恼和痛苦中解脱出来，被公认为是心理治疗比较有效的方法。研究表明，经常参加体育运动者的抑郁、焦虑、紧张和心理紊乱等消极的心理状况明显低于不参加运动者，而愉快、兴奋等积极的心理状况则明显要高一些。美国的一项调查显示，1 750 名心理医生中，80% 的人认为体育运动是治疗抑郁症的有效手段之一，60% 的人认为应将体育运动作为一种治疗方法来消除焦虑症。

焦虑和抑郁是学生遇到的几种最为常见的情绪困扰，1990 年诺瑟等人的研究表明，一次性活动和长期的身体锻炼均能有效地减缓抑郁情绪：身体锻炼既可减缓特质性抑郁，也可减缓状态性抑郁；身体锻炼既可减缓正常人的抑郁，也可减缓精神病患者的抑郁；有氧练习（低强度、长时间）和无氧练习（高强度、短时间）均可减缓抑郁；体育运动与心理治疗相结合更能有效地减缓抑郁。

明星如何治疗抑郁症

生活中患有抑郁症的人大有人在，明星比常人更容易患有抑郁症，并且这种趋势已经在娱乐圈飞速蔓延开来。明星们除了采用药物治疗外，也积极地进行自救，和抑郁症做斗争。

1. 郭富城：健身房里减压力

曾经的天王郭富城近年事业陷入低谷，却依然保持着良好的心态。除了心里一直有坚定的信念外，爱好运动的习惯也帮助了他。郭富城表示，其实在最初的阶段，心情也有过低落，甚至想过放弃。但只要一进入健身房健身，精神马上就恢复了。

2. 蓝心湄：运动缓解压力

蓝心湄透露，两年半前，结束在台视主持《台湾风云榜》之后，她对自己的演艺生涯完全失去了希望，节目收视率不佳了也令她失去自信，认为这个圈子已经不需要她，观众也不再喜欢她的表演方式了。

幸好，情绪不好的那段时间，有家人及朋友的鼓励支持，帮她度过低潮期。而热爱运动的她也建议，艺人工作压力大，容易罹患抑郁症，多加培养兴趣可以缓解，像打高尔夫球、旅游，不要把生活重心完全放在同一件事上。

3. 张菲：休息两年玩冲浪减压

有“犹豫先生”封号的张菲曾因对工作求胜心切而罹患抑郁症。患抑郁症期间，张菲不爱面对媒体，朋友打来的电话也不想接听，还有空间恐惧症，也不敢搭电梯。

之后他除了向医生求助和药物控制外，也休息了两年多的时间，从事户外运动如冲浪。再度回到综艺圈时，面对工作，他重新认知并轻松面对，克服了抑郁症带来的困扰。

三、适当运动，健康体魄

（一）体育运动的基本原则

1. 体育运动要经常

“用进废退”，只有经常参加体育运动，才能使每次运动的效果产生良性的积累，才能适应学习的重压，并使机体始终处于良好的工作状态中。

2. 体育运动要渐进

体育运动的内容要由简单到复杂，由易到难，运动负荷安排要由低到高逐渐增加。

3. 体育运动要全面

每个运动项目对身体的影响都有它的侧重处，只有在全面锻炼的基础上，才能保证人体的全面发展，获得整体的运动效益。

（二）如何选择运动项目

体育运动项目繁多，各有特色。在进行体育运动时，如何选择适合的项目呢?

1. 根据兴趣和爱好选择运动项目

每个人所喜爱的体育运动项目是不同的，有的人对武术感兴趣，可多选择武术进行锻炼；有的人对健身跑感兴趣，可选择不同方式的跑步进行练习；有的人喜爱体操，则可多选择体操和健美操等。

2. 根据自身的体质状况选择适宜的体育运动项目

如果你的身体健康、体质状况良好、有一定的运动基础，可以选择运动量较大的项目，如短跑、长跑、骑自行车、踢足球、打篮球等。如果你的体质较弱或健康状况欠佳，则应选择一些运动量较小的项目，如慢跑、散步、太极拳、太极剑、保健体操等，以达到增强体质和治疗某些慢性疾病的目的。

3. 根据学习和生活状况选择适宜的运动项目

由于学习内容多，你可能经常处于久坐学习的状态中，那么在学习一定时间后，要通过参加适宜的体育运动来进行休息。如做眼保健操、课间广播操，积极参加体育课和下午的课外活动等，使原本处于兴奋状态的大脑得到充分的休息，这有助于提高学习效率和保持健康。

（三）如何进行体育运动

1. 下午运动，一次一项

每天下午的 4 ~7 时是人的身体机能的最佳状态。因此，参加体育运动也最好安排在下午的课外活动时间进行。在内容的选择上，可以根据实际条件和爱好选择一项较为剧烈的运动项目，如足球、篮球、羽毛球、乒乓球、健美操、轮滑、跳绳等。但要注意，选择一项剧烈的运动就足够了。一般情况下，要保证每天 1 小时的运动时间，在晚饭前 40 分钟内，不要进行剧烈的身体活动。

2. 心率每分钟不要超过 170 次

由于活泼好动，大中学生运动起来往往不知疲倦，这样容易造成运动过度。如果运动后犯困、疲倦或者失眠，第二天就要适当减少运动量。

可以通过测量运动前后的脉搏次数判断运动负荷的大小。中学生运动量的平均负荷应该为 130 次左右/分钟。最高心率（最高心率 = 220 − 年龄）不要超过 170 次/分钟，在一次运动时，心率达到 170 次/分钟的运动不要超过两次。

运动量测试

如果运动后的第二天出现了下列现象中的 1 ~2 项，表明运动负荷过大。

（1）感觉软弱无力，精神不振；

（2）不想参加原本非常喜爱的运动项目；

（3）头痛、胸痛、头晕；

（4）失眠；

（5）食欲减退、容易口渴；

（6）运动时排汗量异常增加，而且出现夜间出汗现象。

你每天的运动量够吗？

想知道你每天的运动量吗？不妨试一试美国俄克拉马州州立大学运动学专家设计的检测方法吧。

（1）睡眠：每睡一个小时记0.85分；

（2）静止活动：包括案头工作、阅读、吃饭、看电视、坐车等，把消耗在这些上的时间加起来，每小时记1.5分；

（3）步行：如果是缓慢的散步，每小时记3分，如果快步走每小时记5分；

（4）户外活动：慢跑每小时记6分，快跑每小时记7分，游泳、滑冰每小时记8分，各种球类运动和田径运动记9分，骑自行车记4分，做体操、跳舞每小时记3分，家务劳动记5分。

统计评估：

每天在45分以下，运动量不够；

每天在45~60分，运动量基本合适；

每天在60分以上，运动量超标。

超越自我——你准备好开始锻炼了吗？

在以下陈述后答“是”或“否”。

（1）我不想锻炼。

（2）我想到过要锻炼，但没有感兴趣的运动项目。

（3）我想到过要锻炼，但还没有制订任何实施计划。

（4）我想到过要锻炼，计划下星期开始进行。

（5）我想到过锻炼，在过去的1年里曾尝试着锻炼过，但我放弃了。

（6）我想到过要锻炼，进行了一些锻炼。

（7）我已经选择了一些锻炼方法。

（8）我已经开始经常性的体育锻炼了。

（9）我经常锻炼到精疲力竭。

得分及其意义：

你回答“是”的最后一个问题的序号即为你的分数，然后对照以下得分表所示的含义。

0~1分：“我不想进行锻炼”；

2~4分：“我在考虑进行锻炼”；

5~6分：“我已经准备好了”；

7~8分：“我正在开始行动”；

9分：“我已在努力坚持”。

第二部分

心理健康

第四章　正确认知　提升自我

了解自我——自我认知测验

这是一套关于自我认知情况的测验，共15道题，请你根据自己的实际情况直接回答“是”或“否”。

（1）你的情绪是否时常变动？

（2）你对别人的友情能维持多久？

（3）你购买廉价或处理商品，是否常超出自己的需要？

（4）你守信用吗？

（5）你是否轻率地结识异性朋友和定下约会？

（6）你对自己购买的东西常能满意吗？

（7）你是否轻率地对人或事下定论？

（8）你从事的工作是否常有失误？

（9）你是否有你已不再喜欢的老朋友？

（10）你的生活习惯正常吗？

（11）你是否常凭初次印象判断人？

（12）你能认真地写信给他人吗？

（13）你是否因做错事而感到不安？

（14）你平时遵守交通规则吗？

（15）你在阅读书刊或文件时，对注解常忽略过去而成为习惯吗？

计分标准：

以上考题答案的计分规则是：1，3，5，7，9，11，13，15题，回答否定记1分；2，4，6，8，10，12，14题，回答肯定记1分。

结果解释：

得分为11分以上者，说明“自我”是比较成熟的；

得分在8～10分者，说明“自我”是部分成熟的；

得分在5～8分者，说明“自我”是不够成熟的；

得分在5分以下者，说明“自我”是相当幼稚的。

注：本测验的结果仅供参考。

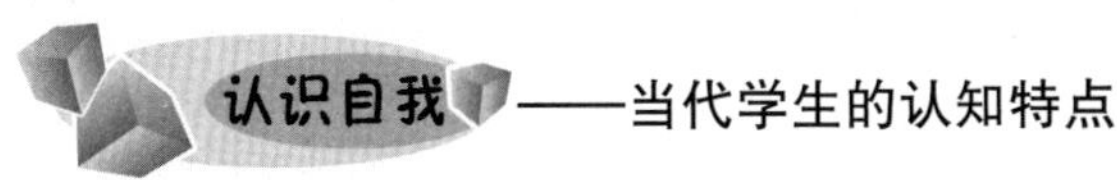

认识自我——当代学生的认知特点

当代学生的认知特点有以下几个方面。

1. 注意力方面

大学生注意力的目的性、自觉性、自我调控能力都有了很大的发展，注意广度不断扩大，能有效分配自己的注意力，并能对自己的注意过程进行监控。

2. 记忆力方面

在记忆力方面，大学生已经不再机械地记忆，而是在把握材料的主题、勾勒材料的重点、写出材料提纲的基础上，把已有知识和新材料整合起来进行记忆。

3. 思维方面

大学生的辩证思维能力逐步增强，不断提高对已有知识、经验、思维策略、技术等能力的运用，并在验证中探索新知识，探求事物的本质。在解决比较复杂的问题情境时，学生会综合运用已有的知识、经验去判断，运用独特的观点和看法解决问题。

完善自我——认识你自己

一、自我意识概述

认识你自己

在古希腊的雅典城里有一个阿波罗神庙，神庙的门楣上的石板上用古希腊文刻着一行字“认识你自己”。传说中这个箴言是雅典城建成时神留给人类的箴言。直到今天，这行字在经历了几千年的沧海桑田后仍然依稀可见，令许多旅游者感到神秘。看起来这么简单的几行字，实际上却是人类迄今为止最难解释的一个话题——认识你自己。

相传，主神宙斯觉得人类没有真正认识自己，就派了狮身人面兽斯芬克斯每天都在问过往的行人一个问题：“有一种动物，它在早晨的时候用四条腿走路，在中午的时候用两条腿走路，在晚上的时候用三条腿走路，这个动物是什么呢？”过往的人能够答对，就放他们过去，答不上来就被狮身人面兽吃掉。时间一天天过去，没有一个人能回答出这个问题，所以众多行人都成了狮身人面兽的口中之物。终于有一天，年轻的阿狄浦斯在路过的时候说出了最终的答案：“这个动物就是人。”斯芬克斯大叫了一声就跑到悬崖边跳下去了。

资料来源：百度文库。

这个故事说明了什么呢？说明离我们最近的东西往往是最难认知的。在人生的成长过程中我们可以不断地认知天地万物，增长经验，但唯独难以认清的就是我们自己。

（一）自我意识的概念

自我意识是对自己身心活动的觉察，即自己对自己的认识，具体包括认识自己的生理状况（如身高、体重、体态等）、心理特征（如兴趣、能力、气质、性格等）以及自己与他人的关系（如自己与周围人们的关系，自己在集体中的位置与作用等）。

（二）自我意识的结构

自我意识由复杂的心理成分构成，可以从三个方面进行结构划分。

1. 从内容方面划分

（1）生理自我。生理自我是个体对自己身体、生理状态的认识和体验。例如，身高、体重、体态、容貌以及温饱感、舒适感、病痛等。

（2）心理自我。心理自我是个体对自己心理活动、个性特点、心理品质的认识、体验和愿望。如，对智慧、能力、性格、气质、兴趣、爱好、意志等的体验。

（3）社会自我。社会自我是个体对自身与外界客观事物及人的关系的认识、体验和愿望。它包括个体对周围客观环境和人的影响、作用的认识和体验，也包括对自身在客观世界中的地位、责任、力量的认识。

2. 从表现形式方面划分

（1）自我认识。自我认识是自我意识的认知成分。它是自我意识的首要成分，也是自我调节控制的心理基础，它包括自我感觉、自我概念、自我观察、自我分析和自我评价。

（2）自我体验。自我体验是自我意识在情感方面的表现。自尊心、自信心是自我体验的具体内容。自信心与自尊心都是和自我评价紧密联系在一起的。

（3）自我调节。自我调节是自我意识的意志成分。自我调节主要表现为个人对自己的行为、活动和态度的调控。它包括自我检查、自我监督、自我控制等。

3. 从自我观念方面划分

（1）现实自我。现实自我又称个人自我，是自我概念中最重要的内容，是个体从自己的立场出发对现实中自我的各种特征的认识。

（2）投射自我。投射自我是个体所认为的他人对自己的认识。现实自我和投射自我不一定相同，两者之间可能会有距离，当这个距离相差太大时，个人便会认为别人不理解自己，因而产生隔阂。

（3）理想自我。理想自我是个体从自己立场出发构建将来要达到的理想标准，它引导个体实现理想中的自我。

总之，自我意识中的各个成分之间是相互作用、相互影响的，他们的协调一致、积极互动是自我意识发展的动力所在。自我意识是个体自主性的体现，人格的塑造是通过自我导向、自我监督和自我激励来实现的。

弗洛伊德的人格“三我”结构

弗洛伊德将人格结构划分为三个层次：本我、自我、超我。

本我：位于人格结构的最底层，是由先天的本能、欲望所组成的能量系统，包括各种生理需要。本我是无意识、非理性的，遵循快乐原则。

自我：位于人格结构的中间层，是从本我中分化出来的，其作用是调节本我和超我的矛盾，遵循现实原则。

超我：位于人格结构的最高层，是道德化的自我。它的作用是抑制本我的冲动，对自我进行监控，追求完善的境界，遵循道德原则。

资料来源：弗洛伊德：《精神分析引论》。

（三）自我意识的作用

1. 提高认识功能

人的认识活动不论感觉、知觉、记忆、想象、思维等，都由于自我意识的存在而更加自觉、更加合理、更加有效。通过对自身认识过程的认知，人就有可能发现原有认识活动的不足，可能选择和运用更好的认知策略，从而使认知活动更加完善，更加有效。

约·哈里窗户理论

“约·哈里窗户”是由美国著名社会心理学家约瑟夫·勒夫特和哈林顿·英格拉姆提出来的，用来解释自我和公众沟通关系的动态变化。他们认为，在每个人的个性中，有各种特质，有些我们知道，有些我们身边的人知道，由此可以得到四种“区域”。

开放区：代表所有自己知道、他人也知道的信息。这是阳光下的我，真实可信。

盲目区：代表关于自我的他人知道而自己不知道的信息。如果这样的区域很大，人就可能因为不能发现自身的缺点而自大自负、狂妄骄傲而失败；抑或因不能发现自身的优点而自卑消沉，难以发挥潜能而失败。

隐秘区：代表自己知道而他人不知道的信息，这些信息是知识性、经验性甚至是创造性思维的结果。这里隐藏着每个人关于自己的小秘密，是自己细心呵护的部分。

未知区：这个区域指的是自己不知道、他人也不知道的信息。这是潜意识、潜在需要，对人的行为起着不同程度的作用。这是一个大小难以确定的潜在部分。

约·哈里窗户理论认为，一个人要取得事业的成功，要生活幸福，就要通过建立在任务、信任基础上的交流，扩大开放区，缩小盲目区和隐蔽区，揭示未知区，更好地发展自我。

资料来源：百度文库。

2. 丰富感情世界

感情世界使人们体验到自尊的需要，意识到“自我”的独一无二、与众不同进而产生自信或自卑、羞赧或腼腆等情感。

3. 促进意志的发展

个体意志力的表现同动机的性质和力量密切相关。社会意义丰富的动机通常比社会意义贫乏的动机更能支持人的意志行为。但社会意义丰富与否，是要通过行为者的个体意识从主观上加以认定的。

4. 道德的必要前提

一个人的自我意识里，包含了道德、信念和道德体验，以及与之相联系的诸如责任、义务、使命、荣誉等价值观念的内容。

二、自我意识发展的偏差

大学生的自我意识发展水平比较高，但还没有完全成熟，因而容易出现各种偏差，这些偏差可以简单概括为以下几类。

（一）扭曲的自尊——虚荣

虚荣心是一种普遍心理，适度的虚荣可以理解，但过度虚荣是个人心理的一种畸形表现，是不良的心理品质，其本质是利己主义的情感反映。目前，很多学生存在着攀比心理，具体表现为对穿着打扮、手机、电脑等的过分追求，在人际交往方面讲究吃吃喝喝等。

虚荣的矫正方法有以下四点。

（1）悦纳自己。把尊严和价值建立在自身的优点之上，这是一种自我肯定。

（2）客观认识自己。客观认识自己的优缺点，保持心理平衡。

（3）正确对待社会差别。目前我国处于社会主义初级阶段，社会成员之间的贫富差异是一种客观存在，大学生应正确理解这些问题，靠自己的努力去掌握知识，学好本领，改变命运。

（4）加强自身修养，不追求虚幻的满足。良好的修养和高尚的情操是遏制虚荣的基石，因此，大学生应不断加强个人修养，提防虚荣心理作祟。

虚荣的寒鸦

宙斯想要为鸟类立一个王，于是指定一个日期，要求众鸟全都按时出席，以便选出它们之中最美丽的为王。

众鸟都希望自己是美丽的，纷纷跑到河边去梳洗打扮。寒鸦心里很焦急，它知道自己没一处漂亮，但是它也希望自己能被选上。它来到河边，发现众鸟脱落下很多羽毛，于是它灵机一动，捡起所有的羽毛，小心翼翼地全插在自己身上，再用胶粘住。

终于到了指定的日期了，所有的鸟都一齐来到宙斯面前。宙斯放眼望去，看见寒鸦的羽毛花花绿绿的，在众鸟之中显得格外漂亮，于是准备立他为王。

众鸟一看十分气愤，纷纷从寒鸦身上拔下本属于它们的羽毛。寒鸦身上美丽的羽毛一下子全没了，又变成了一只丑陋的寒鸦了。

借助别人的东西只会得到美的假象，当原本不属于自己的东西被剥离时，就会原形毕露。

资料来源：《伊索寓言》。

（二）消极的自觉——自卑

大学校园是人才济济之地，人与人之间的比赛、竞争，定胜负、争荣誉的情况无法避免，而且没有常胜将军，每个人都会有失败的经历，但如果斤斤计较自己的缺点和失误，遇到有挑战性的场合就逃避、退缩，这种做法掩盖的往往是极度的自卑。

自卑的矫正方法是：确立合理的参照系和立足点。参照弱者会自大，参照强者会自卑，应该选择合适的标准，如自己的过去。成功时多反省自己的不足，失败时多看自己的优点和成绩。确立的目标符合自己的能力，不苛求自己，不被他人的要求或期望所束缚。接纳自己的不完美。正确对待得失，鼓起勇气表现自己，对自己的进步及时自我表扬，欣赏自己的独特之处。

欣赏自己

也许你想成为太阳，可你却是一颗星辰；
也许你想成为大树，可你却是一株小草；
也许你想成为大河，可你却是一条小溪；
于是你徘徊，你忧郁，你自卑。
和别人一样，你也是一片风景。
也有阳光，也有空气，也有寒来暑往，
甚至也有别人未曾见过的一棵青草，
甚至也有别人未曾听过的一阵虫鸣……
做不了太阳就做星辰，在自己的星座发热发光；
做不了大树就做小草，以自己的绿色装点希望；
做不了伟人，就做实在的自我，
平凡并不可悲，关键的是做最好的自己。
不必总是欣赏别人，也欣赏一下自己吧！
多给自己一点信心，送别过去的岁月，
只要明天还在，只要热爱生命，
即使有云的日子，你也能够真正地跨越自己。

（三）盲目的自主——逆反

逆反心理是一种常见的心理现象，主要表现为对事情所做的反应跟当事人的意愿或多数人的反应完全相反。由于大学生还缺乏生活经验，思想不够成熟，认识也较为片面、偏激、固执和极端化，所以当逆反发生时，容易形成消极的思维定式或主观虚无主义，危害较大。

逆反心理的矫正方法有以下三点。

（1）学会理解与尊重。与长辈、教师相互沟通、接纳，彼此尊重，抱着宽容的态度去理解他们，这样逆反的情绪就会大大减少。

（2）学会把握好自我。当不顺心时，学会克制自己，虚心向别人学习，积累经验，形成健康的个性。

（3）学会解决冲突的方法。通过自我暗示，找出合理解释，用幽默语言化解矛盾或转换话题，来达到有效解决冲突的目的。

逆反心理

心理学家费尼·贝克做过这样一个实验：在男洗手间里挂上禁止涂鸦的牌子。其中一块警告说：“严禁胡乱涂写”；另一块以相对柔和的语气声明：“请不要胡乱涂写。”然后，调查挂牌子的洗手间里被涂写的数量。结果挂“严禁胡乱涂写”牌子的洗手间被涂写的情况更加严重。

这说明，个体在沟通的过程中要尽量注意说话的语气和态度，减少他人逆反心理的发生。

（四）极端的自信——自负

大学生有强烈的自尊心，好强、好胜，不甘落后，这不是自负，是维护自己的荣誉、地位的正当表现。但过强的自尊心却与骄傲、自负联系在一起，缺乏自我批评，经不起批评，拒绝帮助，就会在自我意识的发展上走弯路。自负的人往往会高估自己，拿放大镜看自己的长处，甚至把自己的缺点也当作优点；拿显微镜看他人的短处，与人交往的模式是“我好，你不好”“我行，你不行”，自以为是，盲目乐观，很不容易处理好人际关系，而自己会因为承担无法完成的过高任务而经常尝受失败的痛苦。

自负的矫正方法有以下三点。

（1）摆正自己的位置，实事求是地评价自己；

（2）重视自己更应该尊重别人；

（3）换位思考，走出自己的小天地，学会移情，设身处地地从别人的角度考虑问题。

自负和骄傲是成功的大敌

石家庄造纸厂的马胜利，实行承包制率先敲响了中国企业改革的钟声，一时名声大噪。他取得的成功被新闻媒体放大，他被放大了的胜利冲昏了头脑，一口气承包了遍布全国各地的100余家造纸企业，担任了100余家企业的法人代表，成立中国马胜利造纸企业集团，建立起造纸行业的托拉斯。100余家企业遍布全国各地，管理上鞭长莫及，一年365天，即使坐飞机指挥，平均一个企业顶多能呆3～5天，能解决什么问题？没过多久，马胜利承包的企业纷纷传出承包失利的消息，马胜利以“提前退休”的名义黯然出局，享受退休工人的待遇，每月拿200元工资，中国马胜利造纸企业集团宣告破产。

牟其中因“倒飞机”而一夜成名之后，也是不知道自己“姓什么”了，接连传出“放卫星”“炸喜马拉雅山”“承包3 000家国有企业”“建立中美俄经济大三角”等新闻，以为自己什么都能干，结果一件事情都没干好，以非法手段骗得银行几个亿的贷款逾期未还，企业资不抵债，自己被以诈骗罪判处无期徒刑，后因表现好，改为有期徒刑18年。

（五）强烈的自我——自我中心

大学阶段是自我意识发展最强烈的时期，学生们强烈关注自我，愿意从自我的角度进行认识、评价，不顾及他人的需要和感受，容易出现自我中心倾向，如果再与个人主义、自私自利思想和过度的自我接受结合，就会表现出过分的、扭曲的自我中心现象。

自我中心的矫正方法：要学会站在他人的立场，用他人的观点看待问题，虚心接受他人意见，吸纳他人观点，改变错误主张，并在广泛的人际交往中克服自我中心主义倾向。

以上种种偏差是大学生自我意识发展中心理还不成熟的表现，并不能看成是某个人固有的缺点，出现这些问题是正常的，但必须调整。只有认识到位，才有可能去面对它们、正视它们、解决它们，形成健全的自我认知意识。

自我中心的“三山实验”

心理学家皮亚杰做过一个著名的实验——“三山实验”：在一个立体沙丘模型上错落摆放三座山丘，首先让儿童从前后、左右四个方位观察这座模型，然后让儿童看四张从前、后、左、右四个方位拍摄的沙丘照片，让儿童指出和自己站在不同方位的另外一人（实验者或其他儿童）所看到的沙丘情景与哪张照片一样。前运算阶段的儿童无一例外地认为别人在另一个角度看到的沙丘和自己所站的角度看到的沙丘是一样的！这个实验证明了前运算思维缺乏逻辑性的表现之一是不具备观点采择能力——从他人的角度来看待事物的能力。

三、自我意识的评估与完善

（一）自我意识的评估

所谓健全的自我意识，是指一个人能够全面地认识自己，恰当地评价自己；能够接受现实的自我，积极地悦纳自我；能够自觉地反省自我、控制自我，形成自我教育的有效机制。健全的自我意识是人格健全和成熟的标志。

美国学者坎布斯认为，一个心理健康、人格健全的人应该有四种特质。

1. 积极的自我观念

悦纳自己、接受自己，也能为他人悦纳，体验到自己存在的价值，能面对和处理好日常生活中遇到的各种挑战。

2. 恰当地认同他人

能认可别人的存在和重要性，能体验自己在许多方面和大家都是相同的、相通的，能和别人分享自己的心情，但会保持自我的独立性。

3. 面对和接受现实

能面对和接受现实，不论现实是好是坏，都能实事求是地去面对。正确把握事实真相，相信自己的力量，随时接受挑战。

4. 主观的丰富经验

能对自己和周围的事物、人物及环境有清楚的认识，不会迷惑和彷徨，在自己的主观经验世界里储存着各种可供利用的信息、知识和技能，并能随时提取使用。

（二）自我意识的完善方法与途径

1. 正确的自我认知

"人贵有自知之明"，全面而正确的自我认知是培养健全的自我意识的基础。自我认知是从多方面建立的，既有自己的认识与评价，也有他人的描述。描述你的维度越多，越会找到比较正确的自我。

2. 客观的自我评价

一个人必须在正确的自我认知基础上，才能正确地自我悦纳、积极地自我体验、有效地自我控制。

自我悦纳是自我意识健康发展的关键所在。悦纳自我首先要接纳自己、喜欢自己、欣赏自己，体会自我的独特性，在此基础上体验价值感、幸福感、愉快感与满足感；其次是理智与客观地对待自己的长处与不足，冷静地看待得与失。

邹忌讽齐王纳谏

邹忌身高八尺多，身材容貌光艳美丽。

有一天早晨他穿戴好衣帽，照着镜子，对他的妻子说："我与城北的徐公相比，谁更美呢?"他的妻子说："您美极了，徐公怎么能比得上您呢!"城北的徐公，是齐国的美男子。邹忌不相信自己会比徐公美，于是又问他的小妾说："我和徐公相比，谁更美？”妾说：“徐公怎么能比得上您呢？”第二天，有客人来拜访，邹忌和他坐着谈话。邹忌问客人道：“我和徐公相比，谁更美？”客人说：“徐公不如您美啊。”又过了一天，徐公前来拜访，邹忌仔细地端详徐公，觉得自己不如他美；再照着镜子看看自己，更觉得远远比不上人家。晚上，他躺在床上想这件事：“我的妻子认为我美，是偏爱我；我的小妾认为我美，是惧怕我；客人认为我美，是有求于我。”

于是，邹忌上朝拜见齐威王，说：“我知道自己确实不如徐公美，可是我的妻子偏爱我，我的妾惧怕我，我的客人对有求于我，他们都认为我比徐公美。如今的齐国，土地方圆千里，有一百二十座城池，宫中的姬妾和身边的近臣，没有不偏爱大王的；朝廷中的大臣，没有不惧怕大王的；国内的百姓，没有不对大王有所求的。由此看来，大王受蒙蔽一定很厉害了。”

齐威王说：“说得真好。”于是下了一道命令：“所有的大臣、官吏、百姓，能够当面批评我的过错的，可得上等奖赏；能够上书劝谏我的，得中等奖赏；能够在众人集聚的公共场所指责、议论我的过失，并能传到我耳朵里的，得下等奖赏。”政令刚一下达，所有大臣都来进言规劝，宫门庭院就像集市一样喧闹。几个月以后，偶尔还有人进谏。一年以后，即使想进言，也没有什么可说的了。

燕、赵、韩、魏等国听说了这件事，都到齐国来朝见齐王。这就是人们所说的在朝廷上战胜了敌国。

3. 积极自我提升

提高自我效能感是个体在一定情境下对自我完成某项工作的期望与预期。当人们期望自己成功时，他必然会尽自己最大的努力；当面临挑战性任务时，会表现出更强的坚持力，从而增加了成功的可能性。自我效能感高的人一般学业期望较高，也就是说，自我效能感与成就动机呈正相关性。

另外，要克服自我障碍，一个渴望自我发展的人必须主动克服自我障碍，进行积极的自我提升与自我尝试。积极的自我在尝试中会发现自己新的支点。

4. 关注自我成长

自我的发展需要不断地自我反思、自我监控，深刻了解与把握自己。当我们在分享他人成长的硕果时，也在促进我们自己的成长。

26 个提升技巧

你可以利用以下这些自我提升技巧作为提升自身的纲领。

（1）自律。每个成功者都是高度自律的人。如果你懒惰又缺乏自律，你很可能就要过平庸的生活了。

（2）设定目标。你需要在生活中设定目标以实现自我提升。否则，你便会在自己的安乐窝中停滞不前。尽管你知道改变将会让你在多方面受益，但缺乏目标的你还是不愿意去改变自己的处境。

(3) 态度积极。积极的态度能激发出你最好的一面。它会抵制你偶尔出现的消极的自我暗示，同时伤感以及其他负面情绪也会在你生活中逐步消失。

(4) 感恩的心。每当你经历美好的事情，就表达你的感激之情。这会为你带来更多更美好的事物。

(5) 锻炼。每天的锻炼可以缓解压力、强身健体，也能改善自我感觉。

(6) 深思熟虑。认真思考会理清你的思路，消除负面思想并把你的幸福感提高到新的层面，这将会改善你的生活。

(7) 发挥自己的价值。当你开始想要发挥自身作用时，你会发现你在不断提升自我。如果你诚心诚意地付诸行动，人们也会好好犒赏你并衷心感谢你。

(8) 把握自己的思想。如果你想掌控自己的生活，很重要的一点是掌控自己的思想。不要让大脑的思想陷入混乱之中。管理这些思想，去粗取精，扬长避短。这会为你的自我提升奠定坚实的基础。

(9) 深化你的知识体系。坚持每天至少花30分钟（1小时更佳）学习感兴趣的学科。这将增强你的自信心，同时提高智力。

(10) 有条不紊。尝试提前做日计划，你将避免浪费时间，并把精力集中在重要的事情上。

(11) 保持整洁。整洁的生活环境也能使你的思路更为清晰，你也会更有效率，更好地掌控自己的生活。

(12) 多与积极向上的人来往。尝试结交积极向上的人。花时间和那些能让你感受爱和尊重的朋友在一起。

(13) 摆脱无趣的人。少和让你感觉糟糕的人交谈，这将降低你的生活质量。没人值得你自毁心情。

(14) 改造你的安乐窝。多在生活中寻求变化，不要失去活力。不断地改造生活环境会提升生活质量，让自己更勇敢。这需要强大的意志力，是自我提升中难以企及的一环。

(15) 提升财富增幅。设想自己变得富有，尝试去感受变富的感觉。这会改变你的财富增幅。

(16) 为他人高兴。当别人获得成功时，为他们喝彩。这会让人感觉良好，他们也会因此感谢你。当你收获感激时，你也会感觉更好。

(17) 欲取先予。如果你想收获，首先要去付出。打个比方，你想成为某个领域的专家，你需要花费时间去获取该领域的知识。

(18) 善待自己。好好照顾自己，这也会大大改善心情。

(19) 旅行。现在去各国游历已经简单了许多。好好利用这一便利，开始你的旅途！你会遇到有趣的人、看到不同的风景，感受自由与独立。

(20) 善始善终，不要半途而废。完成一件事情可以提升你的自信心，实现自我激励。很多人没能做到这点，同样，他们也没能取得优秀的成果。

（21）克服恐惧。恐惧是唯一能阻挡你前进的东西。想要克服恐惧，你先要感受恐惧，然后想办法克服它。

（22）改变一个习惯，至少彻底改变一个习惯。举个例子，如果你每天晚起床，设闹钟让自己早起一些。这可并不简单，但如果你坚持30天，这项任务将成为你的习惯。

（23）投入多一倍的时间去从事所爱好的事。尽可能多地抽时间去做你喜爱的事情。这也将不断地改善你的身心状况。

（24）多微笑。这样你会感觉更好，美好的事情也会不断找上门来。简简单单的一个微笑，会给生活带来很大的改观。

（25）倾听你喜爱的音乐。这会让你更开心，更能激发你的灵感。灵感对创意可是必不可少的。

（26）阅读自我提升的书籍，提前为你下一步的提升做好准备。

超越自我——完善你自己

自画像——“我是谁？”

（1）请你根据自己的实际情况，很快完成20个句子，这些句子都是以“我是……”为结构的。时间3分钟。

我是____________________

我是____________________

我是____________________

我是____________________

我是____________________

我是____________________

我是____________________

我是____________________

我是____________________

我是____________________

我是____________________

我是____________________

我是____________________

我是____________________

我是____________________

我是____

我是____

我是____

我是____

我是____

（2）写完之后，请给自己归类。正面评价多说明你是一个比较自信的人，负面评价多说明你是一个自谦的人，自谦太多容易导致自卑。

第五章 完善人格 塑造快乐

——性格测验

气质类型测试题

在做这套题目之前，请保持十足的耐心，这将会是一个烦琐的过程。

Are you ready？Let's go!

本测试题共60道题目，目的只是大概了解一下你的性格类型。回答这些问题应实事求是，怎么样想就怎样回答，不必多做考虑，因为并没有什么标准答案和好坏之分。

看清题目后请赋分，认为最符合自己情况的记2分；比较符合的记1分；介于符合与不符合之间的记0分，比较不符合的记－1分；完全不符合的记－2分。

1. 做事力求稳妥，不做无把握的事。
2. 遇到可气的事就怒不可遏，想把心里话说出来才痛快。
3. 宁可一个人做事，不愿很多人在一起做。
4. 到一个新环境很快就能适应。
5. 厌恶那些强烈的刺激，如尖叫、噪声、危险镜头等。
6. 和人争吵时，总是先发制人，喜欢挑衅。
7. 喜欢安静的环境。
8. 喜欢和人交往。
9. 羡慕那些善于克制自己感情的人。
10. 生活有规律，很少违反作息时间。
11. 在多数情况下情绪是乐观的。
12. 碰到陌生人觉得很拘束。
13. 遇到令人气愤的事，能很好地自我克制。
14. 做事总是有旺盛的精力。
15. 遇到问题常常举棋不定、优柔寡断。
16. 在人群中从不觉得过分拘束。
17. 情绪高昂时，觉得干什么都有趣，情绪低落时，觉得干什么都没有意思。
18. 当注意力集中于一事物时，别的事物就很难使我分心。
19. 理解问题总比别人快。
20. 遇到不顺心的事从不向他人说。
21. 记忆能力强。

22. 能够长时间做枯燥、单调的事。
23. 符合兴趣的事，干起来劲头十足，否则就不想干。
24. 一点小事就能引起情绪波动。
25. 讨厌做那种需要耐心的细致工作。
26. 与人交往不卑不亢。
27. 喜欢参加热烈的活动。
28. 爱看感情细腻、描写人物内心活动的文学作品。
29. 工作学习时间长了，常感到厌倦。
30. 不喜欢长时间谈论一个话题，愿意实际动手干。
31. 宁愿侃侃而谈，不愿窃窃私语。
32. 别人说我总是闷闷不乐。
33. 理解问题时常比别人慢些。
34. 疲倦时只要短暂的休息就能精神抖擞，重新投入工作。
35. 心里有事，宁愿自己想，不愿说出来。
36. 认准一个目标就希望尽快实现，不达目的，誓不罢休。
37. 和别人同样学习、工作一段时间后，常比别人更疲倦。
38. 做事有些莽撞，常常不考虑后果。
39. 别人讲授新知识、技术时，总是希望他讲慢些，多重复。
40. 能够很快忘记那些不愉快的事情。
41. 做作业或完成一件工作时总比别人花费的时间多。
42. 喜欢运动量大的活动，或参加各种文体活动。
43. 不能很快地把注意力从一件事转移到另一件事上去。
44. 接受一个任务后，就希望把它迅速解决。
45. 认为墨守成规要比冒风险强些。
46. 能够同时注意几件事物。
47. 当我烦闷的时候，别人很难使我高兴。
48. 爱看情节起伏跌宕、激动人心的小说。
49. 对工作抱认真谨慎、始终如一的态度。
50. 和周围人们的关系总是相处不好。
51. 喜欢复习学过的知识，重复做已经掌握的工作。
52. 喜欢做变化大、花样多的工作。
53. 小时候会背的诗歌，我似乎比别人记得清楚。
54. 别人说我“出语伤人”，可我并不觉得。
55. 在体育运动中，常因反应慢而落后。
56. 反应敏捷，大脑机智。
57. 喜欢有条理而不甚麻烦的工作。
58. 兴奋的事情常使我失眠。

59. 别人讲新概念，我常常听不懂，但是弄懂以后就很难忘记。

60. 假如工作枯燥无味，马上就会情绪低落。

计分方法与评价：

把每题得分按表 5－1 的题号相加，再算出各栏的总分。

表 5－1

胆汁质	2，6，9，14，17，21，27，31，36，38，42，48，50，54，58
多血质	4，8，11，16，19，23，25，29，34，40，44，46，52，56，60
黏液质	1，7，10，13，18，22，26，30，33，39，43，45，49，55，57
抑郁质	3，5，12，15，20，24，28，32，35，37，41，47，51，53，59

如果多血质一栏得分超过 20，其他三栏得分相对较低，则为典型血质。如这一栏在 20 分以下，10 分以上，其他三栏得分较低，则为一般血质。如果有两栏的得分显著超过另两栏得分，而且分数比较接近，则为混合型气质。如胆汁—多血质混合型、多血—黏液质混合型、黏液—抑郁质混合型等。如果一栏的得分很低，其他三栏都不高，但很接近，则为三种混质的混合性，如多血—胆汁—黏液质混合型或黏液—多血—抑郁质混合型。

做好后请根据下列题号的顺序分别算出你四种类型的得分。

其一，多血质。

强而平衡，灵活性好。这种人情感和情绪发生迅速，表露于外，极易变化，灵活而敏捷，动作活泼。工作适应力强、讨人喜欢、交际广泛。容易接受新事物，也容易见异思迁而显得轻浮。

典型表现：多血质又称活泼型，敏捷好动、善于交际，在新的环境里不感到拘束。在工作学习上富有精力、效率高，表现出机敏的工作能力，善于适应环境变化。在集体中精神愉快、朝气蓬勃，愿意从事合乎实际的事业，能对事业心向神往，能迅速把握新事物，在有充分自制能力和纪律性的情况下，会表现出巨大的积极性。兴趣广泛，但情感易变，如果事业上不顺利，热情可能消失，其速度与投身事业一样迅速。从事多样化的工作往往成绩卓越。

合适的职业：导游、推销员、节目主持人、演讲者、外事接待人员、演员、市场调查员、监督员等。

其二，胆汁质。

强而不平衡。这样的人情感和情绪发生迅速，爆发力很好。同时，情感和情绪消失得也快，情绪趋于外向。智力活动灵敏有力，但理解问题容易粗枝大叶。意志力坚强，不怕挫折，勇敢果断，但容易冲动。工作热情高，表现得雷厉风行、顽强有力。

典型表现：胆汁质又称不可遏止型或战斗型。具有强烈的兴奋过程和比较弱的抑郁过程，情绪易激动、反应迅速、行动敏捷、暴躁而有力；在语言上、表情上、姿态上都有一种强烈而迅速的情感表现；在克服困难上有不可遏止和坚韧不拔的劲头，而不善于考虑是否能做到；性急，易爆发而不能自制。这种人的工作特点带有明显的周期性，埋头于事业，也准备去克服通向目标的重重困难和障碍，但是当精力耗尽时，易失去信心。

适合职业：管理工作、外交工作、驾驶员、服装纺织业、餐饮服务业、医生、律师、运动员、冒险家、新闻记者、演员、军人、公安干警等。

其三，黏液质。

强而平衡，灵活性低。这种人情绪比较稳定，兴奋性低，变化缓慢，内向、喜欢沉思。思维和言行稳定而迟缓、冷静而踏实。对工作考虑细致周到，不折不扣，坚定地执行自己做出的决定，往往对已经习惯了的工作表现出高度热情，而不容易适应新的工作和环境。

典型表现：这种人又称为安静型，在生活中是一个坚持而稳健的辛勤工作者。由于这些人具有与兴奋过程相均衡的强的抑制，所以行动缓慢而沉着，严格恪守既定的生活秩序和工作制度，不为无谓的事情而分心。黏液质的人态度持重，交际适度，不作空泛的清谈，情感上不易激动，不易发脾气，也不易流露情感，能自制，也不常常显露自己的才能。他们具有从容不迫和严肃认真的品德以及性格的一贯性和确定性。这种人做事情坚持不懈，有条不紊地从事自己的工作。其不足是有些事情不够灵活，不善于转移自己的注意力。惰性使他们因循守旧，表现出固定性有余，而灵活性不足。

适合职业：外科医生、法官、管理人员、出纳员、会计、播音员、话务员、调解员、教师、人力人事管理主管等。

其四，抑郁质。

弱性，易抑制。这种人情绪体验深刻，不易外露。对事物有较高的敏感性，能体察到一般人所觉察不到的东西，观察事物细致。行动缓慢、多愁善感，也易于消沉，干工作常常显得信心不足，缺乏果断性。交往面较窄，常常有孤独感。

典型表现：有较强的感受能力，易动感情，情绪体验的方式较少，但是体验持久而有力，能观察到别人不容易察觉到的细节；对外部环境变化敏感，内心体验深刻，外表行为非常迟缓，忸怩、怯弱、怀疑、孤僻、优柔寡断，容易恐惧。

适合职业：校对、打字、排版、检察员、雕刻工作、刺绣工作、保管员、机要秘书、艺术工作者、哲学家、科学家等。

气质类型与人的生理素质关系尤为密切，不易改变。每个人的气质都有其所长，也有其所短，要了解其特点，扬长避短。

不同的气质都有容易培养的良好品质，如多血质的活泼、易感；胆汁质的迅速；黏液质的安静和耐性；抑郁质的稳定和深刻。同时，要注意防止和克服每一种气质易产生的不良倾向，如多血质的精力分散，胆汁质的急躁，黏液质的冷淡，抑郁质的沉沦于个人体验和过度的沉默。

需要指出的是，气质不决定一个人活动的社会价值和成就的高低，因为在同一领域做出杰出成就的人，有各种气质类型的代表。苏联心理学家经过分析认为，普西金属胆汁质，赫尔岑属多血质，克雷洛夫属黏液质，果戈理属抑郁质，他们都成了大文豪。气质不同的人都可以成为高尚的人，都可以成为某一领域的杰出代表。

认识自我——当代学生性格特点

当代学生的性格特点有哪些？

第一，追求自身思想独立，但过于以自我为中心。

随着中国经济的迅猛发展，“00后”“90后”学生的生活环境比“80后”更加优越，他们大都是独生子女，一出生就成为家庭的中心，已经习惯了更多地关注自我，以自我为中心。社会环境的开放加上家庭教育的相对民主自由，“00后”“90后”学生思想独立，不喜欢被别人过多干涉和打扰，喜欢用与众不同的方式获得社会的关注来展示自我；更强调主观感受和个体意识，对生活的质量和品位有更高的要求。他们在思想、观念、生活以及自己的学习生活安排等方面，都表现出自身的个性。

由于他们过于以自我为中心，自我个性更加张扬，缺乏团队合作意识和忠诚度，人际关系应对能力和心理承受力相对薄弱。

第二，思想主流积极向上，但价值观更加务实。

由于身处市场经济发展和社会变革的大环境，信息逐步开放和透明化，使“90后”学生对社会的认知比他们的前辈更加丰富和理性化。他们关心国家的前途和命运，关注社会现实问题。上海市教研室在2003年曾对20世纪90年代出生的孩子进行过一次调查，其中有一些数据显示，“90后”学习马克思主义、邓小平理论很积极，领悟也非常快。这个调查结果在一定层面上证实了这些尚且年幼的孩子很愿意了解中国社会的主流思想和价值观是什么。

但另一方面，在市场竞争的压力下，多种复杂的利益关系让“90后”学生的价值观更加务实。他们重视物质，重视生活质量，同时他们的目标定位受到市场经济大环境的影响，功利性较强，更加重视与现实的结合。例如，有部分学生把有利于就业和个人前途作为入党的目的，反映出部分“90后”学生在政治理论、政治观念认识上的模糊以及政治信仰的淡漠和实用化。

第三，易于接受新事物，但缺乏信仰，内心空虚。

网络时代是“00后”“90后”学生的生存环境特征，据调查，“00后”“90后”学生近九成都拥有电脑，网络的便捷使得当代学生获取信息更快捷、知识面更丰富、视野更开阔、思维更活跃。这种与网络相伴的生活能够使“00后”“90后”学生方便快捷地接受各种新事物，他们也很善于利用网络获取有价值的学习、生活等方面的信息，这对于他们的世界观、人生观和价值观的形成都会产生重大的影响。

但另一方面，由于过分依赖网络，“00后”“90后”学生在知晓大量信息的同时，却容易产生一种空虚感。“网络中毒症”已成为“00后”“90后”普遍的心理问题，他们或沉迷于网络聊天、网恋和网络游戏中，寻求精神寄托与刺激，或因现实生活中无法获得认同感而逃避社会、家庭、学业以及就业压力，在网络世界寻求精神解脱与慰藉。一旦回到现实世界中，他们就变得焦躁不安，不知道该做什么，甚至认为是世界抛弃了他们。

第四，竞争意识较强，但耐挫能力较弱。

近年来，随着社会环境快速变迁，学习、就业的压力不断增大，学生们在学习专业知识的同时，更加注重自身各种能力的培养和提高，他们积极参与学校组织的各项活动，以提高自己的竞争力。

但是当代学生绝大部分是独生子女，他们的成长经历比较简单，所处环境相对封闭，学习和就业竞争的压力使部分学生心理存在相对孤独、敏感和脆弱等问题，缺乏应有的承受能力、适应能力和分辨能力。近几年，学生心理健康问题层出不穷，成为影响学生健康成长及学校稳定的突出问题。

完善自我——塑造良好的性格

一、性格的定义

性格是表现在人的态度和行为方面的较为稳定的心理特征，是个性的重要组成部分。性格不仅影响一个人的生活状况、婚姻家庭，也影响一个人的人际交往、职业升迁、商务活动、事业发展、经营理财等，性格决定一个人的成败得失，决定一个人的前途命运。优良的性格让人不管是在顺境还是在逆境中，都能坦然积极地面对，并且不懈努力，取得成功；不良性格会让人走尽弯路、受尽挫折，甚至在关键时刻毁掉一个人的一生，造成悲剧性的结局。性格一旦形成，就具有相对的稳定性，并在很大程度上影响着一个人的命运。

二、性格的重要性

例海藏真

俞敏洪创办新东方：性格决定命运

在中国 34 个城市建立起自己的学校和学习中心；在最近一个财政年度，有 100 多万学生入学；一年多前，在纽约证交所敲响了上市的钟声，新东方作为中国首家教育概念股受热捧，股价上涨强劲。而持股 31.18%（4 400 万股）的“新东方”掌门人俞敏洪，个人财富也水涨船高，如今已是 20 多亿身家的中国最富有的老师。

然而，在公司内部期望和华尔街严格的资本体系推动下，像一颗高速运转的行星的俞敏洪坦言：压力很大，也很疲惫，甚至“后悔把新东方做大”，后悔“把新东方弄上市”。

天下多少人费尽心力希望把企业做大做强而不能，为什么俞敏洪一不留神就把一所开张时仅13个学生的私人学校做大，还弄到纽约上市了呢？

一路走过来的俞敏洪，成功前经历过很多挫折，包括考大学、出国失利，包括新东方上市前内部出现一些矛盾等，但他没有停下，最后超越了许多人，走上人生和事业的巅峰。是性格还是其他因素？

俞敏洪自己给出了答案：性格决定命运！

俞敏洪说，应该说我个人的性格起了很大作用。比如，我性格中有些坚韧不拔的成分，做事情非要把事情做得相对好。比如我考大学，第一年没考上考第二年，第二年没考上考第三年；出国也是联系了4年，但最后没有成功。后来做新东方做了十四五年，还在很认真地做。总体来说，性格里还是有一种坚韧，不会随便放弃。

第二我比较有上进心。不是说绝对要得第一名，而是自己有进步的心态，比较善于学习。从小学到中学到大学，我都没有得过全班的前20名，但还是坚持在学，而且大家大学毕业了工作了，我还是边工作边学。由于有这样的上进心，潜移默化事业就成功了。

第三我比较有耐心和宽容度，这两点在做新东方后看出好处了，因为一帮子人在一起总有各种各样的摩擦、各种各样的斗争，也会有各种各样的伤害。我能容得下的话，就不太容易把事情弄到极端，就很容易让大家重归于好。

第四我觉得自己做事还是挺有原则的。凡是违反了我认为不该违反的道德准则，我是毫不留情的。所以新东方也有被我开除的（老师）。包括在家庭生活中，夫妻之间如果吵架，（吵）到什么程度，哪个底线不能碰，是我们两个都知道的。

资料来源：《中国教育》，2007年11月20日。

性格是稳定的，但又不是一成不变的。它在主客观的相互作用中形成，又在主客观的相互作用中发生变化。性格不仅影响学生的学习态度、生活态度和行为方式，而且影响着他们今后对职业的选择。性格与职业是彼此制约、相互促进的。一旦了解了自己的性格特点，就可以在学习、生活和工作中去正确认识自己。大学生正处于生理和心理形成的关键阶段，这一阶段也是人格塑造的定型期。一个性格良好的学生能够拥有许多亲密的同学朋友，积极参加各项活动，并能正确感知自己和他人的情绪态度，营造和谐的集体氛围。

真知灼见

一天，一个牧师正在准备讲道的稿子，他的小儿子却在一边吵闹不休，牧师无奈，便随手拾起一本旧杂志，把夹在里面的一幅世界地图撕成碎片，丢在地上，说道：“小约翰，如果你能拼好这张地图，就奖励你。”

牧师以为这样会使小约翰花费上午的大部分时间，不会再来影响他的工作。但是没过10分钟，儿子就来敲他的房门。牧师看到小约翰手里拿着拼好的地图，感到十分惊奇：“孩子，你是怎么拼好的？”

小约翰说：“这很容易，在另一面有一个人的照片，我就把这个人的照片拼到一起，然后就把它翻过来。我想如果这个人拼得是正确的，那么这个世界也就拼得是正确的。”牧师奖励给儿子2角5分钱，满意地说：“你替我准备了明天讲道的题目：如果一个人是正确的，他的世界也就会是正确的。”

资料来源：百度文库。

这个故事虽小，却道出了人生的一个真谛。人格健全，除了包括正确的人生观和世界观，还包括人的良好性格。如果你的性格是健康的，你的人生也会是快乐、幸福的；如果你的性格是病态的，那么你的人生也会是痛苦、忧伤的。如果你想改变你的世界，创造你的辉煌，就必须改变你不良的性格。

良好的性格必然能给人带来人生的辉煌。当代杰出的女作家冰心，一生淡泊名利，生活上崇尚简朴，不奢求过高的物质享受。文坛上无谓的斗争，与她无关，她在平和的环境中与人相处，在微笑中勤奋写作。她的健康长寿、事业辉煌都得益于开朗、豁达的性格。苏格拉底是一位具有良好性格的伟大哲人，他的妻子心胸狭窄，整天唠叨不休，动辄张口骂人。一次，她大发雷霆后，又向苏格拉底头上泼了一盆冷水，苏格拉底满不在乎地说：“雷鸣之后，免不了一场大雨。”苏格拉底豁达大度的性格值得我们学习。

三、影响学生性格形成的因素

（一）家庭生活环境及教育

我们常说一句话，每个孩子身上都有父母的影子，这句话道出了家庭环境和教育对孩子性格的深刻影响。一个和睦、文明、优秀的家庭，容易使孩子养成良好的性格特征，如诚实、热情、开朗、勇敢、勤奋、坚强等；一个在精神、心理培养上畸形的家庭，可能养成孩子不良的性格特征，如胆怯、说谎、孤僻、懒惰、固执等。在现实中我们会发现，如果父母有积极向上的性格，学生在面对挫折时也会效仿父母去努力克服困难，解决问题；相反，如果父母在平时的生活中经常怨天尤人，学生在学校遇到问题可能也会抱着悲观的态度。

《史记·孔子世家》里记载了这样一个故事。在孔子小的时候，经常看到大人们祭

祀的场面。于是，孔子就和小朋友们一起玩游戏，摆弄各种祭祀用的器皿，学习大人们祭礼的礼仪动作……17 岁时，孔子就博学好礼。成年后，更讲究礼仪，用诗、书、礼、乐教人，成为“圣人”。

《史记》中的《酷吏列传》里，记载了一个名叫张汤的人的故事。一日，张汤的父亲外出，张汤留在家里。后来，家里的一块肉被一只老鼠拉走了。张汤的父亲回家得知后十分生气，打了张汤一顿。张汤就掘开老鼠洞，逮住了老鼠，拿到了肉，对老鼠进行了审判，写了狱书，并将鼠和肉放在自设的牢房中。张汤的父亲看他写的狱书很像老狱吏，很是震惊。张汤长大后成为著名的酷吏。

（二）社会环境

学生虽然生活在象牙塔中，但是他们并不是生活在真空中，学生的生活和学习都和社会紧密相连。随着我国网络和信息技术的高速发展，社会环境也越来越影响到学生。例如 2008 年汶川地震发生后，社会上涌现出无数的感人事迹，学生们的思想也得到了教育，为学生良好性格的形成上了很好的一课。与此同时，混乱的道德观念会使青年目无法纪、盲目狂热、缺乏自我监督和自我控制，这些社会阴暗面，有时也会侵害到学生，形成对其前途发展不利的性格。

四、如何塑造学生的性格

（一）确立信仰

一个人一旦有了信仰，精神就有了归宿。心中有了理想，人生就充满了希望，内心不再空虚。因为精神有了归宿，就不会感到孤独、寂寞，精神空虚、漂泊的感觉是十分可怕而又令人沮丧的。信仰为信仰者的思想、行为制定了统一的标准，这对矫正与完善一个人的性格，具有规范作用。

（二）培养良好的习惯

习惯具有非意识性。这是由于一个人长期反复做同一行为的结果。各种良好的习惯对矫正与完善性格具有决定性作用。它是形成良好性格的基础，良好的习惯也是成就伟大事业的基础。

例海藏真

西汉时期，有一个特别有学问的人叫匡衡，匡衡小的时候家境贫寒，为了读书，他凿通了邻居文不识家的墙，借着偷来一点烛光读书，终于感动了邻居文不识。在大家的帮助下，小匡衡学有所成。汉元帝的时候，由大司马、车骑将军史高推荐，匡衡被任命为郎中，后迁光禄大夫、太子少傅。

凿壁偷光，讲的就是匡衡勤奋好学的故事。

（三）培养良好的心态

良好的心态，是形成健康性格的保证。良好的心态是做好一切事情的开始，心态好了做事时就有了灵气，遇到困难也能做到从容不迫。良好的心态来源于良好的修养、丰富的文化知识积累和沉淀。

瓦伦达心态是心理学上的一个著名论断，源自一个真实的事件。

瓦伦达是美国一个著名的钢索表演艺术家，以稳健的高超技艺闻名。他从来没有出过事故，因此，当这一次要为重要的客人献技时，决定派他上场。瓦伦达知道这一次上场的重要性：全场都是美国知名的人物，这一次成功不仅仅将奠定自己在演艺界的地位，还会给自己所在的表演团带来前所未有的利益。因而他从前一天开始就一直在仔细琢磨，每一个动作、每一个细节都想了无数次。

演出开始了，这一次他没有用保险绳。因为许多年以来他没有出过错误，他有100%的把握不会出错。但是，意想不到的事情发生了，当他刚刚走到钢索中间，仅仅做了两个难度并不大的动作之后，就从10米高的空中摔了下来，一命呜呼。

事后，他的妻子说："我知道这次一定要出事。因为他在出场前就不断地说'这次太重要了，不能失败。'以前每次成功的表演，他只是想着走好钢丝这件事本身，不去管这件事可能带来的一切。"

瓦伦达太想成功，太专注于事情本身，太患得患失了。如果他不去想那么多走钢索之外的事情，以他的经验和技能是不会出事的。心理学家把这种为了达到一种目的总是患得患失的心态命名为"瓦伦达心态"。

（四）有意识地培养自己坚强的意志

孟子曰："天将降大任于斯人也，必先苦其心志，劳其筋骨，饿其体肤，空乏其身。"这就是说，一个人要获得成功，需要磨炼其意志，逐步形成坚忍不拔的性格。

唐朝著名学者陆羽，从小是个孤儿，被智积禅师抚养长大。陆羽虽身在庙中，却不愿终日诵经念佛，而是喜欢吟读诗书。陆羽执意下山求学，遭到了禅师的反对。禅师为了给陆羽出难题，同时也是为了更好地教育他，便叫他学习煮茶。在钻研茶艺的过程中，陆羽碰到了一位好心的老婆婆，不仅学会了复杂的煮茶的技巧，更学会了不少读书和做人的道理。当陆羽最终将一杯热气腾腾的茶端到禅师面前时，禅师终于答应了他下山读书的要求。后来，陆羽撰写了广为流传的《茶经》，把祖国的茶艺文化发扬光大！

一个人若是经历得多、见识多，眼界就会开阔，生存能力就会提高。人类社会是适者生存的社会，一旦踏入社会，面对的是形形色色的诱惑，若是没有坚定的意志，很快就会迷失方向，到最后连自己是谁都无法看清。

（五）树立终身学习的理念

学习能提高能力，大家都知道这个道理。可是很多人不知道自己应该学习些什么，又怎样去学习，把学习当成了苦差事。其实学习是讲究方法的。学习最终目的是什么？是“应用”。所以在学习时，应该积极将所学到的知识应用于工作和生活中，这样不仅做到学以致用，而且还能提高工作效率，减轻因工作带来的压力。久而久之，就会养成善于学习的良好习惯。另外，在学习过程中，不仅要向书中学，还要向身边的人学，向对手学，只要他有长处，能够为自己所用，对事业有好处，都要虚心地学。只有这样，才能在学习中成就自己伟大的事业。

博士自负的代价

有一个博士分到一家研究所，成为这个所里学历最高的一个人。有一天他到单位后面的小池塘钓鱼，正好正副所长在他的一左一右，也在钓鱼。

“听说他俩也就是本科生学历，有啥好聊的呢？”这么想着，他只是朝两人微微点了点头。

不一会儿，正所长放下钓竿，伸伸懒腰，蹭蹭蹭地从水面上漂到对面上厕所去了。

博士眼睛睁得都快掉下来了。“水上漂？不会吧？这可是一个池塘啊！”

正所长上完厕所回来的时候，同样也是蹭蹭蹭地从水面上漂回来了。

“怎么回事？”博士生刚才没去打招呼，现在又不好意思去问，自己是博士生呐！

过了一阵儿，副所长也站起来，走了几步，也迈步蹭蹭蹭地漂过水面上厕所了。

这下子博士更是差点昏倒：“不会吧，到了一个江湖高手集中的地方？”

过了一会，博士生也内急了。这个池塘两边有围墙，要到对面厕所非得绕十分钟的路，而回单位上又太远，怎么办？

博士生也不愿意去问两位所长，憋了半天后，于是也起身往水里跨，心想：“我就不信这本科生学历的人能过的水面，我博士生不能过！”

只听“扑通”一声，博士生栽到了水里。

两位所长赶紧将他拉了出来，问他为什么要下水，他反问道：“为什么你们可以走过去呢？而我就掉水里了呢？”

两位所长相视一笑，其中一位说：“这池塘里有两排木桩子，由于这两天下雨涨水，桩子正好在水面下。我们都知道这木桩的位置，所以可以踩着桩子过去。你不了解情况，怎么也不问一声呢？”

谦虚是做人的根本，拥有谦虚的品格，你就会放低姿态，与在某些方面不如自己的人融洽相处；拥有谦虚的品格，你就会在职场上获得更多的帮助，学到更多的知识，使自己得到更好的发展。

资料来源：秀目网。

（六）培养良好的品德

关于品德，不同的人有不同的标准。有人认为是忠诚、爱心、宽容等，其实，品德就是责任心的外在表现。培养良好的品德，需要一个漫长而复杂的过程。古语有云：“人之初，性本善，性相近，习相远。”这就是说，良好的品德修炼，要有一个良好的人文环境。孟母三迁的故事，讲的就是这个道理。

总而言之，良好的性格对人的发展和进步都起着非常重大的作用，有时甚至能起到决定性的作用。有一句印度谚语说：“播种一种行为，收获一种习惯；播种一种习惯，收获一种性格；播种一种性格，收获一种命运。”我国古人也曾说过：“积行成习，积习成性，积性成命。”这些都明确了性格的重要。不同的性格决定了不同的命运。因此，我们在学习和生活中，要注重培养自己性格中的积极特质。特别是学生，正处在性格的塑造期，培养良好的性格将有利于他们的成长，有利于他们综合素质的提高，有利于他们成为对社会有用的人。

食物影响人的性格

随着科学研究的不断深入，心理学家和社会学家提出了新的见解：食物可以影响人的性格。

1. 性格不稳定者

性格不稳定者，往往是酸性食物摄入过量、缺乏维生素B和维生素C的缘故，应该多吃一些含钙、磷较多的食物，如大豆、牛奶、苋菜、炒南瓜子、海带、木耳、紫菜、田螺、橙子、河蟹、虾米等。

2. 喋喋不休者

喋喋不休者，大脑中缺少维生素B，从而整天唠叨，需要多吃粗粮、常饮用牛奶加蜂蜜会有好的效果。

3. 易怒者

易怒者，可能缺钙和维生素B，遇到不顺心的事，极易激动，甚至暴跳如雷。应减少盐分及糖分的摄取。可以多吃些含有钙质的牛奶及海产品。

4. 怕事者

胆小怕事者，主要是缺少维生素A、B、C，宜多吃辣椒、笋干、鱼干等。当然也可能因为摄入酸性食物过量，应多吃瓜果蔬菜。

5. 怕交际者

自我封闭、怕交际者，多属于神经质兼冷漠，宜多饮用蜂蜜加果汁，并可饮用少量的酒。

6. 优柔寡断者

处事多优柔寡断者，要建立以肉类为中心的饮食习惯，同时食用水果、蔬菜。

7. 消极依赖者

消极依赖者，平时遇事缺乏胆略和勇气。应适当节制甜食，多吃含钙和维生素B_1较为丰富的食物。

8. 做事虎头蛇尾者

做事虎头蛇尾者，通常缺乏维生素A和维生素C，应多吃猪肉、牛肉、羊肉、鸡肉、鸭肝、牛羊奶、鸡鸭蛋、河蟹、田螺等食物，还要多吃富含维生素C的辣椒、红枣、猕猴桃、山楂、橘子、苦瓜、油菜、豇豆等。

9. 固执者

为人处事多固执者，应减少肉类食物，但可多吃鱼；蔬菜以绿黄色类为主，少吃盐。

10. 焦虑不安者

遇事多焦虑不安者，应多吃富含钙质和维生素B族的食品，并要多补充些动物性蛋白质。

11. 恐惧抑郁者

恐惧抑郁者，不妨多吃些柠檬、生菜、土豆、带麦麸的面包和燕麦等。

超越自我——自我训练

成功性格训练法

小李性格畏缩怯懦，自卑感很重，她找到心理专家进行咨询。

专家要求她采取的第一个步骤是：去发现自己性格的内核。按照专家的要求，小李问了四个熟悉自己的人，询问他们对自己有什么看法。结果大家的回答是：正派、温和、助人、友善、谦让。

第二个步骤是问小李："你如何看待自己？"为此专家给她布置的作业是，让她把自己想象成一个可以任意挑选角色的女演员，看她会选一个什么样的角色去扮演。小李选了一个自信心强、大胆、果敢坚强的女强人角色。因为这个女强人身上所具备的，正是她所欠缺的。

步骤之三是要求小李找出一个她所崇拜的人。小李选择的对象是“宋庆龄”，回答之迅速令人惊讶。她崇拜宋庆龄是因为“她具有高雅的仪止，美丽的容貌”。当小李说到这位伟大的女性时，脸上放射出热烈的光辉。人们从未见过她这样有生气。

专家接着让小李在上述两种性格的女性中，确定一个作为自己性格的选择目标。

小李毫不犹豫地回答：“我愿意像宋庆龄那样善良、宽厚、谦让、高雅，同时我也愿意像我想扮演的角色一样，勇敢坚强、独立自主。”

小李为自己所设计的性格是成功、合理和出色的。当她这样为自己设计时，她已不是原来的那个小李了。

数周后，专家又要求小李在服饰上、发型上打扮得更为年轻些，改变以往老气横秋的外貌。

可半个月过去了，小李却怎么也行动不起来。专家帮她分析了踌躇不前的原因——她担心改变性格后，会丧失过去那种依附于一个群体的安全感。她十分依赖那些把她当成一个可怜的弱者的人们对她的认同。

小李的担心不是没有道理的。当她的父母热烈赞成她的做法，并打算尽力帮助她时，她却在学校中失去了一部分同学的支持。他们没想到，小李这位平时胆小沉默的小姑娘，竟也成了一名竞争对手。更有少数人嫉妒这位突然自信、热情、漂亮起来的姑娘，开始给她制造麻烦。

然而，在专家的指导下，在亲朋好友的支持下，小李坚持了自己的选择，她越来越成熟自信。

最后，让我们再概括地重复一下上述找到成功性格所要采取的步骤：

第一，随意找到四个你的熟人，问他们对你的印象如何，确定你是否喜欢他们的回答，判断你为什么喜欢或不喜欢留给别人的那种印象；

第二，确定一下，如果你是一名演员的话，愿意扮演什么角色以及你为什么喜欢这个角色；

第三，选择任何一个你所崇拜的人，列出他身上那些使你崇拜的特征和品质；

第四，把第二和第三综合为你自己所选择的性格；

第五，改变你的形象、行为、个性中你所不喜欢的东西，强化你所喜欢的东西；

第六，去表现你的新个性。

要提醒你注意的是，不要指望很快便能成功地改造自己的性格，还必须以自己性格的内核为基础。

上述性格选择模式，只是提供了一个出发点。失败型性格的人，要经历一个极为困难的过程，以积极的态度去设想自己的个性，这样方能成功。这里提供的模式，将有助于你在发展自我的过程中迈出第一步。

第六章　调控情绪　积极稳定

——趣味小测验

情绪稳定性自测

请你认真思考以下题目，并根据你的真实情况回答，他能帮助你了解自己情绪的稳定性。

1. 当有一件事需要你做出决定时，你是否觉得很难？

A. 是　　B. 否　　C. 偶尔是

2. 你是否觉得有人在注意你的言行？

A. 是　　B. 否　　C. 不清楚

3. 你对别人自杀有何想法？

A. 可以理解　　B. 不可思议　　C. 不清楚

4. 你是否曾经觉得因有人跟着你走而心里不安？

A. 是　　B. 否　　C. 不清楚

5. 当你一个人走夜路时，是否觉得在前面潜藏着危险？

A. 是　　B. 否　　C. 不清楚

6. 你是否总觉得自己有超越常人的能力？

A. 是　　B. 否　　C. 不清楚

7. 你是否看到、听到或感觉到别人觉察不到的东西？

A. 经常这样　　B. 从不这样　　C. 偶尔这样

8. 除去看见的世界外，你心里有没有另外一个世界？

A. 有　　B. 没有　　C. 说不清

9. 你是否需要用一个多小时才能入睡，或总是醒得比你希望的要早一个小时？

A. 经常这样　　B. 从不这样　　C. 偶尔这样

10. 你是否总是因为碰到东西而跌倒？

A. 是　　B. 否　　C. 偶尔

11. 你是否总是用抛硬币、玩纸牌、抽签之类的游戏来测凶吉？

A. 是　　B. 否　　C. 偶尔

12. 看到自己最近一次拍摄的照片，你有何想法？

A. 觉得不称心　　B. 觉得很好　　C. 觉得可以

13. 你是否曾被朋友、同事、同学起过绰号或被挖苦过？

A. 这是常有的事　　B. 从来没有　　C. 偶尔有过

14. 对与你关系最密切的人，你是否满意？

A. 不满意　　B. 非常满意　　C. 基本满意

15. 在半夜的时候，你是否总是觉得有什么值得害怕的事？

A. 经常　　B. 从来没有　　C. 极少有这种情况

16. 想到若干年后，你总是感觉会有什么使自己极为不安的事？

A. 经常想到　　B. 从来没想到　　C. 偶尔想到

17. 你是否经常因梦见可怕的事而惊醒？

A. 经常　　B. 从没有　　C. 极不

18. 你是否多次做同一个梦？

A. 有　　B. 没有　　C. 记不清

19. 上床以后，你是否总是再起来一次，看看门窗是否关好、炉子是否封好等？

A. 经常如此　　B. 从不如此　　C. 偶尔如此

20. 你在高处的时候，是否总觉得站不稳？

A. 是　　B. 否　　C. 有时是这样

21. 有没有一种食物使你吃后呕吐？

A. 有　　B. 没有　　C. 偶尔有

22. 你是否觉得没有人真正了解你？

A. 是　　B. 否　　C. 说不清楚

23. 你心里是否经常觉得不是现在的父母所生？

A. 时常　　B. 没有　　C. 偶尔有

24. 你是否经常觉得你的家庭对你不好，但是你又确实知道他们对你其实很好？

A. 是　　B. 否　　C. 偶尔

25. 你在早晨起来的时候最经常的感受是什么？

A. 秋雨霏霏或枯叶遍地　　B. 秋高气爽或艳阳天　　C. 不清楚

26. 是否曾经有一个人爱过你或尊重你？

A. 是　　B. 否　　C. 说不清

27. 平时你是否觉得自己很强健？

A. 否　　B. 是　　C. 不清楚

28. 坐在小房间里把门关上后，你是否觉得心里不安？

A. 是　　B. 否　　C. 偶尔是

29. 是否你经常一回家就把房门关上？

A. 是　　B. 否　　C. 不清楚

计分标准：

以上各题目的答案，选 A 为 2 分，选 B 为 0 分，选 C 为 1 分。请计算出你的总分。得分越少，说明你的情绪越佳，反之则越差。

结果解释：

总分在 0～20 分，表明你情绪稳定、自信心强，具有较强的美感、道德感和理智。说明你有一定的社会活动能力，能理解周围人们的心情，能顾全大局。你是个性情爽朗、受人欢迎的人。

总分在 21～40 分，表明你情绪基本稳定，但较为深沉，对事情的考虑过于冷静，处事淡漠消极，不善于发挥自己的个性。说明你的自信心受到压抑，办事的热情忽高忽低，做事情容易瞻前顾后、踌躇不前。

总分在 41 分以上，表明你的情绪极不稳定，日常烦恼太多，心情常处于紧张和矛盾中。

如果你的总分超过了 50 分，则是一种危险的信号，说明你必须要见一下心理医生了。

注：本测验的结果仅供参考。

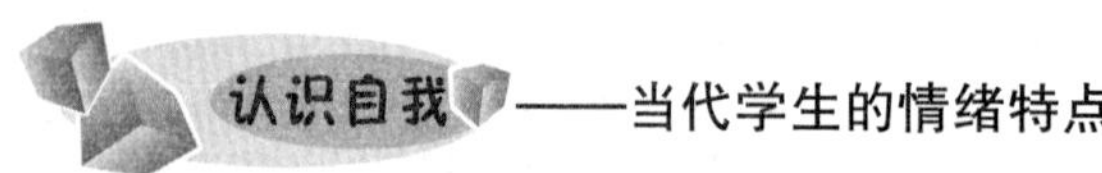

——当代学生的情绪特点

当代学生的情绪表现以下几种特征。

1. 外向、活泼、充满激情

就学生整体水平而言，在情绪特点上，表现为乐观、活泼、开放、热情、精力旺盛，积极向上，充满着朝气和激情。

2. 情绪延迟性及趋向于心境化

情绪的心境化，是情绪的重要特点，大学生情绪反应的发生，往往不会随着外界的刺激和环境的改变而消失，表现出一定的延迟性，趋向于心境化。

3. 情感体验更加深刻、丰富

大学生的情绪体验更加丰富多彩，并随着自我意识的不断发展和各种需要、兴趣的扩展而表现得更加丰富、敏感、细腻和深刻，并更加带有社会内容的情感体验。

4. 波动性与两极性

与成年人相比，学生的情绪带有明显的起伏波动性，容易从一个极端走向另一个极端。情绪有时会表现为大起大落、大喜大怒的两极性。

5. 冲动性与爆发性

大学生的情绪特点还表现在情绪体验特别强烈和富有激情。他们对任何事都比较敏感，有时一旦情绪爆发，自己难以控制，甚至表现为一定的盲目狂热和冲动。在处理同学关系、师生关系中的矛盾时，在对待学业、生活中的挫折时，容易走极端，给自己及他人带来伤害。

6. 矛盾性与复杂性

大学生面临着许多选择，常常会呈现出一种矛盾和复杂的情绪状态。例如，希望自己具有独立性和希望依赖于他人的需要同时存在；对自己既不满，又不想承担责任；既希望得到他人的理解，又不愿意接受他人的关心等。

7. 内隐性与掩饰性

大学生的情绪表现，虽然有时也会喜形于色，但已经不像青少年时期那样坦率直露，不少学生常会将自己的情绪隐藏起来，体现为外在表现与内在体验的不一致。这也无形中给同学之间的相互交流带来了障碍，使一些学生出现孤独和苦闷的情感困惑。

8. 想象性

很多学生的情绪体验，会出现陶醉于以前的某一特定的愉快情绪状态，或是沉湎于某种负面的情绪状态之中，甚至会陷入某种想象出来的欢乐或忧虑之中而不能自拔。

另外，城市学生的适应性比农村学生强，但学习动机稍显薄弱；男生与女生相比，其情绪状态要趋向稳定。随着年龄的增长，学生情绪的自控力与稳定性也在不断提升。

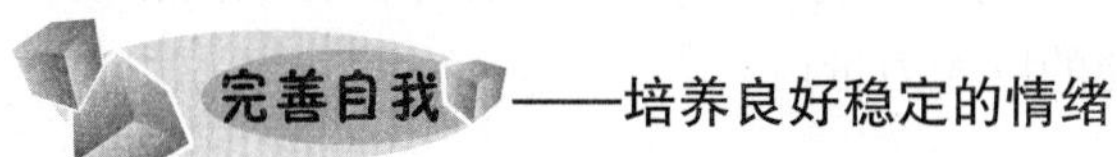

——培养良好稳定的情绪

一、情绪的含义

情绪是人对客观事物是否符合自身需要而产生的态度体验。情绪同认识活动一样，是人脑对客观现实的反映。情绪的表达一般通过面部表情、肢体动作、言语声音、外表改变等方面表现出来。

二、情绪的状态

依据情绪发生的强度、持续性和紧张度，可以把情绪状态分为心境、激情和应激。

（一）心境

心境是一种使人的一切其他体验和活动都染上情绪色彩的情绪状态。它是持续的、微弱的、平静的。心境的特点是弥漫性。平稳的心境可持续几个小时、几周、几个月甚至一年以上。

有一位心理学家来到一座正在建造的大剧院的现场，对正在忙碌着的工人们进行访问。

他问遇到的第一位工人：“请问你在做什么？”这位工人没好气地回答道：“难道你没看到我在做什么吗？哎！这真不是人干的活！”

他问遇到的第二位工人：“请问你在做什么？”这位工人无奈地回答道：“挣钱啊，一天50块钱呢。不然，谁愿意做这种活啊？”

他问遇到的第三位工人："请问你在做什么？"这位工人开心地回答道："盖大楼啊！这可是全国最大的剧院呢！"

资料来源：个人图书馆。

同样的工作和同样的环境，不同的人的感受却完全不同，这就是心境。

（二）激情

激情是一种爆发迅速强烈而短暂的情绪体验。在激情状态下，人的外部行为表现比较明显，生理的唤醒程度也较高，因而很容易失去理智，甚至做出鲁莽行为。因此在激情状态下，要注意调控自己的情绪，避免冲动行为。当然，激情也有积极和消极之分。积极的激情可以成为人们积极行动的巨大力量。

激情是一种力量

著名棒球运动员杰克·沃特曼凭借着激情，创造了一个又一个奇迹。看看他是怎么叙述自己的故事的。

当我退伍后，我加入了职业球队，但不久遭遇到有生以来最大的打击——我被开除了，因为我的动作无力，球队的经理有意要我走人。他对我说："你这样慢吞吞的，哪里像是在球场上混了20多年的样子。杰克，离开这里后，无论你到哪里做事，若提不起精神来，你将永远不会有出路。"

本来我的月薪是175美元，参加了亚特兰大职业球队后，月薪减为25美元，薪水这么少，我做事当然没有了激情，但我决心努力试一试。大约10天之后，一位名叫丁尼·密亭的老队员把我介绍到罗杰斯曼顿镇去，在罗杰斯曼顿的第一天，我的一生有了一个重大的转变。我立志成为德克萨斯最具有激情的球员，并且做到了。

我一上场，就好像全身带电一样，我强力地击出高球，使接球手的双手都麻木了，我以强烈的气势冲入三垒，那位三垒手吓呆了，球漏接了，我就盗垒成功了。当时气温高达华氏100度，我在球场上奔来跑去，极有可能因中暑而倒下去。

这种激情所带来的结果让我吃惊，我的成绩出乎意料的好，同时，由于我的激情，其他队员也都兴奋起来。另外，我没有中暑，在比赛中和比赛后，我感到自己从来没有如此健康过。第二天早晨我读报的时候异常兴奋，《德克萨斯报》说："那位新加入的球员，无疑是一个霹雳球手，全队的其他人受到他的影响，都充满了活力，他们不但赢了，而且展现了本赛季最精彩的一场比赛。"

正如西点军校将军戴维·格立森所说："要想获得这个世界上最大的奖赏，你必须拥有最伟大的开拓者所拥有的将梦想转化为全部有价值的献身热情，以此来发展和展示自己的才能。”

由于对工作和事业的激情，杰克·沃特曼的月薪由25美元提高到185美元，多了7倍。在后来的两年里，他一直担任三垒手，薪水加到当初的30倍之多。这是为什么呢？就是因为一股激情，没有别的原因。

资料来源：《西点执行力的20堂课》。

激情是做任何事的必要条件，任何人只要具备了这个条件，都能获得成功。凭借激情，你可以把枯燥乏味的学习变得生动有趣，使自己充满活力，培养自己对学习的热爱；凭借激情，你可以感染周围的同学，带领他们和你一道快乐学习；凭借激情，你更可以充分发挥自己的优点和特长，为同学服务，为班级争光，从而树立起事业发展不可或缺的信心。

（三）应激

应激是出乎意料的紧张状态所引起的情绪状态。在突如其来的或十分危险的条件下，必须迅速做决定的时刻，容易出现应激状态。但应激的状态不能维持过久，因为这样很消耗人的体力和“心理能量”。若长时间处于应激状态，可能导致适应性疾病的发生。

奋不顾身的一接

2011年7月2日下午一点半左右，杭州滨江区的闻涛社区的一处住宅小区内，一个两岁的小女孩突然从10楼的高空坠落，眼看一出悲剧即将上演。紧急时刻，路过此地的吴菊萍毫不犹豫地冲过去，徒手接住了女孩，自己的左臂被巨大的冲击力撞成粉碎性骨折。但是，她奋不顾身的一接，使小女孩得救了。

面对突发事件，有的人慌乱无助，有的人镇定自若，上列中吴菊萍冷静机智的应激反应是值得我们学习的。

三、情绪的功能

（一）信号功能

情绪的信号功能是指在人际交往中，人们除借助言语进行交流之外，还通过情绪的流露来传递自己的思想和意图。情绪的这种功能是通过表情来实现的。表情具有信号传递作用，属于一种非言语性交际。人们可以凭借一定的表情来传递情绪信息和思想愿望。在社会交往的许多场合，人们之间的思想、愿望、态度、观点，仅靠言语无法充分表达，有时甚至不能言传，只能意会，这时表情就起到了信息交流的作用。其中，面部表情和体态动作更能突破一些距离和场合的限制，发挥独特的沟通作用。

心理学家在对英语国家人们的交往状况进行研究后发现，在日常生活中，55%的信息是靠非言语表情传递的，38%的信息是靠言语表情传递的，只有7%的信息是靠言语传递的。表情是比言语产生更早的心理现象，在婴儿不会说话之前，主要是靠表情来与他人交流的。表情比语言更具生动性、表现力、神秘性和敏感性。特别是在言语信息暧昧不清时，表情往往具有补充作用，人们可以通过表情准确而微妙地表达自己的思想感情，也可以通过表情去辨认对方的态度和内心世界。所以，表情作为情感交流的一种方式，被视为人际关系的纽带。在许多影视作品中，人们用情绪的表露代替语言的表达，具有“此时无声胜有声”的效果，更具感染力。

显示情绪变化的瞳孔信号

一位任职于美国FBI的警察曾经给人们讲过这么一个故事。

1989年，我们抓住了一名间谍。审讯时，他态度很好，很合作，但始终坚持自己是一个人行动，不肯供出自己的同伴。显然，为了忠于自己的国家和人民，他做好了自我牺牲的打算。

这一度让我们束手无策，因为他们对美国的国家安全构成了很大威胁，我们必须尽快找出他的同伙。正在这时，我们的情报分析师马克·瑞瑟建议说，我们可以通过非语言行为收集所需要的信息。

于是，我们向这位间谍展示了几十张卡片，每张卡片上都写着一个与他一起工作过的人的名字——经过调查，我们认为这些人中很可能有他的同伙。我们要求他在看每张卡片的同时都要讲述他所知道的这个人的情况。当然，我们对他所讲的内容并不感兴趣，因为他肯定不会说实话，我们关注的，是他在看到卡片的一瞬间以及在叙述过程中的非语言反应。

我们注意到，当他看到某两个人的名字时，眼睛突然睁大，然后瞳孔迅速收缩，并轻轻地眯了一下眼睛。显然，潜意识中，他是不希望看到这两个人的。由此我们断定，这两个人肯定是他的同伙。

最终，我们找到了这两个同犯，经过审讯，他们供认自己参与了此次犯罪活动。时至今日，那个间谍仍然不知道我们是如何找出他的犯罪同伙的。

（二）动机功能

情绪具有激励作用。情绪能够以一种与生理性动机或社会性动机相同的方式激发和引导行为。有时我们会努力去做某件事，只因为这件事能够给我们带来愉快与喜悦。从情绪的动力性特征看，情绪分为积极增力的情绪和消极减力的情绪。快乐、热爱、自信等积极增力的情绪会提高人们的活动能力，而恐惧、痛苦、自卑等消极减力的情绪则会降低人们活动的积极性。有些情绪同时兼具增力和减力两种动力性质，如悲痛可以使人消沉，也可以使人化悲痛为力量。

动机潜力是在具有挑战性的环境下所表现出的行为变化能力。当个体面对一个危险的情境时，动机潜力会发生作用，促使个体做出应激的行为。对动机潜力的分析可以由对情绪的分析获得。当面对应激场面时，个体的情绪会发生生理、体验以及行为三方面的变化，这些变化会告诉我们个体在应激场合动机潜力的方向和强度。当面临危险时，有的人头脑清晰，沉着冷静地离开；而有些人则惊慌失措，浑身发抖，不能有效地逃离现场。这些情绪指标可以反映出人们动机潜能的个体差异。

郑发富：为学生推开死神

面对危险，他本有逃生的可能，然而在危急时刻，他所想到的不是自己的安危，而是学生的安全。5 月 12 日，四川安县花荄镇初中教师郑发富为疏散、抢救学生而被倒塌的围墙砸中。经全力抢救无效，郑发富老师不幸以身殉职，年仅 42 岁。

被营救的几名学生哭泣着说：“郑老师是为了救我们才牺牲的。在围墙即将倒塌的千钧一发之际，他用力推开了我们，用自己的血肉之躯挡住了倒塌的围墙。”

在“5・12 地震”中，像郑发富这样的老师还有还多，正是他们心中始终装着学生，才会在地震的一刹那首先想到的是学生的安危，用生命护住学生的生命。

（三）健康功能

人对社会的适应是通过调节情绪来进行的，情绪调控的好坏会直接影响到身心健康。作为心理因素的一个重要方面，情绪同身体健康的关系早已受到人们的关注。情绪对健康的影响作用是众所周知的。积极的情绪有助于身心健康，消极的情绪会引发人的各种疾病。我国古代医书《黄帝内经》中就有“喜伤心，怒伤肝，忧伤脾，思伤胃，悲伤肺，恐伤肾”的记载。有许多心因性疾病与人的情绪失调有关，例如溃疡、偏头痛、高血压、哮喘、月经失调等。有些人患癌症也与长期心情压抑有关。一项长达30年的关于情绪与健康关系的追踪研究发现，年轻时性情压抑、焦虑和易怒的人患结核病、心脏病和癌症的比例是性情沉稳的人的4倍。

情绪对癌症影响大

案例一：幸福的三口之家，男主人突遭车祸身亡。妻子痛不欲生，整天以泪洗面、精神恍惚，还常常失眠，身体迅速消瘦。出事后3个月，女主人发现黑便，经医院检查确诊为胃癌，手术中又发现腹膜和腹腔淋巴结有转移的癌细胞，经全力救治仍于不久后辞世。

早在1893年，英国医学家就在整理的250份癌症患者资料中发现，62%的患者患病前有严重精神创伤；我国食管癌普查中发现69%的患者个性暴躁、情绪不稳定。坏情绪为什么会诱发癌症呢？因为，情绪不好时，肾上腺皮质酮分泌增加，这种激素进入血液后可损害或降低人体免疫功能，导致正常细胞癌变。

案例二：一位患者因身处逆境，长期处于抑郁状态，结果被发现乳腺癌晚期。但此后，她变成了乐天派，整日乐呵呵，逢人便说一定能战胜病魔。她积极锻炼身体、配合治疗、手术后26年病情从未复发，身体很健康。

情绪好时，大脑中枢会分泌一种叫“脑内啡肽”的物质，此物质能激活免疫系统功能，抑制癌细胞生长。

四、不良情绪的表现及应对策略

（一）常见的学生不良情绪表现

1. 烦恼

每个人都会有烦恼的时候，学生也是如此。失恋、考试不及格、同学关系不好、经济拮据等，都可能成为烦恼的诱因。烦恼都是有明确的对象和具体的现实内容的。重要的并不是烦恼本身，而是能否从烦恼中解脱出来。情绪健康的人并不是没有烦恼的人，他们能够把“我不要烦恼”的愿望转变为“我要快乐”的有效行动，从烦恼中摆脱出来。烦恼使他们永不满足现状，烦恼使他们不断进取。情绪不健康的人则相反，他们的烦恼程度与摆脱烦恼的实际行动往往成反比。他们往往不明确自己应当怎么办，行动缺少目标，陷入烦恼的陷阱不能自拔。

2. 易激惹

所谓易激惹，是指容易发火、发怒、过分急躁，“一触即跳”，对于一般的或很轻微的刺激产生剧烈的情绪反应。

易激惹的人有几个特点：①好打抱不平；②看什么都不顺眼；③发怒后常常后悔，后悔的同时又有委屈感。易激惹常常危害人际关系，而人际关系紧张常常又使易激惹趋向恶化。学生中易激惹现象较为常见，在教室、宿舍、食堂、运动场等场所，常见因一些琐碎小事引起的激烈纠纷，多半与易激惹情绪障碍有关。

天气炎热容易使人情绪发生变化，出现“易激惹现象”

气温持续走高导致交通事故增多。北京急救中心医生说，最近一段时间的交通事故增加与天气炎热不无关系。据医生介绍，气温高、气压低时，人的大脑组织和心肌对此最为敏感，容易出现头晕、恶心或一些心理问题。如情绪不好、没精打采、急躁、易激动等，以致发生一些生活中的意外，这就是夏天易出现的“易激惹现象”，一般集中在中青年和正处在青春期或更年期的人身上。在最近发生的交通事故中，有相当一部分司机正处在“易激惹时期”。

医生特别提醒大家要注意防暑降温，如多喝水、饮食清淡、不要熬夜、保证休息等，生活要有规律。另外还要特别注意调整自己的情绪，尽量避免在燥热、嘈杂等不舒适的环境中滞留过久；如果遇到可能引起自己情绪波动的周边环境，应及时避开，不要参与其中，保持平和心态。司机最好在车内准备饮用水，再播放一些轻松音乐以放松心情。

资料来源：《北京青年报》。

3. 焦虑

焦虑与烦恼是有区别的。在反应程度上，焦虑要比烦恼严重。烦恼有明确的对象和具体内容，而焦虑常常是没有明确的对象和具体内容的，也就是通常所讲的莫名其妙的惊恐。焦虑者常表现出精神运动性，焦虑不安，来回走动，不自主地震颤或发抖，还常伴有身体不适感，如出汗、口干、呼吸困难、心悸、尿急、尿频、全身无力等。

4. 抑郁

抑郁和焦虑是有密切关系的两种情绪障碍，症状相似。但从等级上划分，抑郁较之焦虑处于更高等级。抑郁的主要表现是：①兴趣减退甚至丧失；②对前途悲观失望，好像一切都已无可挽回；③强烈的无助感，不仅感到自己对处境无能为力，而且感到他人的帮助对自己也无济于事；④心情低落、筋疲力尽、无法振作；⑤自我评价下降，即自卑感增强，或自信心下降，而且在这种自我评价下降的过程中常隐含有过高的追求；⑥感到生活或生命本身没有意义、目标，还常伴随着自责；甚至产生自杀念头或采取自杀行动。

美国最新研究：抑郁让猝死风险加倍

美国“健康日”网站报道，《美国心脏协会杂志》刊登的一项新研究发现，与单纯心脏病相比，伴有抑郁等问题的心脏病患者死亡风险加倍。

美国杜克大学医学中心的拉娜·沃特金斯博士及其同事对900多名平均年龄为62岁的心脏病患者进行了研究。研究者在患者接受冠状动脉造影前后进行了问卷调查，评估他们是否伴有抑郁、焦虑等情绪问题，并随后进行了为期3年的跟踪调查。结果显示，三年期间共有133名患者死亡，其中93人为心源性猝死，或与心脏病直接相关的死亡。而这些死亡患者中，有55人有抑郁、焦虑，或同时伴有多种情绪问题。进一步分析发现，抑郁、焦虑等情绪障碍均是增加心脏病死亡风险的独立因素，会使猝死风险增加一倍左右，同时伴有几种情绪障碍的患者死亡风险更高。

沃特金斯博士指出，抑郁、焦虑等情绪问题，一方面会导致体内应激水平升高，导致血压波动；另一方面，抑郁症引起的疲劳、价值感缺失等会导致患者忽视心脏病的治疗。研究者建议，医生必须高度关注心脏病患者的情绪问题，及早发现、及时干预，尽可能降低患者的死亡危险。

资料来源：《生命时报》。

5. 恐惧

在大自然中，当遇到毒蛇猛兽时，遇到地震和风暴时，人们会感到恐惧。在社会生活中，当遇到战争、抢劫、杀人、谋害等事件时，也会产生恐惧。这是人的正常的保护自己的应激反应。作为情绪障碍的恐惧表现，是指害怕那些对一般人来讲并不感到害怕的事物，或者害怕这种情绪体验的强度和持续时间大大超出了常人的反应范围。患有恐惧症的人，往往对某一特定的物体、活动或情境产生持续紧张的、难以克服的恐惧，其间还常伴随有各种焦虑反应，如担忧、不安、出冷汗、颤抖等。恐惧症常常带有强迫性的特点，明明知道这种恐惧是过分的或没有必要的，但又难以抑制和克服。在学生心理咨询临床中，社交恐惧、高空恐惧、颜色恐惧、疤痕恐惧等都较常见，尤以社交恐惧为最多。

一天早晨，有一位智者看到死神向一座城市走去，于是上前问道：“你要去做什么？”

死神回答说：“我要到前方那个城市里去带走100个人。”

那个智者说："这太可怕了！"

死神说："但这就是我的工作，我必须这么做。"

这个智者告别死神，并抢在它前面跑到那座城市里，提醒所遇到的每一个人："请大家小心，死神即将来带走100个人。"

第二天早上，他在城外又遇到了死神，带着不满的口气问道："昨天你告诉我你要从这儿带走100个人，可是为什么有1 000个人死了？"

死神看了看智者，平静地回答说："我从来不超量工作，而且也确实准备按昨天告诉你的那样做，只带走100个人。可是恐惧和焦虑带走了其他那些人。"

恐惧和焦虑可以起到和死神一样的作用。实际上，在我们的生活中，这样的情绪反应每天都在发生，只不过我们已经习以为常。

资料来源：搜狐网。

6. 冷漠（无聊）

冷漠也是一种情绪障碍，表现为对外界的任何刺激都无动于衷，无论是悲、欢、离、合、爱、憎，都漠然视之。冷漠者初期主要认为生活没有意义，心情平淡，出现抑郁状态；随后逐渐发展到强烈的空虚感，内心体验日益贫乏，不愿进行抉择和竞争，缺乏责任感和成就感。平时面部表情平淡呆板，行动无生气、懒散，对他人的奋斗进取精神不理解。

上述六种异常情绪表现，每个人都可能体验过，只是存在着轻重之别。如果不重视个人情绪调适，久而久之，轻微的症状也可能发展到严重的病态，甚至成为习惯的病态。因此，积极地预防和调节不良情绪反应，养成良好的健康的情绪行为，对于每位学生来说，都是非常重要的。

（二）不良情绪的调适方法

不会控制情绪自食其果

据广西新闻网报道，柳州一名女子为发泄不满，竟拨打110报假案。事情是这样的：某晚7时许，110接警中心接到报案称"有人把小孩从10楼扔下来，现在孩子已经死了……"巡防、交巡警、刑侦等警种迅速抵达现场，出动了4辆警车和1辆巡防摩托车，却发现似乎什么都没有发生，报警的周某也不在现场。原来此事纯属虚构。报案女子周某因与前夫的纠葛不断，用谎报警情来发泄不满。无独有偶，一无业青年因无聊玩起了"狼来了"的把戏，数次把消防大队骗到"事发现场"。最后公安局将虚报火警的青年绳之以法，处以治安拘留7天的处罚，并罚款200元。

当事人受到法律的制裁是自食其果，因为这样错误的情绪发泄方式浪费了警力资源，造成不良后果。

上述案例虽然是个例，但是因情绪失控做出追悔莫及的事时有发生。“检查自己的大脑，解除困扰”，这是古希腊哲学家爱比泰德的至理名言。在日常生活和工作中，当遭遇各种失败和挫折，要想避免情绪失调，就应多检查一下自己的大脑，尽量摒除不合理的消极观念，以正确的价值观取而代之。

1. 控制自己的情绪

（1）认识自己的情绪类型：是乐观型还是悲观型？如同样是面对桌上的半杯水，乐观的人认为杯子有一半是满的，悲观的人则认为杯子有一半是空的。面对人生的诸多曲折、难题，正确的对策是尽力去解决它们；要学会发现事物的积极方面，保持乐观的情绪。

（2）了解自己的情绪周期：情绪高峰期——较少焦虑，身体的活力、胃口和睡眠状态都达到最佳状态，即使有破坏情绪的事发生，也能一笑了之；情绪低落期——世界都是灰蒙蒙的，没有什么能激起你的兴趣，开始变得多愁善感，对事物特别敏感；情绪中间期——表现得积极乐观，情绪平稳，处理问题合理而顺手，可以做出比较成熟的决定。情绪周期一般在童年建立。想想自己的情绪周期是什么情形，要下决心减少不良情绪周期的频率。

（3）掌握自我交谈的方法：当自己情绪不好时，可以自己对自己说一些积极的话，比如“虽然很生气，可是身体最重要，还是先吃饭吧！”“我要变成快乐、活泼的人！”“我知道对别人发火并不能解决问题，我以后应该注意”；等等。

2. 培养自己的乐观情绪

（1）有意识地确立目标。找到有把握成功的小目标并为之努力。

（2）准备工作能使你获得信心。考试之前要做好备考的各项准备，包括准备好钢笔、小刀等工具。要了解你实现目标时会有哪些外部因素的影响。

（3）假设你已经达到目标。体会一下成功后的感受，并使之表现出来（可以在上学的路上或入睡前进行）。

（4）要有一个心理安全带。做事之前设想一下可能出现的最糟的结果，找到对策和应变计划，那么，在遇到挫折和失败时就不会茫然失措，陷入情绪的低谷。

（5）自我养成。激励自己完成一项漫长而艰巨的工作，将它分成若干步骤去作，每完成一步就奖励一下自己。比如制订一项一年的英语学习计划，每天背一定数目的单词，每个星期可以奖励自己一次。遇到困难时，可以提高奖品的价值。

（6）置身于有成就和乐观的人群中。成功与乐观的情绪是能够感染人的，反之悲观的情绪也一样。与其同悲观的情绪相伴，不如同乐观的人在一起，感受生活的快乐和幸福。

（7）不要试图摆脱消极的念头。接受它们，然后用下一项工作取而代之。抑郁悲观情绪，否认它的做法只会使它再度出现。

（8）保持身体的协调。每周 3 到 5 次，每次 30 分钟的室外锻炼，是消除紧张情绪的好办法，能使自己获得良好的自我感觉。

（9）良好的外表能使你感到自信。良好的外表和修饰能增加自信心和别人对你的信任。

3. 改变自己的消极情绪

（1）期望值要适度。我们在确定目标、对预期结果进行设想时，要注意不要把期望值定得太高，要把各种不利因素充分考虑进去，要留有一定的余地。这样的目标，经过努力，我们能够实现，并有可能超过。如果我们把目标定得太高，则往往容易失望，这实际上是跟自己过不去。

（2）在逆境中学会自我调适。人处在逆境时，要学会保持心理平衡。要认识到，事情已经发生，任何忧愁哀伤都不能改变事实，没有任何实际意义。应该从多角度来看待这个问题，逆境未必就一定是坏事，重要的是自己仍然有希望。

（3）学会宣泄消极情绪。许多人在遇到不愉快的事或心情不佳时，常闷不作声，不肯把自己的不快告诉别人，这很不好。情绪就像洪水，只有疏导才能真正解决问题，想要压抑或阻止都是糟糕的做法，其结果往往是于他人无益，于己更有害。主动向亲近的人倾诉自己的心里话是宣泄情绪的好办法，情绪好转了，许多事也就解决了。

（4）尝试用乐观情绪冲淡消极情绪。认识到了消极情绪的危害，就应当有意识地避开消极情绪，当它出现时，可以有意识地多想一些高兴的事，自觉地用乐观情绪来代替悲观情绪。

用乐观的情绪自救

1939 年，德国军队占领了波兰首都华沙，此时，卡亚和他的女友迪娜正在筹办婚礼。卡亚做梦都没有想到，他和其他犹太人一样，在光天化日之下被纳粹推上卡车运走，关进了集中营。卡亚陷入了极度的恐惧和悲伤之中，在不断的摧残和折磨中，他的情绪极其不稳定，精神遭受着痛苦煎熬。

一同被关押的一位犹太老人对他说：“孩子，你只有活下去，才能与你的未婚妻团聚。记住，要活下去。”卡亚冷静下来，他下定决心，无论日子多么艰难，一定要保持积极的状态。

所有被关在集中营的犹太人，他们每天的食物只有一块面包和一碗汤。许多人在饥饿和严酷刑罚的双重折磨下精神失常，有的甚至被折磨致死。卡亚努力控制和调节着自己的情绪，把恐惧、愤怒、悲观、屈辱等抛之脑后，虽然他的身体骨瘦如柴，但精神状态却很好。

5 年后，集中营里的人数由原来的 4 000 人减少到不足 400 人。纳粹将剩余的犹太人用脚镣铁链连成一长串，在冰天雪地的隆冬季节，将他们赶往另一个集中营。许多人忍受不了长途的跋涉，死于茫茫雪原之上。在这人间炼狱中，卡亚奇迹般地活了下来。他不断地鼓舞自己，靠着坚韧的意志力，维持着脆弱的生命。

1945 年，盟军攻克了集中营，解救了这些饱经苦难、劫后余生的犹太人。卡亚活着离开了集中营，而那位给他忠告的老人，却没有熬到这一天。

若干年后，卡亚把他在集中营的经历写成了一本书。他在前言中写道："如果没有那位老者的忠告，如果放任恐惧、悲伤、绝望的情绪在我的心间弥漫，很难想象我还能活着出来。"

资料来源：搜狐网。

（5）保持心理平衡。保持心理平衡主要要注意以下几点：①不对自己过分苛求；②对他人期望不要过高；③疏导自己的愤怒情绪；④偶尔要屈服；⑤暂时避让；⑥找人倾诉烦恼；⑦为别人做些事；⑧在一段时间内只做一件事；⑨对人要表示善意；⑩娱乐。

（6）学习积极地自我暗示。用积极的思想、语言不断提示自己，克服悲观、沮丧和恐惧心情，使精神振奋。如当你生病时，可对自己暗示"我相信医生，相信我有抵抗力，疾病是暂时的，我会很快好起来"。正确的态度、乐观的情绪、坚强的意志会使药物发挥较好的疗效，也将调动体内的潜力，让你很快恢复健康。暗示能治病，也能致病，消极的自我暗示，可以因影响正常心理功能而致病。如有个人听说，看见双头蛇的人会生病，一天，她恰巧在田地里看见了两条蛇扭在一起，一惊，心中总犯嘀咕"真倒霉，肯定要生病"，结果真的生了一场大病。

积极地自我暗示，就是要自我鼓励、自我安慰，使心理状态得到自我调整、自我平衡，不要自暴自弃，给自己施加不良影响。

聚焦实验

心理学中有一个实验。以一死囚犯为样本，对他说："我们执行死刑的方式是使你放血而死，这是你死前对人类做的一点有益的事情。"这位犯人表示愿意这样做。实验在手术室里进行，犯人在一个小隔间里躺在床上，一只手伸到隔壁的一个大隔间。他听到隔壁的护士与医生在忙碌着，准备对他放血。护士问医生："放血瓶准备 5 个够吗？"医生回答："不够，这个人块头大，要准备 7 个。"护士在他的手臂上用刀尖点了一下，算是开始放血，并在他手臂上方用一根细管子放热水，水顺着手臂一滴一滴地滴进瓶子里。犯人误以为自己的血在一滴一滴地流出。滴满 3 瓶时，他已经休克，滴满 5 瓶时他已经死亡。死亡的症状与放血而死一样，但实际上他一滴血也没有流。

例海藏真

1983 年，有一位美国击剑运动员知道在即将举行的比赛中会遇到一位曾经两次击败过自己的古巴选手，因而缺乏信心。心理学家为他反复播放一段讲话，叙述在未来的比赛中，那名古巴选手反而一见他就害怕的理由。他听了几十次，感觉越听越有道理，便从害怕的情绪中解脱出来，并在泛美运动会上战胜了对手，夺得了冠军。

消极的自我暗示会对人产生极大的负面作用，积极的自我暗示则能够激励人、鼓舞人。

健康情绪指南针

养成好情绪的法宝

在生活中掌握三大法宝，吃好、睡饱、多运动，拥有好情绪，一点也不难。

1. 吃出好情绪

适当饮水，吃优质点心，选抗压食物以及减少昏沉的食物。

2. 越动越快乐

健走是最有益的有氧运动之一；游泳能让人调整心情；跑步可以触发脑内的化学物质，产生好心情。

3. 睡饱不生气

作息时间要规律，睡觉前不要喝含咖啡因的饮料，将手机或电脑关闭，尽量让卧室保持黑暗，给大脑“该睡觉了”的信息。

超越自我——我的情绪我做主

探索与体验

自我催眠放松训练

（1）开始训练前，在椅子上做好，调整自己的坐姿，让自己感觉坐着很舒适，将双腿自然水平放置，双手自然放置在双腿上，双手不要紧握或交叉。

（2）闭上双眼，进行三次深呼吸。每次吸气要吸到不能再吸为止，然后憋住气，想象刚刚吸入的氧气从胸部开始向全身散发，按从胸部到头部，然后从胸部顺着身体向下，到腹部、臀部、大腿、小腿和脚部的顺序，缓缓地吐气，直到全部吐完。

(3) 三次深呼吸后，继续闭上双眼，保持深长而缓慢的呼吸，想象自己变成了一台扫描仪，正在扫描自己的身体，从上到下，依次是头盖骨、眼睛和周围的肌肉、颈部、双肩、双臂、双手，然后是胸部、脊椎、腹部、腰部、臀部、大腿、小腿、脚部，扫描到哪里就让那里变得放松。

(4) 全部都扫描之后，想象你身体的每一个毛孔好像都张开了，正在吸进清凉的气体，慢慢地你会感觉非常清爽，然后想象这些清凉的气体都变成了能量，让你觉得全身充满着力量，精神抖擞。静静地感受它，你会觉得身心都得到了放松。

第七章　正视挫折　意志坚定

——趣味小测验

意志力自测量表

这个测验共有20道题，每题有5个选项，请根据自己的实际情况选择其中的一个选项。

1. 我喜爱长跑、长途旅行、爬山等体育运动，但并不是因为我的身体条件符合这些项目，而是因为这些运动能锻炼我的意志力。

A. 很同意　B. 比较同意　C. 说不准　D. 不大同意　E. 不同意

2. 我给自己订的计划常常因为主观原因不能如期完成。

A. 这种情况很多B. 较多　C. 不多不少　D. 较少　E. 没有

3. 如果没有特殊原因，我要每天按时起床，不睡懒觉。

A. 很同意　B. 比较同意　C. 说不准　D. 不大同意　E. 不同意

4. 订的计划应有一定的灵活性，如果完成计划有困难，随时可以改变或撤销它。

A. 很同意　B. 较同意　C. 无所谓　D. 不大同意　E. 反对

5. 在学习和娱乐发生冲突时，哪怕这种娱乐很有吸引力，我也会马上决定去学习。

A. 经常如此　B. 较经常　C. 时有时无　D. 较少如此　E. 不是如此

6. 学习或工作中遇到困难的时候，最好的办法是立即向师长或同学请教。

A. 同意　B. 较同意　C. 无所谓　D. 不大同意　E. 反对

7. 在长跑过程中遇到生理反应，觉得跑不动时，我常常咬紧牙关，坚持到底。

A. 经常如此　B. 多半如此　C. 时有时无　D. 较少如此　E. 不是如此

8. 我常因读一本引人入胜的小说而不能按时睡眠。

A. 经常有　B. 较多　C. 时有时无　D. 较少　E. 没有

9. 我在做一件应该做的事之前，常能想到做与不做的不同结果而有目的地去做。

A. 经常如此　B. 多半如此　C. 时有时无　D. 较少如此　E. 并非如此

10. 如果对一件事不感兴趣，那么不管它是什么事，我的积极性都不高。

A. 经常如此　B. 多半如此　C. 时有时无　D. 较少如此　E. 并非如此

11. 当我同时面临一件该做的事和一件不该做却吸引着我的事时，我常常经过激烈的思想斗争，让前者占上风。

A. 是　B. 有时是　C. 是与非之间　D. 很少这样　E. 不是

12. 有时我躺在床上，下决心第二天要干一件重要事情（例如突击学一下外语），但到第二天，这种劲头又消失了。

A. 常有　B. 较常有　C. 时有时无　D. 较少　E. 没有

13. 我能长时间做一件重要但枯燥的事情。

A. 是　B. 有时是　C. 是与非之间　D. 很少这样　E. 不是

14. 生活中遇到复杂情况时，我常常优柔寡断，举棋不定。

A. 常有　B. 有时有　C. 时有时无　D. 很少有　E. 没有

15. 做一件事之前，我首先想到的是它的重要性，其次才考虑它是否使我感兴趣。

A. 是　B. 有时是　C. 是与非之间　D. 很少是　E. 不是

16. 我遇到困难时，常常希望别人帮我拿主意。

A. 是　B. 有时是　C. 是与非之间　D. 很少是　E. 不是

17. 我决定做一件事时，常常说干就干，决不拖延或让它落空。

A. 是　B. 有时是　C. 是与非之间　D. 很少是　E. 不是

18. 在和别人争吵时，虽然明知不对，我却忍不住说一些过头话，甚至骂他几句。

A. 时常有　B. 有时有　C. 有时无　D. 很少有　E. 没有

19. 我希望做一个意志坚强的人，因为我深信“有志者事竟成”。

A. 是　B. 有时是　C. 是与非之间　D. 很少是　E. 不是

20. 我相信机遇，好多事实证明，机遇的作用有时大大超过人的努力。

A. 是　B. 有时是　C. 是与非之间　D. 很少是　E. 不是

计分标准：

测试中单号题，每题后面的五种答案，A 记 5 分、B 记 4 分、C 记 3 分、D 记 2 分、E 记 1 分。双号题，每题后面的五种答案，A 记 1 分、B 记 2 分、C 记 3 分、D 记 4 分、E 记 5 分。

结果解释：

20 道题得分之和与意志品质的关系为：81 ~ 100 分，意志很坚强；61 ~ 80 分，意志较坚强；41 ~ 60 分，意志品质一般；21 ~ 40 分，意志较薄弱；0 ~ 20 分，意志很薄弱。

认识自我——当代学生的意志力特点

“天将降大任于斯人也，必先苦其心志，劳其筋骨，饿其体肤，空乏其身行，行拂乱其所为，所以动心忍性，曾益其所不能。”大家所熟知的孟子的这段话告诉我们，人的意志力必须要经过磨炼才能培养出来，但是，由于当前绝大多数家庭都是独生子女，大部分家长都或多或少地缺少对孩子意志力的磨炼，使得当今青年学生在意志力方面呈现出以下特点。

第一，有一定的自觉性，但仍需他人督促和提醒。随着身心发展，学生的自我意识增强，行为目的性、自觉性也有一定的提高，大多数学生能自觉地确立自己的行动目标，但惰性也在大多数学生身上存在，他们碰到困难挫折时很容易就放弃，在平时的学习生活中也往往不能坚持。

第二，有理智，但自制力仍显薄弱。随着知识、经验的增长和思维能力的发展，大学生的理智水平有所提升，他们已经能够较为理性地思考、行动，也能够努力地调节自己的情绪，但他们常常会感觉自己容易受内在情绪和外界环境的干扰。比如，有的学生抄作业而不是动脑筋写作业，原因是有学生在抄作业，所以就不去思考为什么要自主学习；有的学生开学制订了详细的学习计划，等到期末才发现没有实施；有的学生难以控制自己强烈的情绪；等等。

第三，有独立性，但仍有依赖和逆反性。升入大学后，尤其是一些学生住校后，认为自己已经长大，开始希望能够自主。但遇到问题后，尤其是遇到难题又马上求助父母、依赖父母，同时明显表现出对传统、长辈等的逆反心理。

第四，有果断性，但易冲动。随着独立性和能力的提高，大学生果断的品质有了较大的发展，他们愿意对自己负责，因此喜欢自己作决定和采取行动，往往表现得很自信和果断。但这种果断常带有轻率、冲动的特点，情绪色彩较重，事后容易后悔。

综上所述，大学生的意志品质既有坚强、健康的方面，也有软弱、不健康的方面。就意志品质而言，大多数学生都处于优劣之间连续线上的某一点，既不是绝对的好，也不是绝对的差，而常常处于意志的冲突和选择中。冲突的结果，如果优良品质占优势，则有利于巩固和发展意志品质；反之则会阻碍和破坏意志的发展。因而，大学生应该加强意志品质磨炼，培养自己坚强的意志力。

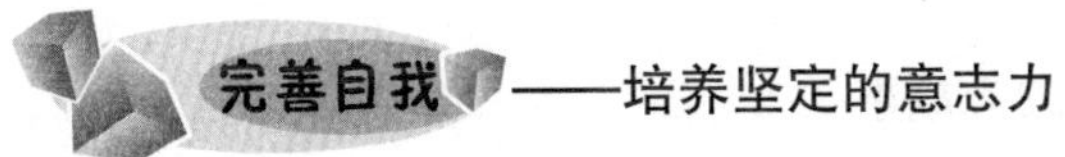

——培养坚定的意志力

一、意志力的含义

意志力是控制人的冲动和行为的力量。人对自己行为的控制力越强，就越能更好地控制自己的行为。意志力强的人，常常做事情有耐心、不急躁；一旦确定了自己的目标，就一定要坚持不懈地把它完成；当遇到挫折的时候，会努力想办法解决，直到将它克服为止；每天都能坚持做平凡而枯燥但又是必须做的事情。与之相反，意志力弱的人，往往不能很好控制自己的行为，比如经常给自己制订计划，却总是不能坚持做下去；在学习中遇到困难时，总是轻言放弃；面对网络的诱惑不能自拔，不能坚持学习，以至于放弃自己的学习目标。

如果你是一个意志力坚强的人，那么你就拥有了一项成功的资本，希望你能够继续保持它；如果你是个意志力薄弱的人，而你又经常为自己的行为感到后悔，并且希望能采取一定的方法来培养自己的意志力，那么就要有意识地培养自己的意志力。

例海藏真

人生的秘诀是：中年以前不要怕，中年以后不要悔。

有一个年轻人想要离开故乡，去外面开创自己的人生。在他动身前，他去拜访了本族的族长，希望族长能给他指点指点。他去时老族长正在练字，听说他将要开始踏上人生的旅途，就提笔写了3个字：不要怕。然后老族长抬起头，望着他说：“年轻人，人生的秘诀只有6个字，今天我先告诉你3个，供你半生受用。”

30年过去了，这个当年的年轻人已经人到中年，取得了一些成就，也添了很多的烦恼。归程漫漫，他回到了故乡，又去拜访那位老族长。他来到族长家，才知道老族长多年前就已经去世了，家人给他一个密封的信封并对他说：“这是老族长生前留给你的，他说总有一天你会再来。”还乡的游子这时候才想起来，30年前他在这里只听到人生的一半秘诀，忙打开信，里面只写了3个大字：不要悔。

资料来源：道客巴巴。

培养意志力是发展自我的第一步，有了坚定的意志，就能坚定不移地做自己认为正确的事情，就更容易获得成功。

真知灼见

名人的励志故事

司马迁是西汉著名的史学家、文学家、思想家。他曾因触怒皇帝而获罪，被捕入狱并身受“腐刑”，但他并没有被逆境所击倒。在获赦出狱后，他以惊人的毅力，忍受身体损伤的痛苦发愤著书，完成了名垂千古的中国历史上第一部纪传体通史——《史记》。《史记》是中国“二十四史”之首，被鲁迅誉为“史家之绝唱，无韵之离骚”。

莎士比亚是伟大的作家和诗人，大家十分熟悉，但是谁又真正知道沙翁成名前的学习环境呢？莎士比亚原来只是一个在剧院替人看管马匹的打杂工，但他却从不因身处逆境而怨天尤人，而是只要一有空闲便从剧院的门缝和小孔中偷看戏台上的演出。凭着这种执着的“偷学”精神，他终于使自己名闻天下。

道尔顿是英国杰出的化学家、物理学家。他出身贫寒，幼时生活条件很恶劣，但他并没有因此而自暴自弃，15岁时便独自离开家乡去外地闯荡。他给一个学校的校长当了12年的助理，在工作的同时，他也不忘努力读书。他当时的座右铭是“午夜方眠，黎明即起”。他经过艰苦的努力，积累了大量的科学知识，在28岁的时候发现了气体分压定律，并创立了倍比定律和“道尔顿原子学说”，提出了原子量表。恩格斯称他为“近代化学之父”。

二、意志力的培养

意志力是一个人获得成功最为强大的动力。如果一个人具有了善于自我克制的坚强的意志，他就能够承受那些常人所难以承受的苦难，征服那些常人所难以征服的障碍，完成那些常人所难以完成的事业，获得成功。

童第周是中国科学院学部委员（院士），我国著名的生物学家、教育家，也是国际知名的科学家。他是我国实验胚胎学的主要创始人。

童第周出生在浙江省鄞州区的一个很偏僻的小山村里。因家境贫困，小时候一直是跟着父亲学习文化知识，直到17岁才正式迈入学校的大门。刚刚进入初中读书时，因为基础差，他学习十分吃力，第一学期期末平均成绩才45分。学校曾通知他退学或者留级。在他的再三恳求下，校方才勉强同意让他跟班试读一学期。此后，他就常常以“路灯”为伴。当天刚蒙蒙亮的时候，他就开始在路灯下读外语；当大家都熄灯睡觉的时候，他还在路灯下自修复习。终于功夫不负有心人，期末考试的时候，他的平均成绩为70多分，几何还得到了100分。

这件事让他悟出了一个道理：别人能办到的事，自己经过努力也一定能办到，世界上没有天才，天才是用劳动换来的。这也成了他今后人生的座右铭。

想要培养坚定的意志力，要注意以下几个方面。

（一）要牢牢掌握自己的意志力

意志力并不是生来就有、不可能改变的特性，它属于一种我们完全可以培养和发展的技能。

美国西点军校通过荣誉、纪律、服从，来培养学生的意志力。西点军校的行为准则是“没有借口”，因为只要有了借口和理由，意志力培养就会大打折扣。意志力可以锻炼，我们可以像运动员一样，克服疲乏、坚持不懈、达成目标。只要通过适当练习，我们就能够储备并善用意志力。

例海藏真

在美国的东海岸有一位商人，他知道自己喝酒过多，然而他从事的是一种让人很心烦的工作，在进餐前喝几杯葡萄酒似乎可以让他紧张的心情得到放松。但是酒和累人的工作又总是让他昏昏欲睡，他经常一喝完酒就会呼呼大睡。有一天，这位经理意识到自己是在借酒消愁和浪费时光。于是他决定戒酒，并把更多的时间用在陪伴自己的儿女身上。刚开始的时候很不容易，他常常会想起那香气四溢的葡萄酒，但他总是告诫自己现在自己所做的事将有所得而不是有所失。后来的事实证明，他越是关心自己的家庭和子女，工作起来的干劲也就越大。

主动的意志力培养能让我们克服惰性，使我们把注意力集中于未来有益的事情上。当我们遇到阻力的时候，要想到自己克服它之后的快乐，并积极地投身到实现自己目标的具体实践中，这样我们就能够坚持到底，实现目标，获得成功。

（二）要设立明确的目标

目标能给我们指引方向，让我们知道自己应该做什么不该做什么。比如，立志要成为技术能手的人在选择学校的时候会毫不犹豫地选择职业学校，把短期目标定为成为技能大赛冠军的人知道应该把大量的时间放到实操训练上。没有明确目标的人则会在面临多种选择的时候摇摆不定、难以取舍，并且无法专心从事某一件事情，最终会一事无成。

例海藏真

一天，一位禅师带领他的弟子们念完佛经后，对众弟子说："我们不但要读万卷书，还要行万里路。光读经不做事是不行的。走，我带你们去插秧!"到了田地里弟子们争先恐后地忙活起来。但是，他们插的秧苗总是弯弯曲曲的，只有禅师插的秧是一条直线。弟子们都大惑不解，他们问道："师父，你是不是有什么插秧的秘诀呀？为什么你插的秧苗会像用尺子量过的那样整齐呢?"禅师笑着说道："其实道理很简单，你们插秧的时候眼睛总是盯着一样东西就能插直了。"弟子们如获至宝，马上去动手实践，可是这次插的秧苗竟然是一道弯曲的弧线。他们又问："师父，我们照你说的做了，可还是插不直啊。"禅师说："你们是否在一直盯着一样东西呢?"弟子们说："是啊，我们一直盯着水田旁边吃草的水牛，那可是一个显眼的大目标啊。"禅师笑了笑说道："水牛边吃草边走路，你们盯着它插秧，可它在不停地移动着，你们怎么可能会插直呢？要盯住像那边那棵大树那样明确不动的目标才行。"

资料来源：《草根禅》。

水牛一边吃草一边走路，把它作为插秧的目标，就如把一个浮萍当作目标，只会做起事来忽左忽右。在现实生活中也有这样的例子，就像我们小的时候，看到火箭飞天，就想成为科学家；看到医生治病救人，就想成为医生；看到好看的电影、电视剧，又想成为艺术家……梦想多了，就等于没有梦想，就如同目标多了，就如同没有目标。要想完成一个梦想，就必须要先确立一个明确的目标，只有这样，才能坚定不移地付诸努力去完成它。

目标明确后去做事，既可以节省时间又能准确地达成目标。就像盖房子的时候建筑工人总会用绳子拴住一个线坠作为测量的标准。朝着一个方向走，就能很快地达成目标。所以，当你感到琐事太多、难以取舍的时候，你就要想想：我的目标是什么？做什么事情最有利于实现我的目标？这样你就能很容易地做出决定了。

（三）永远不要做出不可能实现的决定

我们制订计划和目标一定要实事求是，不要制订不可能实现的计划。如果你规定自己一天必须要进行4个小时的体育锻炼，那么对一般人而言是很难实现的，就算是最坚强的意志也无济于事。

在很多情况下，将单一的大目标分解成许多小目标是一种好的办法。例如，想改掉上课睡觉毛病的学生小丽，自己制作了“今天上课不睡觉”的卡片放在课桌的右上角，由于她把上课不睡觉这样一个总目标分解成每次课的具体行动，一天很容易就坚持下来了。第二天又可以再次明确自己的决心。一周之后，回顾自己5天来的一系列“胜利”，她信心百倍，最终成为认真听课的好学生，学习成绩也明显提高了。

（四）有疑虑需要深入思考的时候，在想好之前不要做出任何决定

永远要使自己保持热忱和高昂的状态，要培养镇静沉着的气度。当你处于情绪不稳定状态的时候，不要做出任何决定。当你无法进行深入思考的时候，要保持冷静和镇定。如果你有莽撞的倾向，就要培养自己平和、沉着的个性。如果你倾向于过分的保守，就应当培养自己当机立断的作风和积极上进的精神。

（五）坚持能够创造奇迹

正所谓“有志者事竟成”，就是说我们要有与困难作斗争并且将其克服的勇气和能力。普罗斯对戒烟后又重新吸烟的人进行研究后发现，很多人原先并没有真正认真地考虑如何去对付香烟的诱惑。所以尽管他们下定决心去戒烟，但是往往不能坚持到底。当别人递上一支烟时，他们就又接过去吸了起来。如果你决心戒酒，那么不论在任何场合都不要再去碰酒杯。倘若你要坚持慢跑，即使早晨醒来时天正在下着暴雨，也要在室内照常锻炼。

伟大的成功和辛勤的劳动是成正比的，有一分劳动就有一分收获，日积月累、从少到多，奇迹就能够被创造出来。

例海藏真

曾国藩是中国历史上最有影响的人物之一，然而他小时候的天赋却并不好。一天他在家读书，一篇文章不知重复读了多少遍，可是他还在朗读，因为他还没有把文章背下来。这时候他家里来了一个贼，潜伏在他家的屋檐下，希望等他睡觉之后能捞到点好处。可是这个贼等了很久，就是不见他睡觉，还是翻来覆去地读那篇文章。贼人大怒，跳出

来大声说："这种水平还读什么书啊?"然后将那篇文章背诵了一遍，而后扬长而去!

"勤能补拙是良训，一分辛苦一分才。"那贼人的记忆力确实很好，至少比曾国藩要聪明，仅听过几遍的文章就能背下来，但遗憾的是，他不走正路，成了"课上君子"；曾国藩不聪明，却经过自己不懈的努力成为连毛泽东主席都钦佩的人，称他为"近代最有大本领的人"。

头悬梁的故事

孙敬是东汉著名的政治家。他年轻的时候非常勤奋好学，经常关起门，在家中独自一人不停地读书。他每天从早到晚读书，常常废寝忘食。读书时间长，劳累了，他也不愿意休息。有时看书时间太长了，疲倦得不知不觉就睡着了。他怕这样会影响自己读书学习，就想出了一个特别的办法：他找来了一根绳子，一头绑在头发上（古时候，男子的头发很长），一头牢牢地绑在房梁上。当他读书疲劳想打盹时，头一低，绳子就会牵住头发，头皮被扯痛了，他就马上清醒了，再继续读书学习。

锥刺骨的故事

苏秦是战国时期著名的政治家。他年轻的时候，曾因为学问不多不深，到好多地方做事，都不受重视，甚至回到家里，家人也都对他很冷淡，瞧不起他。这给了他很大的刺激，他下定决心要发奋读书。他常常每天都要读书到深夜，因为很疲倦，常常忍不住打瞌睡。他也想出了一个方法：准备一把锥子，一想睡觉，就用锥子刺一下自己的大腿。这样，猛然间感到疼痛，使他立即清醒，继续坚持读书。

三、意志坚强，提高挫折的承受能力

（一）什么是挫折

挫折是指人在有目的的活动中，遇到了无法克服或自以为无法克服的障碍、干扰，使其需要或动机不能获得满足时而产生的一种消极的情绪反应。

日本推崇挫折教育或称磨难教育。日本东京的一所学校设置了一门课程，让学生们用煤炉生火，用石磨磨大豆，用洗衣板洗衣服，用扁担挑水或抬水。家长们被告知，这是为了培养孩子们的竞争能力，要让孩子们克服输不起的心理障碍，学会谦让、合作、吃苦，然后才能学会竞争。一年，日本组织了17户市民到中国上海的居民家中做客。活动中，一个日本小孩在奔跑中摔倒了，趴在地上大哭，但没有一个人扶他起来。孩子哭了一会，就自己爬起来了。日本的妈妈告诉中国家长，要让孩子自己从失败中爬起来，今后他才能获得成功。据一项调查，我国青少年心理素质的合格率仅为百分之十七，美国为百分之四十四，而日本高达百分之六十五。这是挫折教育起了重要的作用。日本能在第二次世界大战后短短几十年时间里从战败国一跃成为世界科技大国，虽然原因很多，但同他们对青少年的挫折教育不无关系，日本青少年从小就养成了勇于竞争、不怕挫折、敢于拼搏的顽强性格。

挫折教育，就是在失败中学会本领，养成不怕挫折、勇于竞争、敢于拼搏的顽强性格，这样才能够在将来更好地生存、发展。

聚焦实验

将狗放入一个箱子中，在箱子中间装上阻隔体。阻隔体上面留有足够狗跳过的空间。实验人员从箱底对狗脚发出千百次电击。狗跳过阻隔体到另一边，就可以逃脱电击。所有狗都顺利地学会了跳过阻隔体。

然后，对这些狗进行“挫折”跳脱的实验，实验人员在狗跳入的另一边也通上电，当狗跳入另一边时也进行电击，狗必须要跳过阻隔体100次才终止电击 。他们说，“当狗从一边跳入另一边的时候，大多会发出预料可免电击的松释声，但当它到另一边也遭到电击时，则会发出惨叫声。”

接下来，实验人员将阻隔体换成透明塑胶玻璃。狗在一边触电后向另一边跳跃，头会撞到玻璃。刚开始的时候狗会“大便、小便、惨叫、发抖、畏缩、咬撞器材”等，但10天至12天之后，这些不能逃避电击的狗就不再反抗，任凭被电击而不去理会它了。试验结束后，参加测试的这些狗，变得精神沮丧、生病甚至死亡。

通过这个实验我们发现，狗在面对突如其来的环境改变并遇到挫折时，会选择逃避，但并不想去努力改变现状。随着时间的推移，它们会慢慢地接受现实，不再反抗。它们也尝试着想去适应，但是当它们感觉要改变这种状况非常困难的时候，它们会选择放弃。结果这些狗就在实验中变得沮丧、生病甚至死亡。其实我们人类也是一样，当我们遇到压力、挫折的时候，如果我们不去努力改变而真的选择放弃，那么我们的人生也就不会再有希望了。

（二）意志坚强，正确对待挫折

在生活中当我们遇到困难和挫折时，能改变这些事情的人只有我们自己，我们要对自己有信心，只有这样我们才可以从容走完自己的人生之路。前方的道路还很长，在我们一生走过的路途中，既会有绿洲，也会有风沙。坎坷与平坦将同时存在。在遇到挫折时，必须要拿出勇气来，勇敢去面对。当你勇敢地面对困难和压力时，它们总有一天会屈服在你的脚下。

大海里的船

在大海上航行的船没有不带伤的。

英国劳埃德保险公司曾从拍卖市场买下了一艘船，这艘船1894年下水，在大西洋上曾经138次遭遇冰山、116次触礁、13次起火、207次被风暴扭断桅杆，然而它却从未沉没过。英国劳埃德保险公司基于它不可思议的经历以及在保费方面带来的可观收益，最后决定把它从荷兰买回捐给国家。这艘船现在就停泊在英国萨伦港的国家船舶博物馆里。

使这艘船名扬天下的是一名来此观光的律师。当时，他刚打输一场官司，委托人不久前自杀了。虽然这不是他第一次失败的辩护，也不是他遇到的第一例自杀事件，但是，每当遇到这样的事情，他总是有一种负罪感。他不知该怎样安慰这些在生意场上遭受不幸的人。当他在萨伦船舶博物馆看到这艘船时，他想：为什么不让他们来参观这艘船呢？于是，他就把这艘船的历史抄下来和这艘船的照片一起挂在了他律师事务所里，每当商界的委托人请他辩护时，无论输赢，他都建议他们去看看这艘船。

资料来源：百度文库。

《大海里的船》这则故事告诉我们，在大海上航行的船没有不带伤的。我们的人生也是如此，没有人的一生是一帆风顺的，每个人都会遇到这样或那样的困难。虽然我们会屡遭挫折，但是只要我们能够百折不挠地坚持下去，最后我们就能获得成功。

1. 遇到挫折时，要勇于逆向思维

反过来想想

有一个叫德瑞克的美国人，发现了从石油中可以分离出代替鲸油的煤油。这在当时是一个发财的好点子。但是让他头痛的问题是要如何将地底下的石油采集上来。正当德瑞克为此事而烦恼的时候，他听到附近的一个农户在抱怨说：他打的水井总是渗入讨厌的石油，弄得水井根本没法使用。这使德瑞克瞬间豁然开朗，他想：要是用打水井的方法，在地下钻一个井，不就可以像抽水一样抽取石油了吗？但是当他欣喜若狂地将这个设想说出来以后，却引来了一片嘲笑之声。因为在当时人们的眼里，这简直就是天方夜谭。德瑞克没有被嘲笑声所吓倒，他决定在宾州的土地上开挖世界上第一口钻井。最后他成功了，钻井里涌出了源源不绝的石油。直至现在，全世界仍然还在使用他想出来的钻井方法来开采石油。

对于农民来说，水井中涌入石油，确实是一件十分令人讨厌的事情，但对德瑞克来说，却正是可以解决他的难题的良方。

资料来源：《从问题反面入手》。

成功与失败，在很多时候是相对而言的。如果你愿意反过来想一下，也许就可以从别人的错误与失败中，找寻到通向成功的途径。

对于相同的一件事，从不同角度去看，得出的结论会不尽相同，心情也不一样。现实生活中，任何事情都存在积极的一面和消极的一面。当遇到不顺心的事情的时候，如果你只看到消极的一面，心情当然会低落和郁闷。这个时候，你不妨换个角度，从它积极的一面来看看，也许就会帮助你走出心情的低谷，让你变得平静、开朗起来。当你遇到挫折的时候，应该看到失败是成功之母，我们能从失败中吸取到教训也是一种收获；当你面对逆境的时候，要知道逆境可以使人变得更加坚强和成熟，这有助于提高人的抵抗力和忍耐力，还可以使我们的人生经历更加丰富。

2. 遇到挫折时，要敢于接受现实

困境即是赐予

一天，素有森林之王之称的狮子，来到天神面前对它说："我很感谢您赐给我如此雄壮威武的体格和强大无比的力气，让我能有足够的能力来统治整座森林。"天神听了，微笑着问："但是这不是你今天来找我的目的吧！看来你似乎正为某事而困扰呢！"狮子轻轻吼了一声，说："您真是了解我啊！我今天来的确是有事相求。尽管我的能力很强，可是每天鸡鸣的时候，我还会被鸡鸣声给吓醒。神啊！祈求您，再赐给我一个力量，让我不再被鸡鸣声给吓醒吧！"天神笑着说："你去找大象吧，它会给你一个满意的答复。"

狮子兴冲冲地去湖边找大象，还没有见到大象，就听到大象跺脚所发出的"砰砰"声。狮子加快跑向大象，看到大象正气呼呼地跺着脚。狮子问大象："你为什么发这么大的脾气？"大象拼命摇晃着大耳朵，吼着："有只讨厌的小蚊子，总想要钻进我的耳朵里，害我都快痒死了！"

狮子离开了大象，心想：原来体型如此巨大的大象，还会怕那么瘦小的蚊子！那我还有什么好抱怨呢？毕竟鸡鸣也只不过一天一次，而蚊子却是无时无刻地骚扰着大象。这样想，我可比大象幸运多了。天神要我来找大象，一定就是想告诉我，谁都有可能会遇上麻烦事，而天神并不能帮助所有人。既然这样，那我只好靠自己了！反正以后只要鸡鸣时，我就当成鸡在提醒我起床，如此一想，鸡鸣声对我还算有益处呢！

资料来源：《第二课堂（C)》。

一个障碍，就是一个新的已知条件，只要愿意，任何一个障碍，都能成为一个超越自我的契机。在人生的路上，无论我们走得多么顺利，但是只要稍微遇上些不顺的事情，我们就会习惯性地抱怨老天亏待我们，进而想祈求老天赐给我们更多的力量，帮助我们渡过难关。可是实际上，老天是最公平的，正如同它对狮子和大象一样，每个困境都有其存在的价值。

3. 遇到挫折时，要善于换位思考

换一个角度试试

在20世纪40年代，一个德国工人在生产一批书写纸的时候，一不小心调错了配方，生产出了大批不能书写的废纸，工厂因此把他给解雇了。这个工人的一位朋友看到他生活、心情都陷入了低谷，劝解他说：“把问题变换一种思路来看看，说不定你能从错误中找到某些有用的东西。”这句不经意的话，犹如一星火花点燃了他的希望。不久之后，这个工人惊奇地发现，这批废纸有良好的吸水性，可以很快吸干手稿墨迹和家具上的水分。他从老板那里用很低的价格将所有的废纸都买了下来，然后再切成小块，换了包装，取名为“吸水纸”。他将这些纸拿到市场上去销售，居然十分抢手。后来，他将这种纸的生产技术申请了专利，并组织人员大批量地生产，结果发了大财。

资料来源：百度文库。

现实生活中我们往往会遇到这样或者那样不顺心的事，如果只是看到事情消极的一面，非但于事无补，还会为自己徒增烦恼。这个时候，我们不妨多换几个角度来想一想，这样心胸就会变得开阔，烦恼也会减少，也许还会有意想不到的收获。

意志力的具体训练方法

意志力不是生来就有，也不是不可能改变的特性，它属于人性中后天的成分，我们完全可以通过一些途径来培养它。

1. 强化正确的动机

人们的行动都是受动机支配的，而动机的萌发则起源于需要的满足。人，都有各自的需要，也有各自的追求。只是由于人生观的不同，不同的人总是把不同的追求作为自己最大的满足。崇高的人生目的可以有力地激发出坚韧的毅力的。

2. 培养兴趣，激发意志力

有人说兴趣是意志力的门槛，这话是有道理的。法布尔对昆虫有特殊的爱好，他在树下观察昆虫，可以一趴就是半天。诺贝尔奖获得者丁肇中说，我经常不分日夜地把自己关在实验室里，有人以为我很苦，其实这只是我的兴趣所在，我感到“其乐无穷”的事情，自然有毅力干下去了。

3. 小事做起，锻炼意志力

李四光向来以工作坚韧、一丝不苟著称，这与他年轻时就锻炼自己每步走零点八米这类的小事不无关系。道尔顿平生不畏困难，从他五十年天天观察气象而养成的韧性中得益匪浅。高尔基说：“哪怕是对自己的一点小小的克制，也会使人变得强而有力。”生活一再昭示，人皆可以有意志力，人皆可以锻炼毅力，毅力与克服困难伴生。克服困难的过程，也就是培养、增强毅力的过程。毅力不很强的人，往往能克服小困难，而不能克服大困难；但是，积累克服小困难之小胜也能使人具备克服大困难之毅力。

4. 由易入难，既可增强信心，又能锻炼意志力

有些人很想把某件事情善始善终地做完，但往往因为事情的难度太大而难以为继。对意志力不太强的人来说，在确定自己的奋斗目标，选择实现这一目标的突破口时，一定要坚持从实际出发，坚持由易入难的原则。美国学者米切尔·柯达说过：“以完成一些事情来开始每天的工作是十分重要的，不管这些事情多么微小，它会给人们一种获得成功的感觉。”这种感觉无疑有利于毅力的激发。柯达的话对于我们做其他事情，也是有启发的。

当然除了上述四种方法以外，还有许多其他的方法可以帮助你养成坚定的意志力，所有方法的关键都在于坚持，而坚持又需要意志力的支持，所以只要你有坚定的信念，就一定能最终获得成功。

总之，当你培养了坚定的意志力，你也许会惊奇地发现它已经对你的人生产生了重大的影响。

下面是诺贝尔文学奖获得者吉卜林写给他 12 岁的儿子的诗《如果》：

如果你在众人六神无主时，镇定自若，而不是人云亦云；

如果你在被众人猜忌怀疑之日，自信如常，而不是妄加辩论；

如果你有梦想，又不迷失自我；如果你有神思，又不走火入魔；

如果在成功之中能不忘形于色，在灾难之后也勇于咀嚼苦果；

如果听到自己说出的奥妙，被无赖歪曲成面目全非的魔术而不生怨艾；

如果看到自己追求的美好，受天灾破灭为一摊零碎的瓦砾，也不肯放弃；

如果你辛苦劳作，已是功成名就，还是敢冒险一搏，哪怕功名化为乌有，即使惨遭失败，也仍要从头开始；

如果你明白娱乐与贪欲是歧途，健康与成长是正道；

如果你与村夫交谈而不离谦恭之态，和王侯散步而不露献媚之颜；

如果他人的爱憎左右不了你的正气；

如果你与任何人为伍都能够卓然独立；

如果困惑的骚扰动摇不了你的意志，你能等自己平心静气，再作出答复。那么，你的修养就会如天地般的博大，而你已经就是真正的男子汉了。

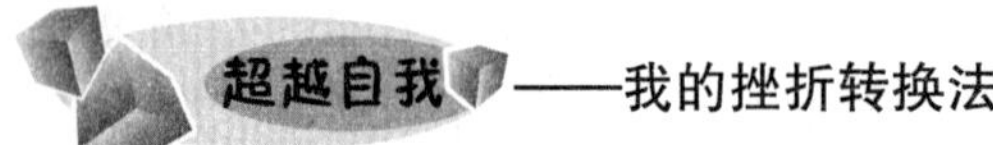

超越自我——我的挫折转换法

请回答下面五个问题：

（1）我在大学里，哪些方面有成就或进步？

（2）我在遇到压力与挫折时能学到什么？

（3）我在大学里将怎样学得更好，生活得更快乐？

（4）我生活学习中有哪些方面还能变得更好？

（5）我准备采取哪些行动促使自己在新的一年里变得更好？

你感受到了吗？同一问题的不同问法给人带来的心理感受是不一样的。把每一个问题改成正面、积极的表述，掌握这种技巧，就能在不足中找到进步，挫折中找到价值。把注意力从沮丧转移到正面的积极思考上，心态也就自然而然地转好了。

第八章　善于交往　乐享生活

了解自我——趣味小测验

人际关系综合诊断测验

这是一份人际关系行为困扰的诊断量表，共28个问题，对每个问题可做“是”（√）或“否”（×）两种回答。请结合自身的实际情况认真回答，对自己的人际关系状况进行分析。

1. 关于自己的烦恼有口难言。（　）
2. 和生人见面感觉不自在。（　）
3. 过分羡慕和嫉妒别人。（　）
4. 与异性交往太少。（　）
5. 对连续不断的会谈感到困难。（　）
6. 在社交场合，感到紧张。（　）
7. 时常伤害别人。（　）
8. 与异性来往感觉不自在。（　）
9. 与一大群朋友在一起，常感到孤寂或失落。（　）
10. 极易受窘。（　）
11. 与别人不能和睦相处。（　）
12. 不知道与异性相处如何适可而止。（　）
13. 当不熟悉的人对自己倾诉他的生平遭遇以求同情时，自己常感到不自在。（　）
14. 担心别人对自己有什么坏印象。（　）
15. 总是尽力使别人赏识自己。（　）
16. 暗自思慕异性。（　）
17. 时常避免表达自己的感受。（　）
18. 对自己的仪表（容貌）缺乏信心。（　）
19. 讨厌某人或被某人所讨厌。（　）
20. 瞧不起异性。（　）
21. 不能专注地倾听。（　）
22. 自己的烦恼无人可申诉。（　）
23. 受别人排斥与冷漠对待。（　）
24. 被异性瞧不起。（　）

25. 不能广泛地听取各种意见、看法。（ ）
26. 自己常因受伤害而暗自伤心。（ ）
27. 常被别人谈论、愚弄。（ ）
28. 与异性交往不知如何更好地相处。（ ）

计分标准如表 8 – 1 所示。

表 8 – 1　计分标准

Ⅰ题目	1	5	9	13	17	21	25	小计
分数								
Ⅱ题目	2	6	10	14	18	22	26	
分数								
Ⅲ题目	3	7	11	15	19	23	27	
分数								
Ⅳ题目	4	8	12	16	20	24	28	
分数								

结果解释：

评分标准打“√”的给 1 分，打“×”的给 0 分，总分解释如下。

0 ~ 8 分，表明你在与朋友相处上的困扰较少。你善于交谈，性格比较开朗，主动关心别人，你对周围的朋友都比较好，愿意和他们在一起，他们也都喜欢你，你们相处得不错。而且，你能够从与朋友相处中得到许多乐趣。你的生活是比较充实而且丰富多彩的，你与异性朋友也相处得很好。一句话，你不存在或较少存在交友方面的困扰，人缘很好，获得许多人的好感与赞同。

9 ~ 14 分，表明你与朋友相处存在一定程度的困扰。你的人缘很一般，换句话说，你与朋友的关系并不牢固，时好时坏，经常处在一种波动之中。

15 ~ 28 分，表明你在同朋友相处上的困扰较严重。分数超过 20 分，则表明你的人际关系行为困扰程度很严重，而且在心理上出现较为明显的障碍。你可能不善于交谈，也可能是一个性格孤僻的人，不开朗或者有明显的自高自大、讨人嫌的行为。

以上是从总体上评述你的人际关系。下面，将根据你在每一横栏上的小计分数，具体指出你与朋友相处的困扰行为以及可资参考的纠正方法。

记分表中Ⅰ横栏上的小计分数，表明你在交谈方面的行为困扰程度。

6 分以上，表明你不善于交谈，只有在极需要的情况下才同别人交谈；你总难以表达自己的感受，无论是愉快还是烦恼；你不是个很好的倾听者，往往无法专心听别人说话或只对单独的谈话感兴趣。

3 ~ 5 分，表明你的交谈能力一般，你会诉说自己的感受，但不能讲得条理清晰；你努力使自己成为一个好的倾听者，但还是做得不够。如果你与对方不太熟悉，开始时你往往表现得拘谨与沉默，不大愿意与对方交谈。但这种局面在你面前一般不会持续很久。经过一段时间的接触与锻炼，你可能会主动与同学搭话，同时这一切来得自然而非造作，这表明你的交谈能力已经大为改观，在这方面的困扰也会逐渐消除。

0~2分，表明你有较高的交谈能力和技巧，善于利用恰当的谈话方式来交流思想感情，因而在与别人建立友情方面，你往往比别人获得更多的成功。这些优势不仅为你的学习和生活创造了良好的心境，而且常常有助于你成为伙伴中的领袖人物。

记分表中II横栏上的小计分数，表示你在交际与交友方面的困扰程度。

6分以上，表明你在社交活动与交友方面存在着较大的行为困扰。比如，在正常集体活动与社交场合，你比大多数伙伴更为拘谨；在有陌生人或老师存在的场合，你往往感到更加紧张而思绪扰乱；你往往过多地考虑自己的形象而使自己处于越来越被动、越来越孤独的境地。总之，交际与交友方面的严重的困扰，使你陷入“感情危机”和孤独困窘的状态。

3~5分，表明你在被动地寻找被人喜欢的突破口。你不喜欢一个人待着，你需要和朋友在一起，但你又不大善于创造条件并积极主动地寻找知心朋友，而且，你生怕在主动行为后的“冷”体验。

3分以下，表明你对人较为真诚和热情。总之，你的人际关系较和谐，在这些问题上，你不存在较明显的行为困扰。

记分表中III横栏的小计分数，表示你在待人接物方面的困扰程度。

6分以上，表明你缺乏待人接物的机智与技巧。在实际的人际关系中，你也许常有意无意地伤害别人或者过分地羡慕别人以致在内心妒忌别人。因此，其他一些同学可能回报给你的是冷漠、排斥甚至是愚弄。

3~5分，表明你是一个多侧面的人，也许可以算是一个较圆滑的人。对待不同的人，你有不同的态度，而不同的人对你也有不同的评价。你讨厌某人或被某人所讨厌，但你却极喜欢另一个人或被另一个人所喜欢。你的朋友关系某些方面是和谐的、良好的，某些方面却是紧张的、恶劣的。因此，你的情绪很不稳定，内心极不平衡，常常处于矛盾状态中。

0~2分，表明你较尊重别人，敢于承担责任，对环境的适应性强。你常常以你的真诚、宽容、责任心强等个性获得众人的好感与赞同。

记分表中IV横栏的小计分数表示你跟异性朋友交往的困扰程度。

5分以上，表明你在与异性交往的过程中存在较为严重的困扰。也许你过分思慕异性或者对异性持有偏见，这两种态度都有它的片面之处。也许是你不知如何把握好与异性同学交往的分寸而陷入困扰之中。

3~4分，表明你与异性同学交往行为的困扰程度一般，有时你可能会觉得与异性同学交往是一件愉快的事，有时又会认为这种交往是种负担，你不懂得如何与异性交往怎样最适宜。

0~2分，表明你懂得如何正确处理异性朋友之间的关系。对异性同学持公正的态度，能大方、自然地与他们交往，并且在与异性朋友交往中，得到了许多从同性朋友那里不能得到的东西，增加了对异性的了解，也丰富了自己的个性。你可能是一个较受欢迎的人，无论是同性朋友还是异性朋友，多数人都喜欢你和赞赏你。

注：本测验的结果仅供参考。

认识自我——当代大学生的人际交往现状

大学生年轻、有干劲，是有冲劲和充满活力的一代。进入大学后，他们与社会的接触比中学时更加频繁与密切，人际交往呈现出前所未有的开放式交往趋势。随着学生独立意识不断增强，他们不仅能理性地思考、判断、处理自身的问题，也关心社会，批判地接受知识，批判地看待其他事物，对外界事物有着强烈的疑问和自己的见解。

这个时期，大学生的抱负与志向鲜明，对于家庭往往已不再依赖，以成人的眼光参与和处理家庭事务，充分体现出个人的意志和性格。随着情绪的稳定，自尊心和自信心的增强，大学生思想活跃、精力充沛、兴趣广泛，有充裕的时间去思考和从事人际交往。

不可忽略的是，高科技的日益兴盛使得学生的人际交往发生了根本性的改变。飞鸽传书、书信联系等信息传递方式早就成为历史，如今已是微信、QQ、电子邮件的互联网络时代。据某高校的调查结果显示，手机微信已经成为大学生与朋友保持联系的首选，占总比例的52%，紧随其后的则是占36%的网络信息传输；最不受青睐的方式即是最为古朴的邮政书信，占比不足5%。这样的信息交往方式虽然快速便捷，但其在大学生思维能力、书面表达能力的训练方面，却是远逊于传统的书信交往方式的。可见，人际交往方式的日益高科技化也是一柄双刃剑，对大学生人际交往能力的发展会产生负面的影响。调查结果还显示，在人际交往心理成熟化表象背后隐藏着一些问题与障碍，一定数量的大学生在社交场合中会感觉紧张与窘迫；在单独与异性相处时，有四分之一以上的大学生感觉不自然，以致语言表达也词不达意，进而害怕交往；更有甚者几乎选择不交往，在遇到不愉快的事情时，也会选择憋在心里。可见，在大学生人际交往中，交往的心理还存在一些不可忽视的问题，有待学生不断完善与提高。

完善自我——提高人际交往能力

一、人际交往与人际关系

美国著名学者戴尔·卡耐基曾经说过：“一个人事业的成功，只有15%靠他的专业技术，85%则取决于人际关系。”现实生活中，每个人都离不开人际交往，这不仅是内心的一种需求，更影响着一个人生活和事业的发展，因此，掌握人际交往的原则与方法，提高交往沟通能力，构建良好的人际关系，是当代大学生成长发展中必须掌握的知识。

人际交往也称人际沟通，指个体通过一定的语言、文字或肢体动作、表情等表达手段将某种信息传递给其他个体的过程。

人际关系是指在相互交往基础上形成的人与人之间的心理关系，包括亲属关系、朋友关系、学友（同学）关系、师生关系、雇佣关系、战友关系、同事及领导与被领导关系等。

在人际交往基础上形成的人际关系，由认知、情感和行为三种心理成分构成，其中以情感相悦和价值观相似为核心。

人际交往与人际关系相互依存。人际交往是人际关系实现的根本前提和基础，是人际关系形成的途径；人际关系则是人际交往的表现和结果。

二、人际交往的功能与作用

（一）促进人的身心健康

人际交往可以满足个体对安全感和归属感的需要，进而促进人的身心健康。

人际关系不好或导致癌症

在人的卫生保健中，人际关系起着非常重要的作用。一项发表于《美国科学院学刊》的研究报告指出，人际关系对身体健康的影响不容小视，特别是在心脏病、高血压、癌症的发病率上，其作用甚至不亚于饮食和休息。

这是美国加州大学洛杉矶分校医学院科学家进行的一项新研究。研究人员通过对122名健康的年轻人进行跟踪观察，根据他们的日记来判断其心情状态和人际关系后发现，保持积极向上的心态，处在周围人能跟自己相处良好且没有竞争关系的状态，更容易让人保持身体健康，避免生病。

（二）促进个性发展与完善

人际交往中可以学习他人的专长、才能、经验；学会如何认识自己和评价自己；学会如何理解、尊重、帮助他人。在交往中可以取长补短，完善个性，形成独特的个性特征。

自我成长离不开良好的人际关系

来自卡耐基梅洛大学的布鲁克·费尼和加州大学圣巴巴拉分校的南希·科林斯强

调了人际关系的重要性。对于个人来说，人际关系的作用不仅在于使其具有处理压力和逆境的能力，还在于帮助他们能够在生活中学习、成长、探索、达到目标、培养新的技能以及发现人生的意义。

1. 关于成长，你了解多少

人际关系确实能促进人们成长，但不幸的是人们对如何促进和去除成长中的障碍却知之甚少。

根据研究者的归纳，成长包括五个幸福要素：

· 快乐的幸福，即自己开心，有对生活的满足感。

· 自我实现的幸福，即获得有意义的人生价值，达到有意义的人生目标。

· 心理上的幸福，需要人切实地关注自我，同时身心要健康。

· 社会上的幸福，拥有深入而有意义的人际交往，人与人之间正能量的传递。

· 身体上的幸福，体重合适、体力充沛，身体处在健康状态。

2. 两种类型的支持和帮助

人们总是希望通过各种方式去建立起拥有良好功能的亲密关系，来为他们提供不同的支持和帮助。专家强调了两种类型的支持，每一种都会在一个人的人生经历中发挥独特功能。

交往提供的第一种重要功能是支持人在逆境中获得成长，这不仅是帮助他们在重压逆境中得到缓冲，而且还能够使得他们能够突破目前的逆境，不论他们现在过得有多糟。"人际交往提供的一个重要功能不仅仅是简单地帮助人们回归本源，还在于可以帮助他们实现超越自我的成长。"首席研究员布鲁克·费尼解释说，"我们称之为加强本源（source of strength，简称SOS）的帮助，并且这个功能中的核心是促使人形成在逆境中进步的信念。"

第二种交往所提供的重要功能是在顺境中促使人获得成长，通过全身心地投入生活，把握每一次探索、发展和获得个人成就的机会。支持性的关系帮助人们在一个拥有正能量、宽容和培养有益人生、充满机遇的环境中成长。这一类支持帮助，专家们称之为关系催化剂（relational catalyst，简称RC），它的核心是让人在一个个人生机遇中形成自身成长的信念。

（三）促进学习和信息交流

人际交往具有学习知识、传递信息的功能。人际交往与和谐的人际关系能激发学习潜能，提高学习效率。

（四）促进人的社会化进程

人际交往是社会化的起点，随着个人的成长发展，交往范围不断扩大，交往内容逐步深化，交往形式日趋多样。良好的人际交往可以更好地了解社会、融入社会，丰富社会经验，促进个体社会化进程。

三、人际交往的原则

例海藏真

穿行在沙漠中的两个人是一对好朋友。途中，两人发生了激烈争执，其中的一个人掌了另外一个人一记响亮的耳光。被掌耳光的人什么话也没有说，只是在沙子上写道："今天，我最好的朋友在我的脸上打了一耳光。"

他们继续行走，终于使他发现了一个绿洲，两人迫不及待地跳进水中洗澡，很不幸，被掌耳光的那个人深陷泥潭，眼看就要被溺死，他的朋友舍命相救，终于使他脱险。被救的人什么话也没有说，在石头上刻下一行字："今天，我最好的朋友救了我的命。"

打人和救人的这个人问："我打你的时候，你记在沙子上，我救你的时候，你刻在石头上，为什么？"

另一个人答道："当你有负于我的时候，我把它记在沙子上，风一吹，什么都没有了。当你有恩于我的时候，我把它刻在石头上，什么时候都不会忘记。"

（一）诚实守信的原则

与朋友相处，只有以诚相待，才能与朋友建立和保持友好关系。对于朋友间的交往，我们应做到以下几点。

1. 为人诚实

诚实是做人的基本品质，是人们相互信赖和友好交往的基石。在人际交往中，尤其是与朋友相处，要以诚相持，说实话、办实事、做老实人。不可对人虚情假意，也不可对朋友口是心非。朋友交往切忌小心眼，要小聪明。有些人往往因这一点，日后被朋友识破而失去朋友的信赖。

2. 言必信

在与朋友交往中，要取得朋友的信赖，就应言行一致，信守诺言。对任何一个朋友，在任何情况下，都须言必信。若情况变化，实在无法完成，则应根据实际情况，向朋友做出必要的解释、说明，求得朋友的谅解。

守信还表现在，严格遵守与朋友的约定，决不失约。

3. 行必果

行必果就是为人做事要善始善终，不达目的不罢休。行必果一方面可体现自己的毅力，另一方面可表明对朋友的忠实。久而久之，自然会在朋友中树立起良好的信誉，加深与朋友的感情。

（二）宽容理解的原则

宽容理解是密切交往、维系友谊的重要原则，他要求与人相处时，能设身处地为别人着想，能够最大限度地理解别人，做到大度、豁达、宽容、忍让。

1. 不能以自己为标准来要求朋友

生活在世界上的每一个人都有其各自的特点，在性格、爱好等方面存在着很大差异，对事物、问题的认识与理解也不尽相同。因此，我们不能要求朋友与自己相同，不能以自己的标准和经验去衡量朋友的所作所为，要承认朋友与自己的差异，并能容忍这种差异。不要企图去改变别人，这不仅不能实现，还会适得其反。

2. 不可吹毛求疵

每个人都有自己的缺点和不足，在平常的交往中，都会出现或大或小的失误。对待朋友时要看到朋友的长处，并善于在交往中发现朋友的优点，对其优点与长处要多加赞赏并虚心学习。

3. 不要怨恨朋友

若朋友未能满足自己的需求，不可怀恨在心。因为怨恨不仅会加深朋友间的误会，影响友情，而且会扰乱正常的思维，引起急躁情绪。试着站在朋友的角度想一想，或许会真正理解并原谅朋友，同时也使自己得以解脱。

4. 要豁达大度

豁达大度的人很受朋友喜爱，一般会有较高的声誉、较好的人缘，与朋友的关系都很融洽密切。要做到豁达大度，首先应胸襟开阔，其次能够听取不同意见，勇于接受相反意见和批评，最后还需正确对待失败与挫折，承受各种磨炼。

（三）平等尊重的原则

平等是建立良好人际关系的前提，尊重是个人自我实现的需要，平等与尊重是人际交往中最重要的基本原则。

1. 对朋友应平等相待

朋友是不应因家庭、经历、工作、容貌、能力等方面的不同而区别对待的。不可对有权有势的朋友巴结逢迎，对身处逆境的朋友落井下石；更不能把朋友当成自己的“工具”，对己有利则百般笼络，对己无利则视为路人。

2. 尊重朋友的尊严和人格

有损于朋友人格、尊严的事不做，有损于朋友人格、尊严的话不讲，不传播有损于朋友名誉的流言蜚语，更不能用朋友的生理缺陷开玩笑。

3. 尊重朋友的正当权利和意见

不硬性为朋友做主，不干涉朋友的私事，不打听朋友的隐私，一旦得知朋友的隐私就守口如瓶。尊重朋友的爱好与兴趣，不轻易否定朋友的意见，不把自己的观点和想法强加给朋友。

4. 尊重朋友的劳动

每个人的劳动都希望得到别人的承认。在交朋友的同时，也要尊重、接受朋友的劳动。另外，尊重朋友还表现在与朋友交谈时的言辞和语调上，不能自视高大，有居高临下之感。

（四）友善热情的原则

在生活、学习中要热情帮助朋友。心理学研究表明，人们在相互交往中，总是希望得到交往对象的同情、帮助。如果这种帮助得不到满足，相互间的交往就缺乏吸引力。因此，在与朋友交往中，要乐于助人。当然，热情友善的帮助也会换来朋友的热情回馈，这体现了朋友间交往互惠互利的原则。

（五）独立协作的原则

人格独立是良好人际关系的基础，君子应该既有独立人格，也有合作精神，与人团结而不相互“勾结”。

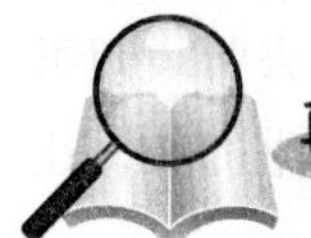

真知灼见

合理情绪疗法的创始人——美国著名心理学家埃利斯给我们提供了一条“黄金规则”：要“像你希望别人如何对待你那样去对待别人”。换句话说，你希望别人怎样对待你，你就怎样对待别人。而现实生活中，许多人并不知道或者不会用“黄金规则”，许多人抱住这样的观念不放：“我对别人怎样，别人就必须对我怎样”——这恰恰是所谓的“反黄金规则”。

四、人际交往的技巧

（一）留下良好的第一印象

第一印象又称首因效应，直接决定交往发展的方向，并在以后的交往中起到心理定式的作用。给人留下美好的第一印象，就要注重自我形象的塑造。要注意仪表美，包括相貌、穿着、仪态、风度等。人们总是倾向于觉得仪表有魅力的人更活泼愉快，更友善合群。衣着整洁、大方，仪表举止自然会给人一种亲近感；反之，过分修饰、油头粉面、浓妆艳抹，则会给人留下不好的印象。

聚焦实验

搭车的四位旅客

心理学家做过一个试验：分别让一位戴金丝眼镜、手持文件夹的青年学者，一位打扮入时的漂亮女郎，一位挎着菜篮子、脸色疲惫的中年妇女，一位留着怪异头发、穿着邋遢的男青年在公路边搭车。

如果是你是司机，你愿意让谁上你的车？为什么？

结果显示，漂亮女郎、青年学者的搭车成功率很高，中年妇女稍微困难一些，那个穿着邋遢的男青年则很难搭到车。

这个故事说明，不同的仪表代表了不同的人，继而就会有不同的际遇。这不仅仅是以貌取人的问题。大家都了解第一印象的重要性，研究发现，50%以上的第一印象是由你的外表造成的。你的外表是否清爽整齐，是让身边的人决定你是否可信的重要条件，也是别人决定如何对待你的首要条件。

（二）善于用心倾听

倾听是指全身心地听，不仅用耳朵，还包括所有感官，尤其是要用心去听。倾听是一种最好的了解别人的方式。倾听本身就等于告诉对方你是一个值得尊重的人，让他感受到关怀与理解，从而促进彼此交往，加深彼此感情。

请听别人把话说完

美国著名主持人林克莱特一天访问一名小朋友，问他说：“你长大后想要当什么呀？”小朋友天真地回答：“嗯……我要当飞行员！”林克莱特接着问：“假如有一天，你的飞机飞到太平洋上空时所有引擎都熄火了，你会怎么办？”小朋友想了想：“我会先告诉坐在飞机上的人绑好安全带，然后挂上我的降落伞跳出去。”当在现场的观众笑得东倒西歪时，林克莱特继续着注视这孩子，想看他是不是自作聪明的家伙。没想到，接着孩子的两行热泪夺眶而出，这才使得林克莱特发觉这孩子的悲悯之情远非笔墨所能形容。于是林克莱特问他说：“你为什么要这么做？”小孩的答案透露出一个孩子真挚的想法：“我要回去拿燃料，我还要回来！！”

你听到别人说话时，你真的听得懂他说的意思吗？假如不懂，就请听别人说完吧，这就是“倾听的艺术”。

（三）适时赞美他人

人的内心深处有被认可的需求，听到赞美会产生愉悦的心理感受。因此，发现他人的优点，适时给予赞美，会增加人际交往的成功率。

例海藏真

美国汽车推销之王乔·吉拉德曾有一次深刻的体验。一次，某位名人来向他买车，他推荐了一款最好的车型给他。那人对车很满意，并掏出10 000美元现钞，眼看就要成交了，对方却突然变卦离去。

乔为此事懊恼了一下午，百思不得其解。到了晚上11点他忍不住打电话给那人："您好！我是乔·吉拉德，今天下午我曾经向您介绍一部新车，眼看您就要买下，却为什么突然走了？"

"喂，你知道现在是什么时候吗？"

"非常抱歉，我知道现在已经是晚上11点钟了，但是我检讨了一下午，实在想不出自己错在哪里了，因此特地打电话向您讨教。"

"真的吗？"

"肺腑之言。"

"很好！你用心在听我说话吗？"

"非常用心。"

"可是今天下午你根本没有用心听我说话。就在签字之前，我提到我的儿子吉米即将进入密执安大学念医科，我还提到他的学科成绩、运动能力以及他将来的抱负，我以他为荣，但是你毫无反应。"

乔不记得对方曾说过这些事，因为他当时根本没有注意。乔认为已经谈妥那笔生意了，他不但无心听对方说什么，反而在听办公室内的另一位推销员讲笑话。这就是乔失败的原因：那人除了买车，更需要得到他人对于自己优秀儿子的称赞。

资料来源：网易教育频道。

（四）学会友善拒绝

面对他人提出的自己无法、无力或无暇办到的事情，应该勇敢而友善地说"不"。拒绝时适当说明拒绝理由，并善用幽默。

热情的大象

有只小狐狸总不懂得拒绝别人。

一天，大象请它去做客，准备了很多很多美味的玉米粥招待它。

大象说："好朋友，今年我家玉米大丰收，请你吃玉米粥！不要客气，尽管吃！"

说着，给小狐狸盛了满满当当一大碗玉米粥，摆在它的面前。

小狐狸很高兴，说："谢谢你！大象！"

说着，它稀里哗啦地吃起来。

一碗下肚，呃！呃！小狐狸已经很饱很饱了，它不想再吃了，可是大象说：“哎！我平时都是不吃完满满10碗不算完的，你这才吃多点儿呀？再来一碗吧！”

说着，又给小狐狸盛了一碗，小狐狸看见大象这么热情，只好硬着头皮又吃掉一碗。

这碗吃完，小狐狸已经撑得不行啦，它躺在椅背上，哼哧哼哧直喘气。

可是大象生怕怠慢了小狐狸，又劝它吃一碗，小狐狸不懂拒绝，含着泪又吃掉一碗。刚吃完，小狐狸就开始捂着肚子满地打滚，直嚷着肚子疼，大象害怕极了，连忙用长鼻子卷起小狐狸，把它送到了医院。

学会拒绝也是一种人生能力。拒绝并非自私，学会拒绝并不是冷漠，而是在真诚坦率的基础上，学会量力而行，学会倾听心灵的声音。

（五）注重交往礼仪

注重交往礼仪，既要注重外在形象，又要善用礼貌用语。学会微笑着与人沟通，注重人际信誉。

微笑——世界的通用语

在一个小镇上，有一个非常富有的富翁，但他很不快乐。有一天，这个富翁垂头丧气地走在路上时遇到了一个小女孩，小女孩用天真的眼神望着他，给了他一个很甜美的微笑。富翁望着孩子天真的面孔，心中豁然开朗。为什么要不高兴呢，能像这样微笑该有多好啊！第二天，富翁离开小镇去寻求梦想和快乐。临走前，他给了这个小女孩一笔巨款。镇上的人觉得奇怪，问这个小女孩：明明不相识的富翁怎么会送她一笔巨额的财富？小女孩天真地笑道：“我什么都没做，只是对他微笑了而已。”

“只是对他微笑了而已。”是啊，小女孩一个善意的笑，却换来了巨额的财富，实在令人难以置信。但是，这就是微笑的力量，小女孩的微笑点燃了富翁几乎“化为灰烬”的心灵，让他再一次有了希望、有了梦想、有了快乐。这世界上还有什么比梦想和快乐更重要呢？

资料来源：百度文库。

微笑的力量是强大的。微笑可以开启“布满灰尘”的心灵，可以给予别人希望，同时也是人与人沟通的最好方式，是和谐社会中一道亮丽的风景线。苏格拉底说过：在这个世界上，除了阳光、空气、水和笑容，我们还需要什么呢？是啊，微笑是人类最美的表情。

在这个广阔的大千世界中，容纳了各种不同肤色的人，各种不同的宗教、风俗、语言、习惯……但请别因为语言的隔阂而害怕，因为微笑才是世界的通用语。即使没有共同的语言，只要一个发自内心的微笑，也足以贴近彼此的心；只要一个善意的微笑，千言万语也尽在不言中；只要一个默契的微笑，再远的距离也会被瞬间拉近；只要一个微笑，世界就会变成一个大家族，不需要共同的语言，不需要共同的国家，不需要共同的信仰，却都彼此信任。

五、人际交往的障碍及调适

（一）人际交往的障碍

1. 不善交往

不知该如何让人喜欢自己、信任自己、接纳自己。不善于表达交际愿望，被动等待。

2. 不敢交往

担心被拒绝，担心与人接近暴露自己的弱点和缺点，担心自己的话题无人感兴趣，胆怯、害羞。

3. 不易交往

个性较封闭、内向，防御心理重，戒备心理强，既不会主动接近别人，关心别人，也不会侵犯别人，给人以高深莫测、难以接近的感觉。

拒绝交往让他尝尽了苦头

小张是大一新生，性格较内向，从来没有住过校，从小都住在属于自己的房间里。进大学后与7名同学同住，在条件优裕的环境中成长的他，看不惯同寝室同学“不良”的卫生习惯，更不喜欢他们随便的作息方式，尤其不喜欢他们的高谈阔论，总之，他是看谁都不顺眼。由于内向的他本来就不擅长与人沟通，再加之看不起那些同学，于是就独来独往，减少与同学们的交往。时间一长，他发现寝室同学说说笑笑，进进出出都结伴而行，似乎视他不存在，他开始感到失落，孤独感油然而生。他曾经多次萌生过主动与他们交往的念头，可都事与愿违。他回寝室时总觉得同学们都在议论他，对他评头品足，还窃窃私语，一副嘲笑、鄙视的模样，他觉得受不了了，想过换寝室，但没有得到批准。为了不和他们交往，他很少回寝室，只有睡觉时才回去，即使这样避开他们，似乎还是没有减少他们对自己的议论与不满。他开始失眠，食欲下降，精神状态越来越差，身体急剧消瘦，在寝室话越来越少，甚至连笑声都很少听见。他感觉到听课的效率也越来越差，最后终于病倒了。住院期间，寝室同学轮流守护在病床旁，看到那些平时让自己反感透顶的同学都忙着照顾他，送水喂饭，就像自己的家人生病了似的，他的心被震撼了。他把内心的苦闷与孤独告诉了他们，才知道原来一切都是自己“臆想”出来的，同学们只是觉得他不愿与他们交往，并不知道由此引发了他内心如此大的“震荡”。

资料来源：《学生人际交往心理案例分析》。

小张由于看不惯寝室同学的一些做法而拒绝与他们交往，最终落单了。在“单飞”的日子里，他陷入了失落、孤独中，消极的心理状态导致了身体上的变化，终于不堪重负而病倒，而后在同学的温暖关怀中找回了自己和同学之间的友情。他敞开心扉，重新回到了同学们中间。人际交往中，不要因为任何原因而封闭自己，每个人都需要别人的关心与支持，因此，我们要学会关心、学会理解、学会换位思考和适当的妥协。

4. 不利交往

这是指相互的交往开始给人感觉不错，但由于种种原因使关系倒退。

5. 不良交往

以不健康的心理需求与别人交往，表现出明显的功利性、控制性、占有性等。

6. 不愿交往

个性或清高孤傲，或生性孤僻，或孤芳自赏，不愿意与别人进行沟通联系。

（二）人际交往障碍形成的原因

1. 家庭教育的影响

独生子女的教育模式容易使学生形成“以自我为中心”的主观心理和行为模式。他们在与别人交往时，大都只顾及自己的需要和利益，强调自己的好恶而不考虑别人的感受。另外，家长的“包办”使其上大学后缺乏起码的独立生活以及为人处世的能力，缺乏坦诚的心态，言行容易偏激等。

2. 学校教育的影响

与中学相比，大学在管理导向上虽然强调人个性自由与兴趣发展，为大学生的发展营造了一个较为宽松的人文环境，但许多大学仍然把学习成绩作为首要的衡量尺度，忽视了无法用分数来衡量的大学生内在素质的培养，这其中就包括忽视了对大学生人际交往与沟通能力等作为社会人之必备素质的培养。

3. 社会环境的影响

经济社会的快速发展，一定程度上助长了急功近利思想的膨胀，使学生在交往中过多地考虑自身的愿望和利益能否得到实现以及实现的可能性有多大，为人际交往蒙上了极其浓厚的功利色彩。

4. 大学生自身的原因

很多大学生由于认识不到人际交往的社会价值，导致不主动参与人际交往；也有些刚入学的大学生在新环境中适应较慢，尤其在异性和非同龄人面前会有所紧张，放弃交往，把自己封闭起来；更有些大学生沉迷于虚拟网络世界而不能自拔，忽视了与同学、朋友、老师之间的人际交往活动。另外，认知上的偏差、个性上的缺陷、能力上的不足等都将影响学生的人际交往能力。

(三) 人际关系的调适

1. 摆脱自卑心理

自卑是指个人认为在某些方面不如别人而轻视自己的心理感受。自卑的浅层感受是别人看不起自己，而深层的理解是自己看不起自己，即缺乏自信，常以忧郁、悲观、孤僻的形式表现出来。摆脱人际关系中的自卑心理，应注意以下几点。一是正确认识自己，努力发现自己的长处，把握自己的优势。最简单的方法是经常提醒自己，做到“六不”，不要过分地谦虚、不在乎别人的议论、不许说自己不行、不拿他人的标准看自己、不用自己的短处比别人的长处、不怕一时的失败。二是树立自信心，最简单的方法是事先不过多地预想失败结果，而要想一定会成功。三是积极心理暗示，以积极自信的暗示鼓励和肯定自己，不断鼓励自己：“我还很不错!”

2. 消除羞怯心理

消除社交羞怯心理可以从以下几个方面训练：一是减少对自身表现的关注；二是主动和陌生人交谈；三是鼓励自己，勇于尝试。

3. 克服嫉妒心理

嫉妒是别人在某些方面比自己优越时产生的羞愧、怨恨等复杂情感。嫉妒作为一种消极的情感体验，是难以避免的，但是它可以控制和克服。一是将注意力放在自身优势上；二是坦然对待别人的优点；三是站在对方角度思考问题，要有宽容大度的胸怀；四是将适度嫉妒变为动力，将嫉妒转换成正能量。

大学生人际交往中的误区

误区一：注重数量，忽视质量。

受家长以及各种社会因素的影响，大学生的潜意识里有了“朋友多了路好走”的思想，因此，在大学中大学生开始广撒网，有时甚至是不讲原则地交朋友，认为讲哥们义气的就是好朋友。交过朋友之后，仅仅利用手机、网络等现代传媒相互联系，这种缺乏认知实体的交流很难使大学生交到互吐衷肠、肝胆相照的朋友。

误区二：交“有能力”的，远“没本事的”。

大学是一个学生的个性与能力充分发挥的时期，许多学生为了能入选学生会干部，为自己将来的求职简历添上精彩的一笔，纷纷效仿各种迎奉送礼、请客吃饭的官场行径，有的甚至拉拢辅导员及团委老师。对其他默默无闻的同学则是冷眼相对，这一切都严重影响了学生间平等真挚的友谊。

误区三：要恋人，不要同学集体。

有一种说法：大学中没有谈过恋爱就等于没有上过大学。谈恋爱在大学校园中已经是一种十分普遍的现象，大学谈恋爱本身没有错，但是有的学生往往一谈恋爱就“一叶障目，不见森林”，整天跟自己的恋人腻在一起，逐渐与自己的同学朋友疏远，甚至有的同学甘当“孤雁”独来独往，与同学形同陌路。

误区四：亲“老乡会”，远班集体。

这源于大学生的乡愁情结，在老乡会中大家可以畅谈自己的家乡、自己的学校，并且这种谈论可以得到老乡较好的回应，大学生的思乡心理得到了满足。思乡本没有错，但是一些大学生过于思乡，整日沉浸在追思与回想中，以至于对眼前的同学有一种排斥感，不愿与身边同学交往。

误区五：以自我为中心。

许多大学生都是独生子女，从小习惯了别人对自己百依百顺，于是在与同学的交往中就会自觉不自觉地独断专行，并希望周围的一切都按自己的意愿来，很少关心别人、为别人考虑，常常为一些小事斤斤计较，造成同学关系紧张。

请你在表 8 -2 中写出自己的支持系统名单，具体写多少随你，可以只写下三五个，也可以一口气写下十几甚至更多。

表 8 -2

我的支持系统	
1.	2.
3.	4.
5.	6.
7.	8.
9.	10.

完成之后，请设想一下，当你遇到灾难或是难以名状的忧郁、危机之际，你将和谁倾心交谈？你会向谁发出 SOS 呼救？你能得到谁的帮助？

第九章 快乐学习 成就梦想

——趣味小测验

学习习惯自测题

根据你自己的实际情况，对下面每个问题做出“是”“否”“答不上”的回答，写在题目后面的括号内。

一、课前预习自测题

1. 你的预习是凭兴致或经常忘记吗？（　　）
2. 你是否要等老师布置预习要求才去预习？（　　）
3. 你是否着重预习薄弱的学科，其他学科则一般预习？（　　）
4. 你能找出预习内容中的重点和关键之处吗？（　　）
5. 你能努力解决预习中遇到的某些问题吗？（　　）
6. 你觉得预习是一件困难的事吗？（　　）
7. 你能记得在预习中遇到的疑点和难点吗？（　　）
8. 你对预习的内容基本上能做到心中有数吗？（　　）
9. 你能说出不同学科预习的经验和体会吗？（　　）
10. 你能通过预习使学习的效果有提高吗？（　　）

二、课堂学习自测题

1. 你能在上课一开始就很快地集中注意力听讲吗？（　　）
2. 你上课能不讲废话、不开小差、不受别人和外界的影响吗？（　　）
3. 你经常把讲课内容与预习中的问题或学过的知识联系起来思考吗？（　　）
4. 你在同学回答问题时能在脑子里积极思考问题答案吗？（　　）
5. 你能主动举手回答老师的提问和参加讨论吗？（　　）
6. 你对不明白的地方，能在上课时提出来或下课问老师吗？（　　）
7. 你能根据讲课的要点主动记笔记而不仅仅照黑板上的记吗？（　　）
8. 你在课后能看清和看懂自己的笔记吗？（　　）
9. 上完课你能用自己的话概括一堂课所学的主要内容吗？（　　）
10. 你对老师的讲课经常有评价和看法吗？（　　）

三、巩固复习自测题

1. 你在课后能先复习课上学的内容，然后再做作业吗？（　　）
2. 你复习时只是把课文重看一遍吗？（　　）

3. 你能及时整理笔记并把笔记和书本内容结合起来思考吗？（　　）
4. 经过复习后，你对所学的内容是否弄清了疑问或加深了理解？（　　）
5. 做完作业你对前些日子学的内容能否重新温习？（　　）
6. 一个阶段学完后，你能否自觉地进行一次系统复习和小结？（　　）
7. 你是仅仅为了测验才复习的吗？（　　）
8. 阶段复习时你能否针对自己的薄弱环节来加深理解和练习？（　　）
9. 系统复习时，你能否把前后知识联系起来从整体上去理解和融会贯通？（　　）
10. 你能运用多种记忆方法提高复习效果吗？（　　）

四、作业练习自测题

1. 你有抄袭同学作业的习惯吗？（　　）
2. 你做作业要父母督促吗？（　　）
3. 作业本发下来你能认真找出错误的原因并自觉订正吗？（　　）
4. 你的作业整洁并符合规范格式吗？（　　）
5. 你做作业时，一有困难就马上问别人吗？（　　）
6. 别人帮助你时，你希望别人给思路而不愿意完全帮你解答吗？（　　）
7. 你总是匆匆忙忙做完作业而不检查吗？（　　）
8. 你做作业时常常开小差或常常停下做别的事吗？（　　）
9. 你对做作业时间有自我要求，不拖延完成吗？（　　）
10. 你能做到书写作业和口头作业都能按要求完成吗？（　　）

计分标准：

1. 答“是”得2分，答“否”得0分的题：一、3，4，5，7，8，9，10；二、1～10；三、1，3，4，5，6，8，9，10；四、3，4，6，9，10。

2. 其余的题答“是”得0分，答“否”得2分。

3. 凡答“答不上”的都得1分。

结果解释：

将四种自测题各自的得分相加，然后根据各自的总分对该项学习环节做出评价：3分以下的为很差，4～7分为较差，8～12分为一般，13～16分为较好，17分以上为很好。

美国的未来学家阿尔温·托夫勒曾说：“未来的文盲不再是不识字的人，而是没有学会怎样学习的人。”在未来的世界，学会如何学习是摆在每一个人面前的时代课题，它既是打开终身学习之门的钥匙，也是迈入知识经济时代的通行证。

认识自我——当代学生的学习特点

很多同学，在进入大学前都曾因为学习成绩不理想而苦恼过。有的人对自己产生过怀疑，认为自己天生就不是学习的材料，甚至开始自暴自弃。

其实大部分同学都期望获得优异的学习成绩，但由于以前的学习方法不当，所以就算是努力了，也会遇到很多的困难，成绩一时也得不到提高。而大多数同学又不能冷静地分析、正确认识导致自己学习成绩不好的真正原因，再加上父母、老师等的责备，久而久之，便认为自己天生就有问题，不适合学习，从而对学习失去信心也失去了动力，学习成绩也就越来越差了。

其实，由于学习问题而产生困惑是很自然的，从心理学上来看是一种正常的现象。在人一生的成长过程中，不可能总是一帆风顺的，读书是帮助我们成长、发挥我们潜能的手段而不是目的。如果你的学习成绩不好，只能说明你没有利用好“读书”这个可以帮助你迅速发展的方法，或者说你还没有适应当前的教学方法，你需要做的也仅是找到适合自己的学习方法，学会适应学校的教学模式而已。只要你能够全面正确认识和评价自我的学习品质、特点，找到适合自己的学习方式，你就能以学习促进自己的发展，以学习能力的发展来促进自己学习成绩的提高。

当然，每个人学习成绩不好的原因都不尽相同，要想学会学习，必须先学会分析自己失败的真正原因：是不够用功？是基础知识有缺陷？是学习方法不恰当？还是缺乏考试技巧？只有找对了原因，才能有的放矢地加以改正，也才能取得好的效果。

例海藏真

孟子刚上学的时候，非常用心，写字总是一笔一画的，非常工整。可是没过多久，他就觉得学习太辛苦了，不如在外面玩耍快活。于是他常常逃学，到山坡上、树林中去玩，他觉得好开心啊！

一天，他回到了家里，正在织布的妈妈问他：“今天怎么这么早就放学了？”他只好承认是自己逃学了。妈妈很生气地说：“我辛辛苦苦地每天织布供你读书，你却逃学，太没出息了！”孟子连忙给妈妈跪下了。

妈妈拿起刀，一下子把没织完的布都给割断了，她说：“你不好好读书，就像这割断的布一样，还有什么用处啊！”

孟子哭着说：“妈妈，我错了！今后我再也不贪玩了。一定好好地读书！”从此，孟子勤奋学习，再也不偷懒了，后来他成了著名的大思想家。

资料来源：《孟母断织》。

从上例可以看出，孟子小时候缺的是学习毅力，当他认识到自己的不足并积极努力后，取得了令人瞩目的成绩。可见，学习是一项艰苦的劳动，只有坚持不懈、刻苦努力才能取得良好的学习效果。

积极的学习态度是获得成功的保证。在学习中，如果不具备良好的、积极的心态，不认真努力，遇难则退，因为一点小挫折就气馁，是不可能取得优异成绩的。要知道学习不是老师的任务，是我们学生自己的事；学习也不只是课堂上的事情，而是我们学生自己一生的事情；学习是需要自己主动去学才能够习得的，而不是学校、老师、父母强加给自己的；学习的重点不在于获取知识的多少，而在于掌握自主获取知识的本领。

真知灼见

有一头驴，不小心掉进了一个很深的大坑中。它拼命地大声嚎叫，可是却没有人来救它。有一个人觉得驴的叫声实在太难听了，就想干脆将驴给埋了。可令他惊讶的是，每次当他把泥土倒下去，驴就跳高一点，就这样，等到泥土与地面快要平齐的时候，驴居然自己跳出了这个大坑。

这个故事中的驴子本来是会被泥土埋掉的，但它却利用泥土解救了自己。驴子的获救，根源是它的积极态度，它没有抱怨放泥土的人，而是很好地利用推下来的泥土，把随时都可能会遭遇的灭顶之灾转换成解救自己的“梯子”，最终解救了自己。有人说驴应该感激两样东西：一是那个放泥土下去的人，尽管他的本义是要将驴子埋葬；第二就是那堆泥土。但是，驴子最应该感激的其实是它自己。如果驴子主观上不努力，不去积极处理掉下来的泥土，是不可能获救的。我们的学习也是如此，如何学、能掌握多少，关键在于我们自己。

总之，只要我们端正学习态度、明确学习目标，顽强拼搏、锲而不舍，就一定会获得成功。

完善自我——学会学习

一、学习

（一）学习的含义

学习是由“学”和“习”复合而组成的词。孔子说：“学而时习之，不亦说乎?”翻译成现代文就是，学了以后及时、经常地进行温习，难道不是一件很愉快的事情吗？中国古代教育家们认为，“学”就是见、闻，是获取知识、技能，主要是指接受感性知识和书本知识，有时也包括“思”的含义在内。“习”是巩固知识和技能，通常有三种含义：温习、实习、练习，有时也包括“行”的含义在内。总之，学习是人获得知识、形成技能、培养聪明才智的过程，是“学”“思”“习”“行”的总称。

我们常说的学习是狭义上的学习，专指在各类学校环境中，在教师指导下的学生的学习。这里的学习是指在较短时间内系统地接受前人积累的文化经验，以发展个人的知识技能为目的，形成符合社会期望的道德品质的过程。它是有目的、有计划、有组织进行的。

（二）学习的意义

1. 学习是人类不断进步的需要

人的很多行为都是通过学习得来的，正因为我们小时候先学会了如何站立，才学会了行走，当我们会走路以后，又学会了跑；所以，学习就是一个由不会到会，由一知半解到精益求精的过程。每个人都必须要学习，而且人的一生都在学习，学习的好坏决定了一个人的人生命运。

例海藏真

1920 年，在印度加尔各答附近的一个山村里，人们在打死大狼后，于狼窝里发现了两个由狼抚育过的女孩，其中大的年约七八岁，被取名为卡玛拉；小的约两岁，被取名为阿玛拉。后来她们被送到一个孤儿院去抚养。阿玛拉于第 2 年死去，卡玛拉一直活到 1929 年。孤儿院的主持人辛格在他所写的《狼孩和野人》一书中，详细记录了这两个狼孩重新被教化为人的经过。

狼孩刚被发现时，生活习性与狼一样：用四肢行走；白天睡觉，晚上出来活动；怕火、光和水；只知道饿了找吃的，吃饱了就睡；不吃素食而要吃肉（不用手拿，放在地上用牙齿撕开吃）；不会讲话，每到午夜后像狼似的引颈长嚎。卡玛拉经过 7 年的教育，才掌握了 45 个词，勉强学会几句话，开始朝人的生活习性迈进。她死时估计已有 16 岁左右，但其智力只相当三四岁的孩子。

资料来源：百度文库。

这一事例说明，人类的知识与才能不是天赋的，直立行走和言语也并非天生的。所有这些都是后天社会实践和劳动——也就是学习的产物。还可以看出，学习是分年龄阶段的，比如：从出生到上小学以前这个年龄阶段，主要是学习站立、行走、语言以及与语言相联系的抽象思维和人的意识。错过这个关键期，会给人的心理发展带来无法挽回的损失。因此长期脱离人类社会环境的幼童，就不会产生人的大脑所具有的功能。

2. 学习是一个人生存与提高生活质量的手段

一方面，作为个体的人是无法脱离社会群体而独立生存的。我们必须通过学习获得和积累各种知识、技能，才能够适应社会。另一方面，科技的发展日新月异，只有不断学习新的知识，才能跟上时代的步伐，不被社会所淘汰，只有掌握最先进的技术和知识才能与社会发展同步。

3. 学习能够使一个人的行为发生相对持久的变化

学习会使人在行为、知识、能力等方面发生变化，这种变化不是暂时的，而是相对持久的。比如，人学习骑自行车，一旦学会了，即便很久不骑，这项技能也不会完全丧失。

（三）学生学习的特点

第一，学生的学习是在教师有计划、有目的、有组织的指导下进行的。教师在学生学习中起着至关重要的作用，学生的学习在教师系统地指导和传授下，少走了很多弯路，学生能在较短的时间内取得更好的学习效果。

第二，学生学习的主要是前人所积累起来的各门科学知识，即间接的知识经验，是在短时间内接受人类的认识成果的方法。

第三，学生的学习主要是在学校的班集体中进行的。在学校班集体这样的特殊团体中，学生的学习受人际交往、人际关系等方面的影响较大。

第四，学生学习的主要任务是掌握系统的科学知识和技能，形成良好的道德品质和科学的世界观。学生良好的道德品质和科学的世界观的形成，是一个学习的过程，是在掌握系统的科学知识和技能的基础上，通过有计划、有组织的各种教育活动来实现的。

真知灼见

学习是件很简单的事情，而且非常有趣。也许你不太同意我的看法，每天一背起书包就会垂头丧气，仿佛一场灾难就要降临。你会害怕上学，主要是因为你害怕学习。更确切地说，就是你不会学习。

会不会学习非常关键。就如同伐木工人用斧头一上午只能砍倒一棵大树，但如果使用电锯十分钟就能伐倒它。学习方法就是工具，如果没有好的学习方法，即使你每天刻苦努力，也不会获得好的成绩。

不过，我首先得坦言，我小时候的学习成绩很差劲，原因就是没有掌握好的学习方法。如果以前我读过一些关于如何学习的书，那我的学习成绩一定不会那样糟糕。

只有学会学习的人，才能真正感受到学习的乐趣。只有快乐学习的人，才能变得更聪明。热爱学习吧，年轻人！

资料来源：爱因斯坦：《给青年们的一封信》。

二、学会养成良好的学习习惯

（一）何为学习习惯

学习习惯是在学习过程中经过反复练习形成并发展的，成为一种个体需要的自动化学习行为方式。良好的学习习惯，能够激发学生学习的积极性和主动性；形成学习策略，提高学习的效率；培养自主学习的能力；培养学生的创新精神和创造能力，使学生终身受益。

例海藏真

一天，一位学生路过学校的琴房，听到他的中学语文老师正在弹《致爱丽丝》，在空旷的琴房里，那感觉很妙，音质之纯美是家中那套音响根本不能演绎出来的。他很是羡慕，就问道："老师，我也想像您一样这样熟练地演奏这首《致爱丽丝》，我需要多长时间？"她微笑回答道："10 分钟。"学生说："您一定是在和我开玩笑吧！"她说："不，是真的，不过我说的是每天 10 分钟。"

这位语文老师是从 3 年前才开始练琴的。她所弹的这架钢琴是一家私人企业捐赠给学校的，这架琴一直放在琴房里。这所学校曾来过一位音乐教师，不过嫌学校的待遇低，走了。于是，她便成了这架钢琴的"主人"，每天在课间的 10 分钟里，她都到琴房里去练琴，她是从最初的音阶开始学起的。不过，她只有 10 分钟，10 分钟之后，当上课铃声响起时，她就必须得停止了。

几分钟的时间并不长，但是如果我们能利用它并形成一种习惯，这些短短的时间就有可能成就一个人，因为无论多么伟大的事业和成就，所需要的时间都是由短短的几分钟累加起来的。当然这里的几分钟应该是毫不拖延并且充分利用的几分钟。

（二）养成良好学习习惯的重要性

所谓学会学习，其实从某种意义上来说就是学会学习的方法和养成良好的学习习惯。良好的学习习惯和科学的学习方法不仅有助于我们在学习活动中少走弯路，培养和提高我们的各种学习能力，提高我们的学习效率；更重要的是，它是我们攀登学习高峰，获得学习上成功所必不可少的因素。

未来知识更新的周期将越来越短，学校不可能教授我们以后工作中所需要的一切知识，相反，未来工作中所需要用到的大部分知识都要靠我们自己去独立学习。所以只有学会学习，才能适应未来的工作和社会的发展。

你可以通过《学习习惯自测题》来检测一下你的学习习惯是否正确，找出自己学习习惯的问题，然后你就可以有针对性地进行改正，并逐渐养成良好的学习习惯。

例海藏真

1978 年，在巴黎 75 位诺贝尔奖获得者的聚会上，有人问其中一位："你认为你学到最重要东西的地方是哪里，是你的大学还是哪所实验室？"出人意料的，这位白发苍苍的学者回答说："是在幼儿园。"那人又问："在幼儿园里你学到了什么呢？"学者回答道："我学会了要把自己的东西分给小伙伴们一半；不是自己的东西就不要拿；东西要摆放整齐，饭前要洗手，午饭后要休息；如果做了错事要表示歉意；学习需要多思考，要仔细地观察大自然。从根本上说，我学到的全部东西就是这些。"

这位学者的回答，是科学家的普遍看法。概括起来，就是这些科学家们认为一个人终生所学到的最重要的东西，是幼儿园老师给他们培养的良好习惯。英国唯物主义哲学家、现代实验科学的先驱、科学归纳法的奠基人培根，在谈到习惯时深有感触地说："习惯真是一种顽强而巨大的力量，它可以主宰人的一生，因此，人从幼年起就应该通过教育培养一种良好的习惯。"

资料来源：新东方在线。

如果你渴望获得较好的学习成绩，如果你渴望能有效地利用时间，如果你渴望将来获得成功，那么，你就应该尽早地养成良好的学习习惯。

（三）养成好的学习习惯

1. 按计划学习的习惯

学生的主要任务是学习，但学生生活同时还有进行劳动、参加文体活动、与人交往等方面的内容。因此作为一名学生，应该有一个比较全面的学习计划，并且应该养成按照计划进行学习的习惯。计划一旦制订可以进行调整，但绝不可以放弃。计划应该是具体的，其中要有每天的时间安排、考试复习的安排和双休日、寒暑假的安排。计划还应该是简明的，什么时间应该干什么，要达到什么样的要求，这样去学习才会有的放矢。目标比较容易确定，计划也比较容易制订，但困难的是定时定量地按计划去完成。这就是通常所说的"知易行难"。能够制订出科学的学习计划，并且定时定量地完成它，是获得学习成功的关键。

清华学子谈怎样制订学习计划

每一次做学习经验的报告时，"列学习计划"都是我的必讲内容。有人要问："列计划到底有没有用?"回答是肯定的，有！特别是在你短时间内准备完成多科目且较为繁重的学习任务时，计划几乎是必不可少的。而且，从提高学习效率的角度来看，列计划也是极为有效的手段之一。

从时间上看，计划可以分为"长期计划"和"短期计划"。列过计划的同学也许会有感受，一份长期计划是很难坚持下来的。像我从前就曾不止一次地在新学期开始时列过学期计划，在暑假开始时列过暑假计划，但从来都是不超过一个星期，一份长长的计划就变成了一纸空文。为什么会这样呢？毅力不够是一个方面，但更重要的是：长期计划这种形式本身就比较死，不够灵活，它很难考虑到你后来会遇到的新情况。而在每个阶段，我们学习上的重点、难点恰恰又是在不断变化的，因此从唯物主义的观点来看，执行一份长期计划是不符合辩证法的。因此，高三以后，我就再没有列过超过一周的计划，而这种三天到七天之间的短期计划，也的确令我受益匪浅。特别是在每一次考试之前的一周里，列一个小计划，将自己的复习安排得井井有条，我便有了足够的信心在考试中保持不败。

有些同学也许会担心："以前我从未列过计划，现在突然开始，有些不知道该从何下手。"其实，列计划本身并没有太多的要求，你只要抓住两个字——"详""实"就足够了。一份计划上只出现时间和科目是不够的，最起码还要有具体的章节的安排，包括做哪些习题，看哪些笔记都应当有，这样才能真正地发挥计划的优势。所谓"实"，就是一定要符合自己的实际情况，适当地高一些也可以，但绝不可过高或过低。太低了，计划的内容松松垮垮，反而不如没有计划；但大多数人可能更容易把计划列得偏高，开始还能拼一拼坚持一下，但很快就败下阵来。如果总是列这种过高过紧的计划，常常完不成，那么时间一久也就会对列计划失去信心。一份好的计划绝不在于它的起点有多高，而在于它是不是能帮你更好地完成学习任务，让你的能力得到最好的发挥。

计划的形式也不妨多样些，不必过于拘束。我们班过去曾采用过一种计划，非常庞大，里面除了有学习计划以外，还有体育锻炼和课外阅读的计划，在班里试行将近一个学期，同学们的反映还是比较不错的。

总的来说，列计划的目的无非是通过一篇白纸黑字，使得自己对自己的学习情况能够进行监督和检查。刚开始列计划的同学可能不太容易掌握好难易的尺度，列的计划过高过低都是正常的，只要不断调整、不断改进，就会很快适应这种方法。但有一点一定要注意：列计划只是一种手段，绝不要为了列计划才去列计划，那样也就失去了计划的意义。不管什么时候，列计划都只是为了完成一定的学习任务。换句话说，我们应当先有目标，后列计划。

资料来源：百度文库。

每一位在学习上取得成绩的学生，几乎无一例外都是有学习计划的人，从上例也可以看出学习计划对你的学习效果有着深刻的影响。学习计划可以防止被动和无目的学习，通过计划合理安排时间和任务，使自己达到目标，也使自己明确每一个任务的目的；学习计划可以促使你按照计划完成任务，排除困难和干扰；学习计划可以使自己的学习生活节奏分明，从而，该学习时能安心学习，玩的时候能开心地玩……学习生活是千变万化的，它总是在引诱你去偷懒。坚持实行计划有利于提高学习效率，减少时间浪费。有了计划，每一步行动都很明确，也不用总是花费心思考虑等下该学什么。

如何制订学习计划？

首先，计划要考虑全面。

学习计划不是除了学习还是学习。学习有时，休憩有时，娱乐也有时，所有这些都要考虑到计划中。计划要兼顾多个方面，学习时不能废寝忘食，这对身体不好，这样的计划也是不科学的。

其次，长远计划和短期安排。

在一个比较长的时间内，比方说半年或一年，你应当有个大致计划。因为实际中学习生活变化很多，又往往无法预测，所以这个长远的计划不需要很具体。但是你应该对必须要做的事情心中有数。而更近一点的如下一个星期的学习计划，就应该尽量具体些，把较大的任务分配到每周、每天去完成，使长远计划中的任务逐步得以完成。有长远计划却没有短期安排，目标是很难达到的。所以两者缺一不可，长远计划是明确学习目标和进行大致安排；而短期安排则是具体的行动计划。

再次，安排好常规学习时间和自由学习时间。

常规学习时间指学校规定的学习时间，主要用来完成每日学习任务，消化当天所学的知识。而自由学习时间指除常规学习时间外的归自己支配的时间，你可以用这部分时间来弥补自己学习中欠缺的地方，或者巩固自己在某一学科上的优势和特长，抑或深入钻研一件有意义的事情。

最后，计划要留有余地。

制订计划不要太满、太死、太紧，要留出机动时间，使计划有一定的机动性。毕竟现实不会完美地跟着计划走，给计划留有一定的余地，这样完成计划的可能性就增加了。

2. 专时专用、注重效率的习惯

有一些同学，学习喜欢拖拉，平时看书写作业，总是心不在焉，时间耗费的倒是很多，但是效果却不好。究其原因就是没有形成专时专用、注重效率的好习惯。学习，应该速度和质量并重，需要在规定时间内，按照要求去完成一定数量的任务。这个道理很简单，但真正要做到，却并不是一件容易的事。同学们应该记住，只要你坐在书桌前，就应该进入一种适度紧张的学习状态。每次学习之后，都要评价自己做得如何，必要时还需要让老师及家长进行督促。这样坚持下去，就能够形成专时专用的好习惯。

专心，才会跑得安全跑得快

一位乘客坐在车上看到旁边一辆空出租车发生了事故，就抱怨说："空车没有载客，还跑那么快，跟'抢命'似的。"正在驾驶的司机看了他一眼说："其实我们司机都说，就是因为空车，所以容易出事!""空车的驾驶员因为急于找客人，总是东瞅西看，不能安心驾车。而我们有了客人，虽然速度比较快，但是心里踏实，奔着目的地走就是了。"

这个故事告诉我们，一个人在纷繁的世界有了明确的追求目标，才容易实现自己的理想。做任何事情都必须要专心致志，集中一个主要目标。如果总是三心二意、左顾右盼，就可能什么事情都做不成。我们对待学习也应如此，要在该学习的时候认真、专心地学习，而且要按照计划去学习，该是学习什么的时间就要学习什么，要认准一个目标做到专时专用，这样才能提高效率获得成功。

3. 独立钻研、善于思考的习惯

要想学习好，必须养成独立钻研、善于思考、务求甚解的好习惯。

首先，应该学会站在系统的高度把握知识。很多同学在学习中习惯于一节一节、一章一章地学，不太注意章节与学科整体系统之间的关系。随着所学知识的不断增加，就会逐渐感到内容繁杂、头绪不清，记忆负担也会加重。其实，每门学科都有自身的知识结构系统，从整体上去把握知识，学习每一部分内容时都应该弄清楚其在整体系统中的位置，这样更容易把握所学的知识。

其次，要学会追根溯源，找到事物之间的内在联系。学习最忌死记硬背，弄清楚道理才是最重要的，不论我们学习什么内容，都应该问个"为什么"，这样学到的知识才是有源之水，有本之木。即便你提的问题超出了所学知识范围，甚至老师也回答不出来，也没有关系，重要的是我们无论对什么事物都要有求知欲和好奇心，这往往是培养我们学习兴趣的重要途径。

最后，应该学会发散思维，养成联想的思维习惯。我们应经常注意学习中新旧知识之间、学科之间、所学内容与实际生活之间的相互联系，不要孤立地对待知识，应该养成多角度思考问题的习惯，有意识地去训练思维的流畅性、灵活性和独创性。知识的掌握固然是重要的，但更为重要的是通过学习知识来提高智力素质，智力素质提高了，学习知识也会变得容易。

文彦博灌水取球

文彦博是北宋杰出的政治家，他小时候聪明过人。一次，他和几个小朋友在草地上踢球，一不小心，球掉进了一棵大树的树洞里。小朋友们曾尝试着伸手进到树洞里面去取球，可是树洞太深了，怎么也摸不到底。这可怎么办呢？小朋友们都想不出办法来。这时候，文彦博看着黑漆漆的树洞想了一会，说道："我倒是有一个办法，可以试试！"他让小朋友们帮忙提来几桶水，然后把一桶一桶的水往树洞里灌，不一会儿，水就把树洞灌满了，皮球也忽忽悠悠地自己浮了上来！

这个故事告诉我们，我们在做事情和学习的时候，要学会思考和联想，有的时候需要换个角度去思考问题，也许问题会很容易解决，学习也会变得容易。

4. 自学的习惯

自学是获取知识的主要途径，对我们非常重要。就学习过程而言，教师仅仅是引路人，学生才是学习的真正主体，我们必须要自己努力，学习才能真正提高。学习中的很多问题，都要靠我们自己去解决。在将来的社会中只有具备了很强的自学能力，才能在竞争中立于不败之地。

例海藏真

没有上过一天学的赵梅生，在1996年考上了中国科学技术大学。赵梅生的家在安徽繁昌县荻港镇，他的父母都是农民。因为家里穷，他没有进过一天学校，爷爷把他教到相当于小学三四年级的水平以后，就着重培养他的自学能力。他靠着自学在家里读完了小学到高中的所有课程，16岁参加高考，以634分的高分考入了中国科学技术大学。

畅销书作家、学者型演讲家、思想家王小平，被誉为“天才少女”“惊世才女”“智慧女神”。她的《大成成功学》《本领恐慌》《第二次宣言》《出发——与智慧同行》等著作都荣登畅销书榜，赢得各界读者的广泛赞誉。她不仅著书立说，构建自己的思想体系，而且还立意要成为思想的实践家。她成立了“北京人类大成教科文研究院”，并决心将之打造成为“人类先进思想的传播基地和天下大成智慧的整合中心”，她要和天下志同道合的朋友们一起“引导人类实现大成和推动世界走向大同”。她所演绎的这个传奇，可以追溯到她15岁的时候。那时她上高一，成绩排名全班第一（比第二名高出70多分），可是在这种情况下，她却毅然放弃了人人向往的上大学的美好前程，走上了一条与众不同的成才之路。她说：“今天，我们的社会并不缺少博士，而是缺少真正引领人类前进方向和未来方向的思想者。我愿意成为这样的思想者。”

这些事实告诉我们：自学是最有效的学习方式之一，我们每个人都应该学会自学，并养成自学的习惯。毛泽东曾说：“我学习中最有收获的时期是在湖南图书馆自学的半年。”著名科学家钱三强也曾说过：“自学是人一生中最好的学习方法。”人的一生中，在学校学习的时间是短暂的，而自学却是永久的。

在当今这个知识爆炸的时代，学会自学并养成自学的习惯尤为重要。西方目前流行一条这样的“知识折旧”定律：“人一年不学习，所拥有的全部知识就会折旧80%。”人在学校求学阶段所获得的知识，只不过是他一生中所需的10%，甚至还不到10%，而其他90%以上的知识都是在离开学校之后的自学过程中不断获取的。当今的时代已经成为终身学习的时代，只有培养自学精神和自学能力，才能真正地实现终身学习。

未来学家曾预言：“21世纪的文盲，不是目不识丁的人，而是不会学习的人。”一个人只有学会自学，才能真正学会学习。人如果不学会自学，就不能很好地培养独立思考能力，分析、解决问题的能力和创造能力，也就不可能获得学业大成。

总之，为了提高学习效益，必须学会自学；为了实现终身学习，必须学会自学；为了获得学业大成，必须学会自学。

5. 合理把握学习过程的习惯

学习过程包括预习、听课、复习、作业等多个环节，只有合理把握，才能收到良好的学习效果。

课前要养成预习的习惯。课前预习可以为课堂学习扫除障碍，提高听课的效果；它还能加强记课堂笔记的针对性，改变学习中的被动局面；更为重要的是它能提升我们的自学能力，减少对教师的依赖，增强我们的独立性。

课上要养成专心听课的习惯。课堂上集中注意力听课是非常重要的，要把老师在讲课时运用的思维形式、思维规律和思维方法理解清楚。要认真听老师讲的每一件事，这样能够为课下节省大量时间和精力。还要认真记课堂笔记，这样可以使你记得清老师课堂上讲的内容。当然，记笔记要注意详略得当。

课后要养成及时复习的习惯。及时复习的优点在于可加深和巩固我们对所学内容的理解，防止通常会在学习后发生的急速遗忘。根据心理学遗忘曲线，识记后的2~3天，是遗忘速度最快的，然后逐渐缓慢下来。因此，我们对刚学过的知识应该及时地复习。随着记忆巩固程度的提高，我们的复习次数可以逐渐减少，间隔的时间也可以逐渐加长。

还要养成独立完成作业的习惯。作业是为了及时检查我们的学习效果，知识有没有记住、记到什么程度、是否能应用、应用的能力有多强等都可以通过做作业检查出来。

作业能加深我们对知识的理解和记忆。做作业能促进我们对知识的“消化”；使我们的思维能力在解答问题的过程中迅速得到提高；使我们对知识的掌握进入应用的高级阶段。作业题一般都是经过教师精选的，有很强的代表性和典型性。因此我们做过的习题也不应“一扔了事”，而应该定期进行分类整理，把它作为复习时的参考资料。抄作业是对自己极其不负责任的一种行为，应该坚决杜绝。

在学习中应当培养的优良习惯还有很多，比如有错必改的习惯、动手实验的习惯、细致观察的习惯、积极探究的习惯、练后反思的习惯等。只有养成了良好的学习习惯，掌握了正确的学习方法，学习才会变得轻松，学习的效率才会不断提高。

6. 找出适合自己的学习方法

我们应该从个人实际出发，采用和创建适合自己特点的科学的学习方法。每个人的发展基础不同，学习态度也不同，智力和非智力因素也有差异，因此要采用的方法也应该不同。在研究、采用和创建科学的学习方法时，必须切合个人实际，切忌“千人一方”。“学有其法，学无定法”，最好的学习方法应当既是科学的，又是适合自己的。一定要根据自身的特点来选择适合自己的方法，学习方法应该是“百家争鸣”“百花齐放”“各有千秋”。

聚焦实验

下面是一个著名的反馈效应的心理实验。

一个班的学生分成三组，每天学习后就进行测验。测试者对第一组学生每天均通知学习结果，对第二组学生每周才通知他们一次学习结果，而对第三组，则一次也不通知。按此方法进行8周教学，然后再改变做法，第一组与第三组对调，第二组保持不变，也是同样进行8周教学。

实验结果是除了第二组学生的成绩稳步提升外，第一组与第三组的情况大为转变：第一组学生的学习成绩逐步下降，而第三组的成绩则突然上升。

这个实验说明及时知道自己学习的成果对学习有非常重要的促进作用，并且即时反馈比远时反馈效果更大。心理学家的这个实验表明，反馈方式不同对学生学习的促进作用也不相同。一般说来，学生自己进行的主动反馈要优于教师的反馈，这告诉我们：在学习过程中，必须要进行及时的自我反馈，避免毫无目的性的学习和无结果的学习方式；要重视别人给予的评价，认真总结自己的优缺点，明确自己的努力方向；要正确对待自己的进步，要胜不骄、败不馁。

超越自我——调节好考试心理

有的同学在平时学习中往往学得很好，小考成绩也都很不错，但是一遇到大型的、有决定作用的考试时，就会出现心情紧张、发挥失常的情况。实际上考试考得三分是水平，七分是心理，在考试前调整好自己的心理状态，有效地自己给自己减压，用一个良好的心态去迎接面对的考试很重要。

一、增强自信心是应试能力的一个重要体现

我们要想考试获取好成绩，一定要有自信心。在我们进入考场之前，要多想些有把握获取好成绩的条件，比如“我已经全面、系统地复习了”，“考试和平时测验是一样的，只不过在这里多做几道题而已”，要尽量去回忆、憧憬一些美好的事情，设法使自己的大脑皮层产生一种积极的情绪。

二、要学会进行自我放松，以轻松的心态面对考试

自我放松训练有以下几种方法。

（1）呼吸松弛训练。当我们坐在座位上时，先微闭双眼，两脚着地，双手自然放在膝上面，脚与肩同宽；然后进行3到4次的腹式呼吸，就是吸气时用鼻子慢慢地吸，让气流先扩张到腹部，再扩张到胸部，吸足气后先屏住气，然后用鼻子和嘴慢慢地将气吐出。这个过程反复多次进行就能使人达到平静的心理状态，起到消除紧张和忧虑的效果。

（2）肌肉松弛训练。在我们考试时，要放松坐姿，一旦有紧张情绪甚至发生双手颤抖，应迅速拉紧所有肌肉，这样可以立即解除紧张；也可以马上做深呼吸，反复两到三次，这时全身肌肉会放松，可避免因生理、心理紧张加剧而引起的不良反应。

（3）转移想象训练。转移也是保持良好心境的一种很好的方式。比如在考试时涂抹点清凉油，在考试前听音乐、散步、游泳等，进行一些不剧烈的体育运动，使自己保持心态平衡、头脑清醒，从而缓解紧张情绪。

（4）自我暗示训练。要善于学会自我暗示语。自我暗示语要简短、具体、肯定，在考试时要默默地或小声地对自己说（尽量不要让他人听见，不要影响他人考试）。比如可以暗示自己"今天我的精神很好""我一定能考出好成绩"等。这样，可以通过听觉、说话等渠道，使大脑皮层形成一个多渠道强化的兴奋中心，从而能够有效地抑制怯场。

（5）情景模拟训练。同学们参加小测验或一般性的考试过程中，要有意识地进行放松训练方面的练习，从而保证在大型考试时能保持良好的心态。

三、考试时要掌握好答题方式和方法，合理安排好时间

第一，考试开始时要先浏览全卷，制订合理的答题方案。首先要把考卷整体浏览一遍，对题目难度、题型、题量、答题要求、分值等做到心中有数。然后根据情况确定答题方案，即对答题顺序和时间做出全局性的合理安排，最后必须预留出5～10分钟的检查时间。

第二，在做题前要认真审题，明确题目的要求，细心答卷，避免盲目答题。审题的内容主要包括：看清题型和题目的具体要求、信息。考试时间十分有限，所以在答题过程中，一定不要浪费时间，许多题目没有时间打全稿，特别是一些大题，在草稿上写出答题思路或提纲后，就可以直接在试卷上进行书写。

第三，考试中不要慌张，要保持镇定，在做题时要先易后难，合理分配时间。试卷题目的安排一般是从易到难，所以我们做题时也应该按题目的顺序去做，只要时间安排合理，最后检查试卷的时间是足够的。在考试中不是所有的题目都是自己所熟悉的，往往会遇到困难。考试中常遇到的困难有两类：一是记忆卡壳，平时会做、记得很清楚的知识，忽然忘记了；二是题目难度太大，不知道从哪里下手解答。当我们遇到困难时先不要紧张，上述两种情况大多是因为过于紧张和兴奋造成的。我们可以先放下这些题目，继续做其他考题或者去检查一下前面已经做完的与之相关或类似的题

目，认真回忆看是否能从中找到提示和突破口，即以退为进。等到把简单的题目都做完以后再做这些比较难的题，这时候没有了后顾之忧，就能够集中精力重点突破了。先易后难的答题方法能够使我们消除紧张情绪，逐步提高答题自信心，从而以饱满的精神和较好的思考状态来攻克后面的难题。

第四，做完全部试题后要全面和认真地进行检查。全部试题答案检查完毕后，还必须检查一下姓名等基本信心是否填写完整。

例海藏真

只有忘金，才能夺金

杜丽在雅典奥运会上为中国夺得了首枚金牌，其意义不言而喻。杜丽之所以能够胜利，就是胜在了忘金，心无旁骛，只是一心一意打好自己的每一枪。

杜丽说："在比赛前，自己并没有想那么多。因为大家都将为中国队夺得首枚金牌的重任放在了赵颖慧的身上。自己就是以平常心轻松上阵，只是打出了平时应有的水平而已。"也正是因为她有了这样的心态，才能最终获得成功。

奥运金牌是竞技运动员一生最大的梦想，所有运动员都希望夺得奥运金牌，更何况是奥运会首金！但是如果过多地想着金牌这诱人的东西，想着夺得金牌之后的风光，便无异于给自己套上了一道道沉重的枷锁，技术水平自然难以正常发挥。当年许海峰摘取洛杉矶奥运会的"第一金"，主要就是当时他没有沉重的心理压力和精神负担。他曾说，在赛前我对那枚金牌的意义一无所知，拿了金牌后我才知道，它的意义竟如此重大。我想如果在赛前我就知道那么多，想到那么多的话，也许就会与第一块金牌失之交臂了。

资料来源：瑞文网。

战胜对手不容易，战胜自我就更难。对于运动员是这样，对于我们普通人也是如此。考试的目的是了解你对某学科知识的掌握程度，考试是对我们平时学习效果的一种检验。我们参加考试并不仅仅为了分数，而是为了让自己知道还有哪些地方需要去努力，从而更好地掌握知识。我们应该用平常心去轻松地面对，发挥出自己应有的水平就可以了。

如果考试成绩不理想，那只是说明对知识掌握得不够全面，说明你平时的努力还不够或者是学习方法有问题。这次考试没有成功，对你来说也许未必是件坏事，这次的失败可能是你下次成功的契机。你要相信，只要你平时足够努力了，而考试的时候又能够冷静地面对，就必将会得到应有的肯定。

第十章　相知相爱　共同成长

了解自我——恋爱测验

恋爱观测试

恋爱观就是对恋爱问题的看法。它表现为青年人对美的认知尺度、择偶的标准、恋爱的目的、使用的方式及对幸福伴侣的理解等。你可以做一做下面的测验题，看看自己的恋爱观是否正确。每题只选一个答案。

1. 你认为恋爱作为人生一个极其重要的环节，其最终所达到的目的应当是______

A. 找到一个情投意合的爱侣　　B. 成家过日子，抚育儿女

C. 满足性欲望　　D. 只是觉得新鲜有趣儿，没有明确的想法

2. （男女分别做第1、第2两个小题）

（1）你是个小伙子，你对未来妻子的要求最主要的是______

A. 善于理家做活，利落能干　　B. 样貌漂亮，风度翩翩

C. 人品不错，能体贴帮助自己　　D. 只要爱，其他一切都无所谓

（2）你如果是个姑娘，你在选择丈夫时首先考虑的是______

A. 潇洒大方，有男子风度

B. 有钱有势，社会能力强

C. 为人诚实正直，有进取心，待人和蔼可亲

D. 只要他爱我，其他都不考虑

3. 你决定和对方确定恋爱关系时，所依据的心理根据是______

A. 彼此各有千秋，但大体相当　　B. 我比对方优越

C. 对方比我优越　　D. 没想过

4. 对最佳恋爱时间的考虑是______

A. 自己已经成熟，懂得了人生的意义和爱情的内涵，并且确定了事业上的主攻方向

B. 随着年龄增长，自有贤妻与佳婿光临，“月老”不会忘记每个人的

C. 先下手为强，越早越主动

D. 还没想过

5. 你希望自己是这样结识恋人的______

A. 青梅竹马，情深意长　　B. 一见钟情，难舍难分

C. 在工作和学习中逐渐产生恋情　　D. 经熟人介绍

6. 你认为推进爱情的良策是______

A. 极力讨好取悦对方　　B. 尽力使自己变得更完美

C. 百依百顺，言听计从　　D. 无计可施

7. 人们通常认为，恋爱过程是个相互了解、相互适应和培养感情的过程。既如此，了解、适应就需要花时间。那么，你希望恋爱的时间是______

A. 越短越好，最好是“闪电式”　　B. 时间依进展而定

C. 时间要拖长些　　D. 自己无主张，全听对方的

8. 谁都希望完整全面地了解对方，你觉得了解他（她）的最佳途径是______

A. 精心布置特殊场景，对恋人进行考验

B. 坦诚恳切地交谈，细心观察

C. 通过朋友打听

D. 没想过

9. 你十分倾心的恋人，随着时间的推移暴露出一些缺点和不足，这时你______

A. 采用婉转的方式告诉并帮助对方　　B. 因出乎意料而伤脑筋

C. 嫌弃对方，犹豫动摇　　D. 不知如何是好

10. 当你已初涉爱河之中，一位条件更好的异性对你表示爱慕时，你于是______

A. 说明实情，挚情与恋人　　B. 对其冷淡，但维持友谊

C. 向其谄媚并瞒着恋人和其来往　　D. 感到茫然无措

11. 当你久已倾慕一位异性并发出爱的信息时，你忽然发现她（他）另有所爱，你怎么办？______

A. 静观待变，进退自如　　B. 参与角逐，继续穷追

C. 抽身止步，成人之美　　D. 不知道

12. 恋爱进程很少会一帆风顺，你对恋爱中出现的矛盾、波折怎么看呢？______

A. 最好平顺些，既然已经出现矛盾，也是件好事，双方正好借此考验和了解对方

B. 感到伤心难过，认为这是不幸

C. 疑虑顿生，就此提出分手

D. 束手无策

13. 由于性情不和或其他原因，你们的恋爱搁浅了，对方提出分手。这时你______

A. 千方百计缠着对方　　B. 到处诋毁对方名誉

C. 说声再见，各奔前程　　D. 不知所措

14. 当你十分信赖的恋人背信弃义、喜新厌旧、甩掉你以后，你怎么办？______

A. 权当自己眼瞎认错了人　　B. 你不仁，我不义

C. 吸取教训，重新开始　　D. 痛苦到难以自拔

15. 你爱情坎坷，多次恋爱均告失败，随着年龄增长进入“老大难”的行列，你______

A. 一如从前，宁缺毋滥　　B. 厌弃追求，随便凑合一个

C. 检查一下择偶标准是否实际　　D. 叹息命运不佳，从此绝望

计分标准如表 10－1 所示。

表 10－1　计分标准

	A	B	C	D
1	3	2	1	1
2	2	1	3	1
3	3	2	1	0
4	3	2	1	0
5	2	1	3	1
6	1	3	2	0
7	1	3	2	0
8	1	3	2	0
9	3	2	1	0
10	3	2	1	0
11	2	1	3	0
12	3	2	1	0
13	2	1	3	0
14	2	1	3	0
15	2	1	3	0

35～45 分——甲　　25～34 分——乙

15～24 分——丙　　7 个以上 0 分——丁

结果解释：

甲：恋爱观科学正确

你是一个成熟的青年，懂得爱什么和为什么爱，这是你进入情场的最佳入场券。不要怕挫折和失败，它们是考验你的“纸老虎”，终将在你的热忱面前逃遁。尽管大胆地走向你梦中的恋人吧，你的婚姻注定美满幸福。

乙：恋爱观尚可

你向往真挚而美好的爱情，然而屡屡失误，一时难以如愿。你不妨多看看成功的朋友，将恋爱作为圣洁无比的追求，不断校正“爱情之舟”的航线，这样你与幸福就相距不远了。

丙：恋爱观需要认真端正

与那些情场上的佼佼者相比，你的恋爱观存在不少问题，甚至有不健康之处。它们使你辛勤播撒的爱情种子难以萌发，更难结出甜蜜的果实。如果你已经贸然进入恋爱，劝你及早退出。

丁：恋爱观还未形成

你或许年龄太小，不谙世事；或许虽已老大，却天真幼稚。爱情对于你是一个迷惘可怖的世界，你须防备圈套和袭击。故建议你读几本婚恋指导书籍，稍许成熟些再涉爱河不迟。

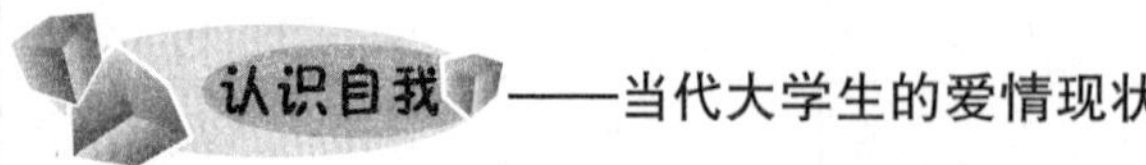

认识自我——当代大学生的爱情现状

恋爱是人生发展中的重要情感体验，从20世纪80年代的大学生“禁止谈恋爱”，到90年代的“不提倡，不反对”的默许方针，再到现今社会广泛争议的大学生是否可以结婚的讨论，大学生谈恋爱已是非常普遍的社会现象。

大学生恋爱既有着积极向上的有益一面，另一方面也或多或少地影响着大学生健康成长和学习生活以及将来的事业发展。为了了解恋爱对大学生的心理健康的影响，也为了了解大学的恋爱观念等情况，某高校的研究者们对大学生恋爱进行了调查。调查发现，在被调查的292名同学中，有92.9%的同学表示“有与异性交往的愿望”，且有13.5%的同学表示“交往愿望强烈”；有37.7%的同学在大学期间有谈过恋爱的经历。

调查结果还显示：当代大学生恋爱观总体趋于健康，但不健康的恋爱观念和动机在学生中也不同程度地存在。随着时代的发展，恋爱现象大众化、低龄化趋势愈加明显，学生对恋爱中涉及的道德观念所持的态度喜忧参半，同时学生恋爱投入的时间过多，对学习、同学交往产生了一定的影响，并且恋爱时的经济支出明显上升。对于失恋，虽然大部分学生能够正确对待，但仍有小部分同学痛苦不堪，甚至引发偏执思想和行为，这部分同学的不健康心理应引起老师和同学的高度重视。

完善自我——把握你的爱

一、爱情的含义

随着大学生性心理的成熟和性心理的发展，渴望爱情、想谈恋爱已经成为大学生中普遍存在的心理状态。爱情是那样的独具魅力，拨动着青年人的心弦，令人寻觅和向往。那么，到底什么是真正的爱情呢？

爱情是世界上最为复杂的情感现象，心理学对爱情的定义是这样描述的：爱情是一对男女逐渐建立在性需要基础上的一种强烈的内心情感体验，是基于一定的社会关系和共同的生活理想，在各自内心中形成的对对方的最真挚的倾慕，并渴望对方成为自己终身伴侣的最强烈的感情；是两颗心灵相互向往、吸引，达到精神升华的产物；是人类特有的一种高尚的精神生活。

二、爱情的心理实质

例海藏真

爱情故事

一天，一个男孩对一个女孩说：“如果我只有一碗粥，我会把一半给我的母亲，另一半给你。”小女孩喜欢上了小男孩。那一年他12岁，她10岁。

过了10年，他们的村子被洪水淹没了，他不停地救人，有老人、有孩子、有认识的、有不认识的，唯独没有亲自去救她。当她被别人救出后，有人问他：“你既然喜欢她，为什么不救她？”他轻轻地说：“正是因为我爱她，我才先去救别人。她死了，我也不会独活。”于是他们在那一年结了婚。那一年他22岁，她20岁。

后来，全国闹饥荒，他们同样穷得揭不开锅，最后用剩下的一点点面做了一碗汤面。他舍不得吃，让她吃；她舍不得吃，让他吃！三天后，那碗汤面发霉了。当时，他42岁，她40岁！

因为祖父曾是地主，他受到了批斗。在那段年月里，“组织上”让她“划清界限，分清是非”。她说：“我不知道谁是人民内部的敌人，但是我知道，他是好人，他爱我，我也爱他，这就足够了！”于是，她陪着他挨批、挂牌游行，夫妻二人在苦难的岁月里接受了相同的命运！那一年，他52岁，她50岁！

许多年过去了，他们调到了城里，每天早上乘公共汽车去市中心的公园。当一个青年人给他们让座时，他们都不愿坐下而让对方站着。于是两人靠在一起手里抓着扶手，脸上都带着满足的微笑。车上的人竟不由自主地全都站了起来。那一年，他72岁，她70岁。

她说：“10年后如果我们都已死了，我一定变成他，他一定变成我，然后他再来喝我送他的半碗粥！”

70年的风尘岁月，这就是爱情。

美国著名心理学家、耶鲁大学的斯滕伯格教授提出的“爱情三因素论”（社会心理学家又称爱情三角理论），这一理论揭示了爱情的本质，即虽然人类爱情复杂多变，但基本上由三种成分所组成：动机成分、情绪成分、认知成分，这三种成分的混合演绎，生成了热情（激情）、亲密与承诺三个因素。其中，激情是爱情中的性欲成分，是情绪上的着迷；亲密是指在爱情关系中能够引起的温暖体验；承诺指维持关系的决定期许或担保。

三种成分的不同组合，将得到七种不同类型的爱情（如图10－1所示）。

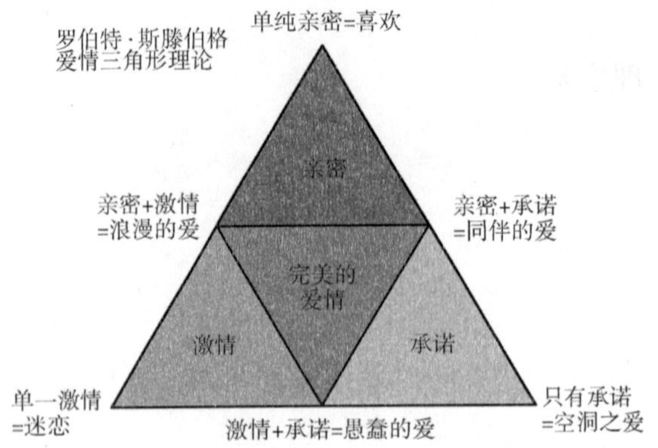

图 10－1　斯腾伯格“爱情三因素论”图示

第一，喜欢式爱情。

只有亲密，在一起感觉很舒服，但是觉得缺少激情，也不一定愿意厮守终生。没有激情和承诺，如同友谊。显然，友谊并不是爱情，喜欢并不等于爱情。不过友谊还是有可能发展成爱情的，尽管有人因为恋爱不成连友谊都丢了。

第二，迷恋式爱情。

只有激情体验。认为对方有强烈吸引力，除此之外，对对方了解不多，也没有想过将来。只有激情，没有亲密和承诺，如初恋。第一次的恋爱总是充满了激情，却少了成熟与稳重，是一种受到本能牵引和驱动的青涩爱情。

第三，空洞式爱情。

只有承诺，缺乏亲密和激情，如纯粹为了结婚的爱情。此类“爱情”看上去丰满，却缺少必要的内容，金玉其外，败絮其中。

第四，浪漫式爱情。

有亲密关系和激情体验，没有承诺。这种“爱情”崇尚过程，不在乎结果。

第五，伴侣式爱情。

有亲密关系和承诺，缺乏激情。跟空洞式“爱情”差不多，没有激情的爱情还能叫爱情吗？在四平八稳的婚姻中，只有权利、义务却没有感觉。

第六，愚蠢式爱情。

只有激情和承诺，没有亲密关系。没有亲密的激情顶多是生理上的冲动，而没有亲密的承诺不过是空头支票。

第七，完美式爱情。

同时具备三要素，包含激情、承诺和亲密。只有在这一类型中我们才能看到爱情的“庐山真面目”。

斯滕伯格很聪明，在这些爱情前面都加了一个“式”字，因为在他看来，前面列举的六种都只是类爱情或非爱情，在本质上并不是爱情，只有第七种才是爱情。而我们在现实生活中碰到的类爱情和非爱情的情形实在太多，以致把具备三要素的爱情基本当作是一种超现实的理想状态。

三、大学生恋爱的心理特点

心理学家研究表明，一个成熟的恋爱一般会经历四个阶段：第一个阶段是共存——热恋时期；第二个阶段是反依赖——情感稳定期；第三个阶段是独立——冲突时期；第四个阶段是共生——相依相存，共度人生。

大学生的恋爱在符合其恋爱规律的基础上，也有属于这一年龄阶段的心理特点：

（一）恋爱现象的普遍化与低龄化

以前的大学生只是在大三或大四时才谈恋爱，且谈恋爱的人数不多，如今的大学生从进入大学一年级就开始谈恋爱，有的甚至在高中阶段就已经有了男（女）朋友，大学期间未谈过恋爱的学生人数所占的比重越来越少。

（二）恋爱观念的自主化与浪漫化

随着大学生自主意识的不断增强，什么时候谈恋爱、和谁谈恋爱、怎样谈恋爱不再受到条条框框的限制，也不再受世俗的影响，大多数学生都是自己选择、自己决定、自己做主。另外，大学生活的丰富多彩给学生的恋爱赋上了一层浪漫色彩，优越的物质享受，高档次的娱乐场所使得学生的经济支出不断提高，学习时间相对减少。

（三）择偶标准的功利化与理想化

随着信息化社会的到来，文化冲击的影响，如今有些大学生在择偶方面片面追求现实化、功利化、理想化，重外在、轻内在的倾向使学生看中对方的不再是性格、品质、兴趣、能力等心理特点，而是对方的家庭财产、收入、地位、权势等方面的内容，这也使得学生的恋爱成功率越来越低。

（四）表达方式的开放性与公开化

如今的大学校园随处可见恋爱的男女朋友，或拥抱或亲吻，随时随地“真情流露”，不在乎别人的看法。这种“真诚奔放的表达方式”已经打破了中华民族传统文化中含蓄、深沉的特点，有些行为甚至打破了文明的界限，对学校环境产生了不好的影响。

（五）性态度的轻率性与自由化

受西方性观念的影响，许多大学生对“婚前性行为”缺乏慎重态度，随意与对方发生性行为，这种盲目的冲动可能会导致学生未婚先孕或是各种传染性性病的传播，对大学生的身心健康带来严重影响。

四、培养健康的恋爱观

大学生应该树立积极的爱情观，不要将爱情观定位为以物质为基础的情感，那样的情感称不上是情感，只是一种交易行为。要如何树立正确的恋爱观呢？心理学家弗罗姆说过：“爱是一种能力，也是一种艺术。”如何让你所爱的人喜欢你？如何建立、发展健康的恋爱关系？

（一）提倡志同道合的爱情

大学生恋爱应把具有一致的思想、共同的信仰和追求放在首要地位，把心灵美好、情操高尚、心理相融作为择偶的第一标准。莎士比亚曾说：爱情不是树荫下的甜言，不是桃花源中的蜜语，不是轻绵的眼泪，更不是死硬的强迫，而是建立在共同基础上的心灵沟通。因此，在恋人的选择上最重要的条件应该是志同道合，思想品德、事业理想和生活情趣等应大体一致。马克思和燕妮的崇高爱情就是建立在志同道合的基础上的，正因为如此，他们的爱情才经受住了艰难困苦的考验，传为佳话。大学生作为新时代的栋梁，其恋爱观应该是理想、道德、义务、事业和性爱的有机结合。

马克思与燕妮的爱情之路

马克思出生在一个律师家庭。燕妮大马克思 4 岁，出生于一个德国贵族（男爵）家庭。在当时的社会观念里，马克思与燕妮门不当户不对，还是异地恋、姐弟恋，所以他们的爱情遭受了各方面的阻力。1836 年晚夏，在波恩大学攻读法学的一年级学生马克思向自己热恋的姑娘求婚，燕妮就和 18 岁的马克思约定了终身。贵族出生、年华似锦的燕妮，被公认为是特利尔最美丽的姑娘和“舞会皇后”，许多英俊贵族青年为之倾倒，求婚者众多，毫不夸张地说，荣华富贵对她来说唾手可得。但是她却不顾传统观念，瞒着父母勇敢地把自己许配给一个普通市民阶级的子弟。1836 年，马克思转赴离家遥远的柏林大学读书，远离他的“无限美好的燕妮”。1841 年，马克思提前获得了哲学博士学位。年轻的哲学博士刚刚回到特利尔，就赶去他最心爱人的家里，把博士论文亲手送到燕妮的父亲手里，但是仅仅靠一篇博士论文显然不能维持生计，因而两人还要继续等待，结婚的念头也被打消。

从他们私自约定终身到结合，等待了漫长的七个年头，在这七年中，她除了与马克思有过少数的几次相聚之外，就只能彼此互寄书信寄托爱恋与思念。婚后，两人一直处在贫困境地，面临着沉重的经济压力。贫困和动荡使马克思和燕妮所生的七个孩子（四女二子）只活下来三个，其他四个孩子都因贫病而夭折。直到 1867 年《资本论》第一卷出版以后，他们家庭财政状况才有所改善。燕妮深深地爱着马克思。她除了肩负母亲和主妇的责任，除了为每天的生活操心之外，还担负起了许多其他工作。燕妮是马克思不可缺少的秘书，马克思几乎所有的手稿，其中大部分是很难辨认的，在送到印刷厂或出版社以前，总得由她誊写清楚。她曾写道："我回忆起在他的一点研究工作中，为他誊写潦草文章的日子，是我生命中最幸福的时光。"

马克思与燕妮的黄昏之恋更加强烈。1880 年，燕妮患上了肝癌，她以惊人的克制能力，忍受着极大的疼痛，马克思寸步不离地照料着妻子。1881 年秋天，焦急、失眠和体力消耗过度，致使马克思患上肺炎，有生命危险，但他仍然时刻记挂着燕妮。他们的女儿在谈到双亲暮年生活的时候说过："我永远也忘不了那天早晨的情景。他觉得自己好多了，已经走得动，能到母亲房间里去了。他们在一起又都成了年轻人，好似一对正在开始共同生活的热恋着的青年男女，而不像一个病魔缠身的老翁和一个弥留的老妇，不像是即将永别的人。"1881 年 12 月 2 日，燕妮永远告别了共同生活了 38 年的丈夫。这是马克思从未经受过的最大打击，过度的悲伤摧毁了他的身体，他甚至不能亲自参加妻子的葬礼，送她最后一程。两年后，一直沉浸在对妻子怀念中难以自拔的马克思也追随燕妮而去。

资料来源：个人图书馆。

（二）正确处理爱情与学业之间的关系

爱情是美好的，它是人生内容的重要组成部分，但不是人生的全部，它应该服从于学业，促进学业的发展。一个人只有学业取得成功，爱情之花才会开得更加鲜艳芬芳。所以，大学生应该把学业放在首位，摆正爱情与学业的关系，不要把宝贵的时间全部用于谈情说爱而放松了学习。没有学业的爱情如同在沙漠中播种，缺乏坚实的根基和土壤，迟早会枯萎。只有爱情同学业结合，爱情才有旺盛和持久的生命力。

（三）懂得爱情是一种责任和奉献

大学生在恋爱中应该懂得，爱不仅是得到，更重要的是一种责任和奉献。在社会生活中，人具有两方面的责任：一是个人对社会应尽的责任；二是个人对家庭、父母、孩子、朋友和爱侣的责任。第二方面的责任属于私人生活的性质，是社会干预最为微弱的领域，主要依靠良好的道德修养和自觉的责任感来维持。正因为如此，它体现了一个人的人格魅力。大学生一旦进入"爱的王国"，就必须具有强烈的责任感和奉献精神，才能获得崇高的爱情。

例海藏真

30 秒钟的坚持

男人和女人共进晚餐，晚餐是男人最喜欢吃的海鲜，也是女人的拿手好菜。晚餐后，男人将坐飞机去一个遥远的城市出差。

男人抵达的时间是半夜，所以男人对女人说到了就不打电话了，第二天清晨再打。女人说："好。"她站在窗口向男人挥手。接下来的半个月，男人将在一个陌生的城市里度过。

很晚了，女人早已熟睡。忽然电话的铃声将她吵醒，她看了看床头的钟表，已是凌晨。女人爬起来，来到客厅，接起电话。她听到了男人的声音。

男人开口就挺突兀："你还好吗?"

女人有些惊讶："还好，我已经睡下了。不是说早晨再打电话吗?"

男人好像不放心，又追问一句："你没事吧?"

女人有些好笑，这男人太婆婆妈妈了，虽然知道他是关心自己的，"我当然没事，睡得正香。你怎么了?"

男人说："跟你说一声，我已经到了。你不用担心。有事别忘了给我打电话。"然后他跟女人道了晚安，急急地将电话挂断。

女人拿着电话，愣了足足一分钟。她想今夜的男人有些不对劲。哪里不对劲呢?一时却又说不出来。

半个月后，男人从那座城市回来，仍然神采奕奕。可是他的肚子上，多出一块伤疤。女人问："怎么回事?"他回答："没事，一点小伤。"女人急了，追问不休。

男人就笑了："告诉你，你可不要生气。那天我下了飞机在街上走，肚子突然很痛。那是从来没有过的绞痛，让我几乎晕厥。于是我一下子想到了海鲜，想到可能是食物中毒。你知道，在我们这个海滨小城，每年都有人因为吃海鲜而送命。于是我给你打电话，我想假如真的是因为那些海鲜，那么，此时的你一定也会有感觉。假如你没接电话，或者虽然接了，但身体有什么不适，我就会直接把电话打到120急救中心，让他们马上赶到咱家。后来听你口气感觉一切都很正常，我就没再惊动你，放心地挂了电话。"

"感觉都那么不舒服了，你还不赶快想个办法先救自己?"女人问。男人深情地望着女人："再紧迫，我也要先给你打个电话。你知道，食物中毒这样的事，马虎不得的。时间就是生命。"

女人想起来了，在男人打电话的这半分钟里，他其实正在忍受着巨大的疼痛。他在确信女人没有任何问题后，才开始向路人求救或者求助于当地的120急救中心。假如那天他们真的是食物中毒，那么，即使远在几千公里之外，男人也会把医护人员送到她的身边。只不过，男人会因此耽误30秒钟。或者说，在可能的生死关头，男人把自己的30秒，毫不犹豫地送给了女人。而这30秒，男人肯定深知，极有可能就是生与死的距离。女人不说话了，她已经说不出什么话来。男人轻松地笑了笑说："还好，只是虚惊一场，什么可怕的事情都没有发生。"他又指了指肚皮上的那块伤疤，调皮地眨了下眼睛："这是急性阑尾炎留下的纪念。"

女人却笑不出来，早已经湿了眼角。她抱紧了男人，对他说："这30秒，是我和你相守一辈子的理由。"

（四）恋爱要严肃认真、感情专一

爱情是一个男性与一个女性之间的爱慕关系。这种关系包括自己特有的感情和义务，它只能存在于恋爱的两人之间，不容许第三者介入。双方一旦建立了恋爱关系，就要忠贞专一，一心一意，不能三心二意、见异思迁。任何一个人搞三角恋爱、多角恋爱的行为都是不道德的。

钱钟书与杨绛的爱情

爱有很多种，但文坛大师钱钟书与夫人杨绛的爱情是既属于经得起爱情的绚烂，又守得住流年平淡的那种。他们都拥有倾世的才华，在精神和情感上都达到了空前的默契，在为人方面又都给后世做出了很好的榜样。

对于妻子杨绛，钱钟书曾说过这么一段话：我见到她之前，从未想过要结婚；我娶了她几十年，从未后悔娶她，也未想过要娶别的女人。由此可见，钱钟书对杨绛的爱情是深沉而专一的。

那一年三月，风和日丽，他们相遇了，在清华大学的古月堂门口。当时钱钟书穿着青布大褂，脚穿一双布底鞋，戴一副老式眼镜，目光炯炯有神，谈吐机智幽默，满身浸润着儒雅气质。而杨绛则长得娇小玲珑，温婉而又活泼可爱。两人的父亲在无锡又都是名士，在相似的环境下长大的两个人一见如故，他们谈家乡，也谈文学。共同的文学爱好，默契的心灵交融，性格上的互相吸引，使得他们一见钟情。

钱钟书第一次见到杨绛就急切地澄清道："外界传说我已经订婚，这不是事实，请你不要相信。"杨绛也趁机说明："坊间传闻追我的男孩子有孔门弟子七十二之多，也有人说费孝通是我的男朋友，这也不是事实。"如此这般，双方已然会意，他们坠入爱河，成双入对地在花前月下倾诉衷肠。他们的关系很快得到了双方家长和亲友们的认同，最终喜结连理。

晚年的钱钟书夫妇有个默契的约定，出版的东西都是对方给题写书名。这对文学史上情深意浓的夫妇，为我们唱出了最动人的爱情赞歌。钱钟书与女儿钱瑗都早于杨绛离开人世，她仍笔耕不辍，写下《我们仨》，让很多读者都感动于她们一家人饱含深情的人生故事。

（五）恋爱需要理解、信任、宽容和尊重

爱情是互爱的统一，相爱的双方，都有着自己独立的人格和精神世界，既不能完全依附对方，也不能要求完全占据对方。爱情与做人一样，理解、信任、宽容和尊重

都是十分可贵的品质。爱很多时候意味着是一种付出，要相知、相敬、相让。“世上没有十全十美的人”，两个人在一起并不是简单的组合，必须互相迁就；爱，就必须接受对方的一切，包括缺点。

例海藏真

有一个男孩爱上了一个女孩，女孩知道后同他见了一面，男孩见到女孩之后更爱她了，就对女孩说出了心里话。

女孩就说你在我的窗下等上100天我就会爱上你！

男孩高兴地答应了，从那天开始，男孩每天都在窗下等着，就这样一天又一天，一个星期又一个星期过去了，男孩不论刮风还是下雨都痴痴地等在窗下，但是窗户从来都没打开过，但他相信女孩会信守诺言的！

到了第99天，男孩再一次等在窗下，傍晚，他微笑着走了，没有回头，从此再没人看到过他。

女孩若是真爱这个男孩的话，不会让心爱的男孩苦等，不用非得让男孩等到100天才爱他；而男孩在等了99天后离开，既表达了他对女孩的爱，又保留了自己的尊严，因为他明白，靠乞求得到的爱情是不会幸福的。

资料来源：百度知道。

五、性心理问题及调适

（一）性心理困惑

学生在性心理发展和成熟的过程中，面对社会变革中各种性文化和性观念的影响，面对强烈的性需求与性满足之间的矛盾，面对性情感、性行为的种种挫折与冲突，时常会出现一些性心理上的困惑，主要表现如下。

1. 与异性交往不适的困惑

与异性交往的心理从刚进入青春期时就开始萌发，从对异性的兴趣和异性交往的渴求，再到恋爱、结婚，这是一个人必然经历的生理、心理和社会行为的发展变化过程。大学生们渴望与异性交往的愿望非常强烈。但是由于传统的“男女授受不亲”等观念的影响，由于缺乏与异性交往的方法，许多人羞于与异性交往，常常拒异性于千里之外，在异性面前表现得非常紧张。

2. 性冲动与性压抑引发的困惑

性冲动是指由性刺激引起的性兴奋及性生理反应，并希望得到性满足的心理状态。性压抑是对个体性行为的某种限制，也是个体对待自己性欲的传统的、最普遍的反应方式。性压抑与性冲动是相抵触的，但适当的性压抑是必要的，它是个体性心理成熟的表现。

3. 性自慰行为带来的困惑

性自慰行为包括手淫、性幻想以及性梦。手淫是指用手或工具刺激生殖器而获得性快感的一种自我刺激方式，它是获得性补偿和性宣泄的行为。手淫是一种自然的、正常的性行为，是对性冲动的缓解。但是，过分沉溺于手淫，只靠频繁的手淫来缓解性紧张是不健康的。性幻想是在某种特定因素诱导下，自编、自导、自演的与性交往内容有关的心理活动过程。它可以幻想出在日常生活中不能满足的与异性一起约会、接吻、拥抱、性交等活动。性幻想可以导致生理上的性兴奋，偶尔也会出现性高潮，在一定程度上可以缓解人们的性需求。但是，性幻想不能过头，如果成天沉溺其中，甚至把幻想当成现实，那就会成为病态，就会有碍于青年的健康成长。性梦是指在睡梦中发生性行为。人们通过做梦的方式部分达到自己白天被社会规范限制的性冲动的满足，从而缓解性紧张。性梦也是性心理较为普通的一种表现。一些大学生由于缺乏对性梦知识的了解，常为自己有过性梦的经历而焦虑和自责。

4. 性行为失当的困惑

性行为失当包括身体亲密代替心理亲密和婚前性行为。过多的身体亲昵，会加剧性冲动，有时会使自己的行为失去控制。对于婚前性行为，一些大学生认为只要双方愿意就可以发生，有的甚至相识不久就发生性关系，有的在校外租房同居。他们常常不能对自己的性冲动进行理性的控制，不能对自我和他人负起性行为后果的责任。有的女生因婚前性行为多次做人工流产，给身心都带来无可挽救的创伤。有的人手术后引起炎症，导致输卵管堵塞；有的人多次人流手术后，将来会导致终身不育；过早性生活和流产还会导致宫颈癌发病率大大提高。

（二）性心理调适与维护

世界卫生组织对性心理健康下的定义是：通过丰富和完善的人格、人际交往和爱情方式，达到性行为在肉体、感情、理智和社会诸方面的圆满和协调。

1. 掌握科学的性知识

性科学是一门综合性的学问，它包括性生理学、性心理学、性社会学、性伦理学和美学等。掌握科学的性知识，一是要注重学习性生理知识，二是要注重学习性心理知识，三是要注重学习性道德和性法律知识。

2. 进行性心理自我调适

性心理自我调适是指在性心理发生矛盾冲突或出现问题时，采用有效方法，运用意识力量，对心理活动进行合理控制与调节，使失衡心理得到缓解，性心理问题得到及时解决。

（1）适当压抑法。大学生处于性欲旺盛时期，但主要任务是学习，应该以强烈的学习欲望来缓解性的欲望，以紧张的学习生活来抑制性的需求，通过培养性抑制力，来适应校园学习环境，适应社会行为规范。

（2）转移淡化法。积极主动投身到校园文化活动和集体生活之中，转移大脑中枢神经的兴奋中心，淡化原来的注意力，从而缓解性冲动，减轻性压抑。

（3）升华替代法。升华是指性欲在环境限制下难以宣泄时，使其转化为另外一种积极、建设性的欲望，在创造性的活动中得以发泄。

3. 学会与异性交往和自我保护

适度与异性进行交往，在交往中自信、尊重、自然、讲分寸、懂规矩，把握好“友情”和“爱情”的界限，做到自尊、自重、自爱。

4. 慎重对待婚前性行为

婚前性行为虽不违反法律法规，但有违道德观念和社会习俗，容易带来不良后果，所以要慎重对待，把握好“性”与“爱”的界限，树立社会责任感，减少对彼此带来的伤害。

5. 预防性病与艾滋病

性病与艾滋病都属于世界范围的传染疾病，对人类健康构成了巨大威胁，要注意预防。

性病主要通过性接触传播，主要有淋病、梅毒、尖锐湿疣、生殖器疱疹、非淋菌性尿道炎、滴虫病等，易感人群是20~24岁的青年。

艾滋病的全称是获得性免疫缺陷综合征（AIDS）。传播方式为性传播、血液传播、母婴传播。潜伏期一般为2~10年。

无论是性病还是艾滋病，预防的主要途径是洁身自爱，保持忠贞单一的性关系；发生危险性行为时正确使用避孕套以及及时治疗性病。

致大学生的你——恋爱小建议

1. 不要为了脱单而去恋爱，不要因为寂寞而选择在一起。
2. 寂寞是你最好的增值期，与其整日游戏不如去学习提升自己。
3. 世上没有丑人只有懒人，男生干净整洁抬头挺胸也会很帅，女生学会打扮整理妆容也能很美。
4. 在你没遇到对的人之前别动不动说自己孤独终老不相信爱情。
5. 相信一见钟情，但别鲁莽告白，多去接触了解，判断是不是适合自己。
6. 无论男生女生，先学会对自己负责再对对方负责，先学会爱自己再去爱别人。
7. 喜欢是放肆，爱则是理智地放肆。
8. 恋爱别以结婚为前提。
9. 小学生都知道，大部分女生更喜欢男生自信开朗有上进心。
10. 做最好的自己，爱最爱的人。
11. 别轻易承诺，也别轻易相信承诺。

12. 爱情很短，陪伴很长。
13. 你可以没钱，但不能没志气。
14. 所有的付出都是自愿的，即使失败也别埋怨别人。
15. 注意安全，无论是生理还是心理。
16. 所有的情感问题都是沟通问题。
17. 即使曾经受伤，也请继续相信爱情。
18. 爱是理解、关怀与包容……

超越自我——拥有爱的资格

看看自己是否拥有恋爱的“资格”

请认真回答下面的问题：

1. 你在心理上能够完全离开父母而独立吗？
2. 你有真正意义上的朋友吗？
3. 对你的恋人，你能给他（她）什么？
4. 对性欲你自己有明确的看法吗？
5. 如果恋爱受到挫折，你能做到不无理地憎恨对方，不无理地伤害自己吗？

恋爱本来是自然而然发生的，无所谓资格不资格的问题，如果对上述问题你能持肯定的态度，那么你就具备了恋爱成功的几项重要条件。

通过本章学习，写出你对爱情的理解：

____

____

____

____

第三部分

社会适应

第十一章　适应环境　高效融入

了解自我——趣味小测验

适应能力测试

测试说明：以下有 20 道测试题，请你根据自身实际情况，在相应的选项上打“√”。

1. 我最怕转学或转班级，每到一个新环境，我总要经过很长一段时间才能适应：

A. 是　　B. 无法肯定　　C. 不是

2. 每到一个新地方，我很容易同别人接近：

A. 是　　B. 无法肯定　　C. 不是

3. 在陌生人面前，我常无话可说，以至感到尴尬：

A. 是　　B. 无法肯定　　C. 不是

4. 我最喜欢学习新知识或新学科，它给我一种新鲜感，能调动我的积极性：

A. 是　　B. 无法肯定　　C. 不是

5. 到一个新地方，我第一天总是睡不好，就是在家里，只要换一张床，有时也会失眠：

A. 是　　B. 无法肯定　　C. 不是

6. 不管生活条件有多大变化，我都能很快习惯：

A. 是　　B. 无法肯定　　C. 不是

7. 越是人多的地方，我越感到紧张：

A. 是　　B. 无法肯定　　C. 不是

8. 在正式比赛或考试时，我的成绩多半不会比平时差：

A. 是　　B. 无法肯定　　C. 不是

9. 我最怕在班上发言，全班同学都看着我，心都快跳出来了：

A. 是　　B. 无法肯定　　C. 不是

10. 即使有的同学对我有看法，我仍能同他（她）交往：

A. 是　　B. 无法肯定　　C. 不是

11. 老师在场的时候，我做事情总有些不自在：

A. 是　　B. 无法肯定　　C. 不是

12. 和同学、家人相处，我很少固执己见，乐于采纳别人的看法：

A. 是　　B. 无法肯定　　C. 不是

13. 在同别人争论时我常常感到语塞，事后才想起该怎样反驳对方，可惜已经太迟了：

A. 是　　B. 无法肯定　　C. 不是

14. 我对生活条件要求不高，即使生活条件很艰苦，我也能过得很愉快：

A. 是　　B. 无法肯定　　C. 不是

15. 有时自己明明把学科知识背得滚瓜烂熟，可在课堂上背的时候，还是会出差错：

A. 是　　B. 无法肯定　　C. 不是

16. 在决定胜负成败的关键时刻，我虽然很紧张，但总能很快地使自己镇定下来：

A. 是　　B. 无法肯定　　C. 不是

17. 我不喜欢的东西，不管怎么学也学不会：

A. 是　　B. 无法肯定　　C. 不是

18. 在嘈杂混乱的环境里，我仍然能集中精力学习，并且效率很高：

A. 是　　B. 无法肯定　　C. 不是

19. 我不喜欢陌生人来家做客，每逢这种情况，我就有意回避：

A. 是　　B. 无法肯定　　C. 不是

20. 我很喜欢参加社交活动，我感到这是交朋友的好机会：

A. 是　　B. 无法肯定　　C. 不是

计分标准：

单数号题选“是”记 -2 分；选“无法肯定”记 0 分；选“不是”记 2 分。

双数号题选“是”记 2 分；选“无法肯定”记 0 分；选“不是”记 -2 分。

将各题的分数相加，即得总分。

结果解释：

得分在 35 ~ 40 分者，社会适应能力很强。能很快地适应新的学习、生活环境；与人交往轻松、大方，给人印象极好；无论进入什么样的环境，都能应付自如，左右逢源。

得分在 29 ~ 34 分者，社会适应能力良好。

得分在 17 ~ 28 分者，社会适应能力一般。当进入一个新的环境，经过一段时间的努力，基本上能适应。

得分在 6 ~ 16 分者，社会适应有力较差。依赖于较好的学习、生活环境，一旦遇到困难则容易怨天尤人甚至消沉。

得分在 5 分以下者，社会适应能力很差，在各种新环境中，即使经过一段相当长时间的努力，也不一定能够适应；常常因感到与周围事物格格不入而十分苦闷；在与他人的交往中，总显得拘谨、羞怯、手足无措。

如果在这个测验中得分很高，说明其社会适应能力较强。但是如果得分较低，也不必忧心忡忡，因为一个人的社会适应能力是随着年龄的增长、知识经验的丰富而不断增强的。只要充满信心、刻苦学习、虚心求教、加强锻炼，就一定会成为适应社会的成功者。

注：本测验的结果仅供参考。

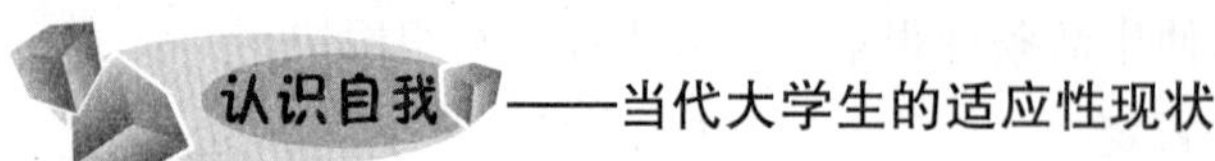

认识自我——当代大学生的适应性现状

美国大学新生辍学的情况屡见不鲜，尤其是入学后的前六周。与此相对应的是，中国在校生退学现象也日益严重。有数据表明，近几年全国在校学生自动退学率已接近3%，每年退学人数近50万人。究其原因，很大程度上是由于新生入学后对学校或专业不适应，在学习和生活中遇到困难或者面临经济状况和人际关系的压力。

调查表明，同学们在适应学校生活时，主要存在下面一些问题。

（1）与升学前相比，校园环境的变化、相处对象的变化、语言的差异、习俗的差异，都在一定程度上使新生觉得不习惯。没有了那么多的作业，没有了那么多的课程，没有了那么多的考试，使自控能力差的学生感觉学不到东西，进而使许多同学觉得生活空虚、无所适从。

（2）各种各样的社团活动让同学们觉得很忙碌。只要你不违法乱纪，就能充分施展自己的才能。所谓人外有人、天外有天，社团里人才辈出，无形之中对没有专长的学生造成一种压力，甚至可能引发学生的自卑。

（3）不会很好地处理人际关系。学校中存在着性格各异的个体，接触的人也由以前的同班同学扩大到不同班级、系别的同学，所以遇到的人际问题也在增多。

（4）学习缺少主动性，感觉没学到什么东西。大学是一个新的学习环境，老师不会像中学一样“压着”学生学习，学习完全靠自己的主动性。学生觉得学不到东西是有原因的，这原因多半来自自己的不主动和懒散，上课睡觉、看小说、玩手机是很多刚入学的新生都不可避免的问题。每个一年级新生都应该好好想想该怎么过完这一阶段的学校生活，是混日子还是学本事。学生过什么样的生活完全由自己决定。

（5）感觉自己天天很忙，但一天下来又不知道自己忙了些什么。有些同学感觉每天都很忙，忙着参加社团活动，忙着帮老师干活，结果一天下来，没有明显的收获。其实收获是有的，只是不那么明显，需要慢慢地去积累。

（6）理想学校与现实学校的差距较大，从而使积极性逐渐下降。也许是受到一些校园青春偶像剧的影响，学生们对多姿多彩的校园生活充满了向往，向往一份美丽的爱情、一份纯洁的友谊、一份多姿多彩生活，但当他们进入大学后，却发现想象中的学校生活与现实的学校生活差距很大，从而失去了学习的兴趣与积极性。

以上这些问题都是大学生在刚进校园时所常遇到的问题，它们不仅影响大学生的学习，还会影响大学生未来的发展。当遇到这类问题时，要想办法去解决，找一些方法去减少这些问题带给我们的副作用。

不能适应新环境也是病

李明高中毕业以后考上大学，他满怀信心地踏上征途，憧憬着美好的大学生活。抵达学校后出乎意料的是，他发现男生宿舍是那样脏乱，8 个人一个房间，他的床位是靠门的上铺。晚饭时，踏进饭堂门口，他就闻到一股北方人喜食的蒜葱味，主食是馒头，这使南方长大的他感觉到不适，饭后一个人回到宿舍闷闷不乐。晚上熄灯以后，有的同学鼾声如雷，有的同学梦话不休，他难以入睡。想到家里自己独居一室，想到慈母的温存慈爱……第一夜他自己也不知道是怎样打发的。连续几天后，他精神愈来愈萎靡，课也听不进去，感到自己一下子“笨”了起来。

而同学之间交往也不像中学那样，虽有学会或沙龙之类，但觉得与自己的喜爱和性格格格不入。他想家、想父母……到校医室开些药吃了也无用。唯一给他安慰的时刻，是一个人在校园一隅独自沉湎于甜蜜的回忆之中。高中时的尖子生在大学里成了“差生”，他自卑自责，终于称病回家。

回家后他精神为之一振，头晕头痛、腰酸乏力等几乎不药而愈。他又去上学，谁知一到学校老毛病又犯了。医生查不出原因，最后转到心理咨询，才诊断出他是典型的适应性心理障碍，他在一个陌生的环境里生活，难以适应。

目前像李明这样患适应性心理障碍者绝不是个案。

如果一个人性格不够开朗、不善交际、刻板固执、墨守成规，在遇到外界应激事件的精神因素刺激后，就会引起机体适应不良的反应。精神因素不仅影响人的心理活动，而且也可能影响人的内脏功能，致使生理上产生各种不适症状。

一、适应生存环境的含义

适应，指生物个体的生理或行为特征，经过了长时间的“天择作用”之后，在某个环境下能够顺利地繁衍并增加数量。

适应能力，指个体为了更好地生存而进行的心理上、生理上以及行为上的各种适应性改变，使其与外界达到和谐状态。社会适应能力是反映一个人综合素质能力高低的间接表现，是个体融入社会、接纳社会能力的表现。一般认为，适应能力包括个人的生活自理能力、基本劳动能力、选择并从事某种职业的能力、社会交往能力、用道德规范约束自己的能力等。

生存环境，一般指一切自然、社会、自我的客观存在。通常特指某区域或个体所面对的特定生存条件，如就业、医疗、教育、福利、卫生、法制、污染等的统称。

综上所述，适应生存环境指个体在所处环境条件下，能够及时调整好自己的心理、生理状态，使自己的行为发生适应性的变化，以达到与所处环境的和谐统一。适应生存环境的能力是个体社会适应能力的具体体现，这种能力将决定个体在某一环境中的应对与发展，是个体成长的必备能力之一。

二、适应能力的组成

适应能力是个体与各种环境因素连续而不断改变的相互作用过程。它有三个基本组成部分。

（1）个体：社会适应过程的主体。

（2）情境：与个体相互作用，不仅对个体提出了自然的和社会的要求，而且也是个体实现自己需要的来源。人际关系是个体社会适应过程中情境的重要部分。

（3）改变：是社会适应的中心环节。它不仅包括个体改变自己以适应环境，而且也包括个体改变环境使之适合自己的需要。

三、适应方式

个体在新情境下，一般有三种基本的适应方式。

（一）问题解决

所谓问题解决，是指由一定的情景引起的，按照一定的目标，应用各种认知活动、技能等，经过一系列的思维操作，使问题得以解决的过程。它一般包括四个阶段，即发现问题、分析问题、提出假设、检验假设。个体的问题解决过程受到诸多因素的影响，如个体的心智水平、已掌握知识程度、动机和情绪状况以及刺激呈现的模式等，当然，其与个体的个性特点及思维定式也有较大关系。在适应过程中，个体的问题解决主要目的是改变环境使之适合个体自身的需要。

（二）接受情境

所谓情境，是指在一定时间内各种情况的相对的或结合的境况。个体的接受情境指个体在某一情境下的态度体验，包括个体改变自己的态度、价值观，接受和遵从新情境的社会规范和准则，主动地做出与社会相符的行为等。

（三）心理防御

所谓心理防御，是指个体面临挫折或冲突的紧张情境时，在其内部心理活动中具有的自觉或不自觉地解脱烦恼，减轻内心不安，以恢复心理平衡与稳定的一种适应性倾向。该机制存在的意义在于，能够使主体在遭受困难与挫折后减轻或免除精神压力，恢复心理平衡，甚至激发主体的主观能动性，激励主体以顽强的毅力克服困难、战胜挫折。但这也有可能使主体因压力的缓解而自足或出现退缩甚至恐惧而导致心理疾病。个体在适应阶段通常会采用心理防御机制掩盖由新情境的要求和个体需要的矛盾产生的压力和焦虑的来源，进而调节心理状态，达到心理平衡与稳定。

井蛙归井

井里的青蛙向往大海，请求大鳖带它去看海。大鳖平生第一回当向导，非常高兴，便欣然同意。一鳖一蛙离开了井，慢慢前行，来到海边。青蛙见到一望无际的大海，惊叹不已。它“呱呱”大叫，急不可待地扎进大海的怀抱，却被一个浪头打回沙滩，措手不及，喝了几口咸水，还被摔得晕头转向。

大鳖见状，就叫青蛙趴在自己的背上，带着它游海。一蛙一鳖漂浮在海面上，乐趣无穷，青蛙也逐渐适应了海水，能自己游一会儿了。就这样，它俩玩得很开心。过了一阵子，青蛙有些渴了，但喝不了又苦又咸的海水。它也有些饿了，却怎么也找不到一只它可以吃的虫子。青蛙想了想，对大鳖说：“大海的确很好，但以我的身体条件，不能适应海里的生活。最要命的是，这里没有我能吃的食物。看来，我还是要回到我的井里去，那里才是我的乐土。”

于是，青蛙向大鳖告别，回到了自己的井中，过着平安快乐的生活。

在这个故事里，青蛙向往大海，请求大鳖带它去看海，到达海边后的一系列行为就是个体适应生存环境的过程，当青蛙发现自己适应不了新环境时所采取的“归井”就是它的应对策略。其实这则寓言在告诉人们，当我们无力改变环境的时候，要学会改变自己。不要盲目羡慕别人，适合自己的才是最好的。

俗话说“智者调心”，人不能够适应周围的环境不仅是源于个体的生理状况及知识经验，还源于个体的不良心理状态及基础能力，那么，如何在生活、学习中提高自己的适应能力呢？

四、提高适应能力

（一）拥有健康的身体

俗话说，“身体是革命的本钱”，无论何时何地，身体与环境的适应将在很大程度上决定你的适应程度。不同的环境、不同的气候条件不仅造就了不同的物种，还使当地的人类有了与之相适应的生理特征。如爱斯基摩人的面部宽大、颊骨显著突出、眼角皱襞发达、四肢短、躯干大，这种外表形态加之其生理上的一些特点，使他们更能适应寒冷环境的生活。又如居住在赤道附近的黑人，他们的流汗量是白种人的十几倍。研究结果显示，黑人身体的辐射散热功能强，既有散热系统形态学方面的优势，又与身体微量元素含量与白种人明显不同有关。黑人宽厚的嘴唇、短而粗的鼻腔、发达的汗腺都有利于其散发体热，调节体温。而且，黑人血液中所含铜元素的百分比高于白人。这是因为铜在黑色素形成过程中，对二羟基苯丙氨酸起催化作用，能忍受干旱所带来的气温剧增。由此可见，各种生物物种（包括人类）通过自身形态结构、生理功能、行为反应、生活习性的改变，提高了对外界环境的协调控制能力。在这里适应的过程也是一个生物进化的过程。

夏尔巴人的高原适应

身体与环境相匹配的最典型例子之一当属夏尔巴人。夏尔巴人生活在高高的喜马拉雅山上，他们适应了这个崎岖的地方并且克服了常人所不能克服的呼吸困难。一般人搬运东西到高海拔地区最多不过30公斤，夏尔巴人则可以搬运两倍于常人的重物。

其实，人具有比较广泛的适应能力，能在多种环境下生存。但是，人的适应能力又并非无限。如果人试图超越环境极限，则会付出巨大代价。

人的身体与环境不适应的代价其实就是错位。代价越大，意味着错位越大，就越难以生存。例如，夏尔巴人在喜马拉雅山生存的代价是缺碘，因而容易患甲状腺肿大和呆小症。但是，这种代价对于他们来说还是较小的，而且他们能靠吃碘盐来克服，所以能适应高原的生活。如果平原和城市中生活的人到喜马拉雅山生活，则付出的代价会更大，也即错位更大。他们会因为难以呼吸而生存不下去，甚至死亡。

时间变了，环境变了，原来适应的可能不再适应，而原来不适应的也可能适应性大大提高，这一切的基础是个体有一个健壮的身体。身体健壮的人大多精力充沛、敏感灵活、积极主动。这样在环境改变的情况下，才能承受环境改变带来的不适，否则，身体的衰弱加之环境的变化，更容易导致身体的脆弱。

想拥有健壮的身体就要做到合理饮食、规律作息、锻炼身体、增强体质。

（二）拥有丰富的学识

“知识就是力量”，丰富的学识可以增强自己的适应能力。在现代高科技社会里，人们已不能仅凭个体经验来适应社会、适应自然了，没有知识的人在我们的社会里将会举步维艰。现代社会又是一个信息社会，倘若你没有一定的知识储备，无法获取有用的信息，那么在这个越来越“光怪陆离”、纷繁复杂的社会里，你就如同瞎子、聋子一样，无法定向，无法从容处之。

例海藏真

曾经一度炒得沸沸扬扬的打工皇帝唐骏，以年薪10亿元的天价任职新华都总裁兼首席执行官（CEO）。在此之前，他于1994年加入微软公司，担任微软总部Windows NT开发部门的高级经理；后任微软公司全球技术中心总经理。2002年3月26日，出任微软（中国）有限公司总裁。2004年1月正式出任盛大集团总裁。这算得上的成功人士了吧，然而唐骏所读的专业与商业并无多大联系甚至是风马牛不相及。他于1980年考入北京邮电学院（北京邮电大学前身）后留学日本、美国，分别获物理学学士、电子工程学硕士和计算机博士学位。再如冯军，创建了华旗资讯公司，创建了爱国者品牌，他是1987届的清华大学土木系学生。而像海尔集团董事局主席兼首席执行官（CEO）的张瑞敏与蒙牛集团董事长牛根生这样从对口专业——工商管理学出身的人物比较凤毛麟角。记得高考填报志愿时，有些专家就曾说过，大学毕业生在工作时与自己专业对口的人数只有10%。以上可得出这样的结论，在大学毕业后若想找到与本专业对头的工作概率是非常低的。虽然不能找到称心如意的工作，只要你的学识丰富、适应能力强，就有可能获得成功。

资料来源：凤凰网。

学识丰富，不单单指个体的学习成绩优异，在学校里名列前茅，有很多名校毕业的高才生往往不能适应日新月异的社会环境，反而被学习所累，毕业后举步维艰。丰富的学识需要你在知识领域有多方面的涉猎，让自己具备多方面的才能，这样，当你面临选择的时候，才能自信从容，抓住机遇。

丰富的学识既包括基础知识，又包括技能知识。基础知识要扎实，它是创新的前提和基础；技能知识要牢固，它是任务完成的手段与保障。另外，一个人的知识游离于其专业越远越好，当学科交叉很多的时候，最容易迸出创造的“灵感火花”。

（三）培养实践能力

知识的积累并不等同于能力积累，将知识转化为能力并不是件容易的事，在完成学习任务的前提下，应发展社会需要的实际应用能力。它包括人际交往能力、社会应变能力、组织管理能力以及创新能力。

1. 人际交往能力

人际交往能力是指妥善处理组织内外关系的能力，包括个体的表达理解能力、人际融合能力和解决问题的能力。

（1）表达理解能力。表达理解能力意味着一个人是否能将自己内心的思想通过简单有效的语言及动作表现出来，并且能让他人清楚地了解自己的想法。另外，表达理解能力还包括理解他人表达的能力。一个人的表达能力，也能直接地证明其社会适应的程度。

（2）人际融合能力。人际融合能力意味着和别人进行接触时，能够让别人感受到自己可信、可爱、真诚，进而很好地融入其中。虽然该能力和人的个性（如内外向等）有极大的关系，但又不完全由个性决定。

（3）解决问题的能力。解决问题的能力指在遇到问题情境时，个体能够通过自己的经验以及技能，独立地使问题得以解决。

例海藏真

1938 年，美国宾夕法尼亚州政府在该州一个农民家里意外发现了一位已满 5 岁的小女孩安娜。她出生以后，母亲就把她单独关在楼上的黑暗房间里，每天仅仅给她维持生命的牛奶，此外不与她接触。当地官员发现她的时候，小安娜又瞎又聋，不会说话、不会笑、不会走、不会咀嚼。

1920 年，印度神父辛格在森林中救出两个狼孩，狼孩被救回到人类社会时大约七、八岁，动作姿势、情绪反应、生活方式等都表现出狼的习性。狼孩用四肢行走，不会说话。惧怕人，白天躲藏起来，夜间潜行。每天午夜到早上 3 点钟，像狼似的引颈长嚎。据研究，卡玛拉当时虽然已七、八岁，但她的智力却相当于 6 个月的婴儿水平。人们花了很大气力都不能使她适应人类的社会生活方式。卡玛拉 4 年内只学会了 6 个词，能听懂几句简单的话，她在 7 年后才学会 45 个词，能勉强地学说几句话。卡玛拉死时已经十六七岁，但她的智力仅相当于 3 ~4 岁的孩子。

资料来源：百度文库。

上面这两个故事告诉我们，一个人如果失去交往的机会，将很难适应社会生存环境。

聚焦实验

人能承受多少孤独

1954 年，美国做了一项实验。该实验以每天 20 美元的报酬（在当时是很高的金额）雇用了一批学生作为被测者。

实验内容是这样的，为了制造出极端的孤独状态，实验者将学生关在有防音装置的小房间里，让他们戴上半透明的保护镜以尽量减少视觉刺激。接着，又让他们戴上棉手套，并在其袖口处套了一个长长的圆筒。为了限制各种触觉刺激，又在其头部垫上了一个气泡胶枕。除了进餐和排泄的时间以外，实验者要求学生 24 小时都躺在床上。可以说，这样就营造出了一个所有感觉都被剥夺了的状态。结果尽管报酬很高，却几乎没有人能在这项孤独实验中忍耐三天以上。最初的8个小时好歹还能撑住，之后，学生就吹起口哨或者自言自语，开始烦躁不安了。在这种状态下，即使实验结束后让他们做一些简单的事情他们也会频频出错，精神也集中不起来。到第4天时，学生会出现双手发抖、不能笔直走路、应答速度迟缓以及对疼痛敏感等症状。实验持续数日后，人会产生一些幻觉。例如看见大队花栗鼠行进的情景或者听到有音乐传来等。

跟踪发现，被测者在实验后需要3天以上的时间才能恢复到正常状态。

这个实验告诉我们：一个人一旦脱离了社会群体，失去了社会交往，就会产生孤独感和恐惧感，这会给人的心理健康带来严重的破坏。

妥善处理人与人之间的关系，并与他人和谐共处是很重要的。在生活、工作中要与许多人打交道，难免会发生矛盾。作为学生，只有具备人际交往能力，善于处理各种人际关系，才能在学习生活中充分展现自己。在人际交往中，要善待他人；要将心比心，多为他人设身处地着想，这样才能得到他人尊重；学会处理问题时既坚持原则又不失灵活。

2. 社会应变能力

应变能力是指个体在外界事物发生改变时所做出的反应，可能是本能的，也可能是经过大量思考过程后所做出的决策。

真知灼见

在还没有发明鞋子以前，人们都赤着脚走路，不得不忍受着脚被扎被磨的痛苦。某个国家，有位大臣为了取悦国王，把国王所有的房间都铺上了牛皮，国王踩在牛皮地毯上，感觉双脚舒服极了。

为了让自己无论走到哪里都感到舒服，国王下令，把全国各地的路都铺上牛皮。众大臣听了国王的话都一筹莫展，知道这实在比登天还难。即便杀尽国内所有的牛，也凑不到足够的牛皮来铺路，而且由此花费的金钱、动用的人力更不知有多少。

正在大臣们绞尽脑汁想着如何劝说国王改变主意时，一个聪明的大臣建议说："大王可以试着用牛皮将脚包起来，再拴上一条绳子捆紧，大王的脚就不会忍受痛苦了。"国王听了很惊讶，便收回命令，采纳了他的建议。于是，鞋子就这样发明了出来。

把全国的所有道路都铺上牛皮，这办法虽然可以使国王的脚舒服，但毕竟是一个劳民伤财的笨办法。那个大臣是聪明的，改变自己的脚，比用牛皮把全国的道路都铺上要容易得多。

资料来源：《哲理故事》，2008年9月24日。

大臣的应变能力，不仅发明出了鞋子，还在国王面前展现了自己的才智，为国家解决了一个棘手的问题。应变能力是当代人应该具有的基本能力之一。当今社会复杂多变，我们每个人每天都要面对比过去多得多的信息，如何迅速地分析这些信息是人们把握时代脉搏、跟上时代潮流的关键。这需要我们具有良好的应变能力。

那么，我们该如何提高自己的应变能力呢？

（1）冷静。无论遇到多大的困难和挫折，所处的环境多么窘迫和险恶，都不能盲目应对，要静下心来，思考应对策略，使自己由盲目变为理智。

（2）忍耐。无论情境是多么艰难，前景是多么悲观，都不能急于放弃，要忍耐，坚持目标，在忍耐中思考，寻找机会“应变”。时刻记住：“冲动是魔鬼。”

（3）摸底。不管遇到的情境是多么艰险，都不能“愤然而上”，也不能“惧怕而降”，要摸清底细，做到“知己知彼”，方能“百战不殆”。

（4）探穴。学会静下心来，冷静地发现事件或对手的弱点、漏洞或疏忽之处，采取办法应对。

（5）灵活。在事件发生突然转变时，既不能一味逃避退缩，也不能一味顽固坚持，而要灵活地根据已发生的情况，迅速做出新的判断，灵活机智地选择出适应新情况的应变方法，使自己始终保持应变的主动性。

3. 组织管理能力

组织管理是指通过建立组织结构，规定职务或职位，明确责权关系，使组织中的成员互相协作配合、共同劳动，有效实现组织目标的过程。组织管理能力是一个人的知识、素质等基础条件的外在综合表现。它是为了有效地实现目标，灵活地运用各种方法，把各种力量合理地组织和有效地协调起来的能力。它包括协调关系的能力和善于用人的能力等。

现代社会是一个庞大的、错综复杂的系统，绝大多数工作需要多个人的协作才能完成，从某种角度讲，每一个人都是组织管理者，承担着一定的组织管理任务。

企鹅王国里的孔雀

从前，海之族的主要管理者是一群企鹅。它们不聪明，却总是大权在握。

管理者总是穿着那套与众不同的黑白制服，它们始终坚信着装与做事一样，要一致并坚持认为那代表着团结。

相反，工鸟们却穿着五颜六色、色彩斑斓的衣服。这些服饰表明了它们作为一般员工的身份，并展示了其丰富多彩的生活方式。

鸟类中不乏胸怀大志，努力往上爬的鸟。它们被鼓励遵循企鹅的行为方式。当然，还包括那套黑白的企鹅制服，它们学习如何进行企鹅式行走，并时刻以自己的领导为榜样。

突然有一天，企鹅王国里飞来一只名叫 Perry 的孔雀。它个性张扬，外表绚丽多彩，重要的是创意层出不穷。虽然与其他人显得格格不入，企鹅们却对它的创新思想留下深刻印象。它也因此被视为王国里真正有企鹅般潜质的接班人。

起初，企鹅对这次全新的招聘感到愉悦。Perry 也尽情发挥，表现令人相当满意。

当结果与期望相符时……“两情相悦”。

然而没过多久，企鹅们便开始对 Perry 小声地抱怨：“太张扬了！”“太花哨了!!”“太自作主张了!!!”显然，Perry 的表现开始让企鹅们感到不自在了。

事事必须效仿企鹅，想到有一天自己也会变成一只企鹅，Perry 自己也变得不开心了。

结果，“两情不悦”。

每个组织里都会有企鹅和孔雀。当真正的 Perry 们凭借被相中的创新精神加入公司后，便会发现为了遵循所谓的行为标准，创新终究会被磨灭。此时，孔雀就会丧失战斗力，变得闷闷不乐。而企鹅也会因为孔雀的表现对其逐步失去信心，这是一个恶性循环。

在群体中，我们每个人都应该看到别人的不同，孔雀应该知道适当改变自己融入新环境，而企鹅应当知道包容与信任，这样才会使我们变得更乐意倾听，更能接受新的事物以及更好地成长。

现如今社会对具有一定组织管理能力的毕业生越来越重视，许多单位挑选学生时不仅注重其学业成绩，同时对其在校是否担任过学生干部、是否从事过社会工作很感兴趣。因此，大学生在校期间应积极参加社会活动，尽量做一些社会工作，学会如何与人沟通（包括表达与倾听）、如何承担责任、如何安排计划等，不断增强自己的组织工作能力，以利于今后的工作。

4. 创新能力

所谓创新能力，是指用已积累的知识通过不断探索研究，在头脑中创造出新的思维，提出新的见解和做出新的选择。要努力去发现问题、发现规律，创造性地分析问题和解决问题。

例海藏真

中国科学院应用数学研究所的研究生王凯宁在读中学时就具有这种深入探求的创造能力。平面几何课讲到梯形的面积时，他看着老师在黑板上写的公式 $S=Lh$（梯形面积 = 中位线 × 高），头脑里就积极思考起来，想着想着，他站了起来，问老师：“能不能把圆环看成是一个弯曲了的梯形的黏合。那么由梯形面积公式可以得到圆环的面积公式，也是 $S=Lh$，这时的 L 是中部的圆周长，h 就是环的厚度。”

老师要王凯宁讲讲几何道理。王凯宁说：“一条曲线段，当它很短时，都可以看作近似的直线段。而一条曲线是由许多短曲线组成的，所以圆形可以看作许多近似直线连成的图形。”

王凯宁使用的就是类比型创造性思维。

进入大学之后，王凯宁仍旧保持了这种精神。一天，王凯宁翻看一本刚出版的画报。突然，画报上的一张照片吸引了他。原来照片中的黑板上写了一道线性代数方面的命题。好奇心促使他研究起这道命题来。他根据计算的结果发现，这个命题是错的，可照片的说明却是肯定和赞扬这个命题的。他一打听，得知这个命题是一位少年班的学生提出来的，某研究所的一位著名教授还肯定过。能否定权威吗？他经过仔细的论证，确证这个命题是错的，于是他勇敢地提了出来，写成论文，发表在《数学通报》上。

资料来源：《学习有法》。

如何让自己具有创造性思维，进而培养自己具备创新能力呢？这就需要培养个体捕捉灵感的能力，还需要个体有着敏锐的观察力、丰富的想象力、深厚的知识积淀以及实践的勇气。

（四）提升积极心态

积极心态就是面对工作、问题、困难、挫折、挑战和责任，从正面去想，从积极的一面去想，从可能成功的一面去想，积极采取行动，努力去做。它是一种主动的生活态度，把生活中的一切当作一种享受的过程，反映了一个人的胸襟、魄力。积极的心态会感染人，给人以力量。

在适应过程中，也存在消极的适应和积极的适应两个方面。

消极的适应是人与环境的消极互动过程。在这一过程中，个体认同、顺应了环境中的消极因素，压抑了自身的积极因素即自身的潜能，违背了人的心理发展规律。其结果是环境改造了人，而人未发挥自己对于环境的能动作用。

积极的适应是个体在客观环境中积极主动地调整自己与环境的不适应的行为，增强个体在环境中的主动性、积极性，使自身得到发展。任何环境中都存在着有利于个人成长的积极因素和不利于个人成长的消极因素。积极的适应是要正确地分析自身的特点及环境的特点，从对这二者的分析中找到自己的“生长点”。心理学家马斯洛曾说过：每个人都存在着潜能，环境只是才能发展的条件，而不是“种子”。将环境中的有利因素和个性中的积极因素统一在自己能动的实践活动中，人就获得了一种积极的适应。发展是人对环境的积极适应，我们所提倡的正是这种积极的适应。

博闻天下

（1）鹰的翅膀是对飞行的适应，羽毛可以帮助飞行并维持体温，敏锐的视力、锋利的爪子和喙可以帮助它捕捉和杀死作为食物的小动物，这些适应能力使鹰在栖息地得以生存。

（2）猴子相互梳理毛发，除掉可能传播疾病的虱子，通过清洁来提高生存率。

(3) 捕蝇草适应了“吃”昆虫的生存方式，因为它生长在贫瘠的土壤上，无法得到足够的营养。

(4) 骆驼的双峰储存营养，使它可以在沙漠中更好的生存。

(5) 枯叶蝶翅膀上有类似猛禽眼睛的图案，这是一种警戒色。

(6) 蝗虫在夏天草木繁盛时体色是绿色的，到了秋天变成黄色。

(7) 乌贼释放墨汁、蜥蜴断尾等是为了躲避敌害。

(8) 一些花气味芬芳，可以吸引昆虫帮助其传粉。

(9) 仙人掌叶成刺状，可减少蒸腾作用，适应于干旱环境。

学生适应潜规则

第一，识时务。要努力培养自己透过表象看本质的能力，所谓“识时务者为俊杰”，要学会看形势走向，把握好做事的最佳火候。

第二，会说话。能说会道与油嘴滑舌截然不同。能说会道是一种高超的语言技巧，会对听者产生一种极大的影响作用。“能说会道者易得人心”，学会看人说话在当今社会很重要。不过在赞扬别人的时候也必须怀着真诚的心，否则总有一天会被人识破，会栽跟头。

第三，会变通。顺应规则并不是说凡事都按条条框框做事，要灵活运用规则，为自己办最合理、最高效的事情，这样才能在激烈竞争的“人生舞台”上立足。比如，在日常生活中可以借力行事、顺势成事。就拿学习来说，有不懂的地方可以向同学请教，不一定要找老师。

第四，诸事细。做好每一件小事。所谓“天下大事必做于细，天下难事必做于易”。无数的事实告诉我们，做好工作中每一件平常的事，是一个人走向成功必不可少的关键因素。

第五，多朋友。俗语云：“多一个朋友多一条路。”一个人能成功，朋友的帮助常常功不可没。如果一个人能够灵活运用朋友关系，我们在称赞他是一个社交高手的同时，也不得不佩服他良好的人缘。与人方便，与己方便。帮助别人其实就是在帮助自己。关心他人，竭尽全力去帮助别人，会使人变得慷慨；关心别人的痛苦与不幸，设法去帮助别人减轻或消除痛苦与不幸，会使人变得高尚；时常为他人着想，会丰富自己的生活，增加自己的成功机会。

第六，会吃亏。传统观念认为“好汉不吃眼前亏”，但这已不太适应我们现在的社会了。“好汉”的眼光关注的是常远的利益，所以对于眼前的一些灾难祸害，他们都会咬牙忍耐。不过忍耐并不是屈服于命运的安排，吃亏也不是逆来顺受。忍耐是为了积蓄力量，吃亏是为了风雨过后的彩虹。

超越自我——提高我的适应能力

我的适应能力及应对策略

1. 到目前为止，我在学校拥有几位朋友？我们的关系如何？如果不尽如人意，我打算怎么办？

____

____

2. 总体而言，我适应学校的环境了吗？（包括寝室环境、学习环境、餐饮等）如果没有完全适应，接下来我打算怎么办？

____

____

3. 上课时，我的学习兴趣高吗？愿意听老师的授课吗？我认为现有的学习方法及听课方法适合自己吗？如果不太适合，我该怎么办？

____

____

4. 总的来说，我现在的心情如何？如果不开心甚至是糟糕透了，我该如何调整呢？

____

____

第十二章　认知偏差　助力人际

了解自我——趣味小测验

自我认知能力测试

测试说明：本次测试包括15道选择题，每题有A，B，C三个选项。请在理解题意后，尽可能快地选择最符合或最接近你实际情况的那个选项，填在问题的括号内。请注意，本次测试要求填写自己的真实想法和做法，而不是选哪个答案最正确，选项也没有好坏之分。不要猜测哪个答案是“正确”的或者哪个答案是“错误”的，以免测验结果不准。

1. 你烦躁不安时，你知道是什么事情引起的吗？（　　）

A. 很少知道　B. 基本知道　C. 有时知道

2. 当有人突然出现在你的身后时，你的反应是：（　　）

A. 感受到强烈的惊吓　B. 很少感受到惊吓　C. 有时感受到惊吓

3. 当你完成一项工作或学习任务时，你感觉到轻松吗？（　　）

A. 没有什么特别的感觉　B. 经常有这种体验　C. 有时有这种体验

4. 当你与他人发生口角或关系紧张时，你是否能体验到自己的不快呢？（　　）

A. 能够　B. 不能　C. 说不清楚

5. 当你专心致志地从事某项活动时，你认为这是你的兴趣所致吗？（　　）

A. 认为是　B. 不认为是　C. 很少认为是

6. 在你的生活中，你遇到过令你非常讨厌的人吗？（　　）

A. 遇到过　B. 没遇到过　C. 说不清楚

7. 当你与家人或亲朋好友在一起的时候，你感到幸福和快乐吗？（　　）

A. 感觉不到　B. 说不清楚　C. 是的

8. 如果别人有意为难你，你感觉如何？（　　）

A. 没有什么感觉　B. 觉得不舒服　C. 感到气愤

9. 假如你排队买东西等了很长时间，有人插队到你面前，你感觉如何？（　　）

A. 没有什么感觉　B. 觉得不舒服　C. 感到气愤

10. 假如有人用刀子威胁你把所有的钱都交出来，你会感到害怕吗？（　　）

A. 不害怕　B. 害怕　C. 也许害怕

11. 当别人赞扬你的时候，你会感到愉快吗？（　　）

A. 说不清楚　B. 愉快　C. 不愉快

12. 你遇到特别令你佩服和尊敬的人了吗？（　　）

A. 遇到过　　B. 说不清楚　　C. 没有遇到过

13. 假如你错怪了他人，事后你感到内疚吗？　（　　）

A. 不知道　　B. 内疚　　C. 不内疚

14. 假如你认识的一个人低级庸俗，但却好为人师，你是否会瞧不起他？　（　　）

A. 不知道　　B. 会　　C. 不会

15. 假如你不得不与你深爱的朋友分手时，你会感到痛苦吗？　（　　）

A. 说不清楚　　B. 肯定会　　C. 不会

计分标准：

请你根据自己的选择，按照计分表12－1算出自己的得分。

表12－1　计分标准

得分 选项 \ 题号	1	2	3	4	5	6	7	8	9	10	11	12	13	14	15
A	1	3	1	3	3	3	3	3	3	1	2	3	2	2	2
B	3	1	3	1	1	2	2	1	1	3	3	2	3	3	3
C	2	2	2	2	2	1	1	2	2	2	1	1	1	1	1

结果解释：

敏感型（36～45分）：这一水平的特征是能够准确、细致地识别自己的情绪，并能够认识到情绪发生的原因。但有可能会出现下面几种情况。

悲观绝望型：虽能清晰地识别到自我情绪状态，但却采取“不抵抗主义”，被动地接受各种消极情绪，典型的将发展为抑郁症；

乐天知命型：整天总是乐呵呵的，对各种情绪采取无所谓的态度；

沉溺型：被卷入自己情绪的狂潮中无法自拔。

适中型（26～35分）：特征是能够识别自己的情绪冲动，能够区分各种基本情绪，但不能区别一些性质相似的情绪。例如，不能区分愤怒、悲哀、嫉妒等不同的情绪，只是体验为“难受”；不能准确地识别情绪产生的原因；或掌握情绪词汇的数量太少等。测试结果表明大约有60%的人处于这一水平。

麻木型（15～20分）：这一水平的特征是很少有情绪冲动，对喜、怒、哀、乐等基本的情绪缺乏明确的区分。这种类型的人一般表现为冷漠无情，不能与他人进行正常的情感交流，是一种病态症状。

注：本测验的结果仅供参考。

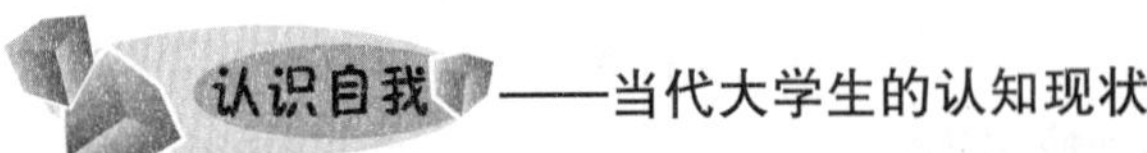

认识自我——当代大学生的认知现状

大学生们富有理想、头脑聪颖、满含激情、思维锐利。人们似乎可以用最美、最富褒扬意义的词语来形容青春年少之人，但是在这些光环背后是无数学生的迷茫、无助和寂寞。

现在的学生在心理上就像流浪的孩子，无依无靠、漂泊不定，对外面的世界既抵触又向往。学生们希望正确认识社会，但又缺乏辩证思考的能力，或者说还不能达到辩证思考的境界；学生们追求理想，但动机功利。很多学生的理想带有浓厚的功利色彩，讲究实惠的思想相当普遍，但这也是这个社会所烙上的印记；学生们智力发展达到高峰，思想活跃、善于独立思考、具有顽强的探索精神，但毕竟缺乏社会实践，思想易脱离实际，有时好走极端，表现出一定的片面性、表面性和盲目性；学生们自我设计愿望强烈，但自我评价片面，常常因为自己到底能做一个什么样的人等问题而苦恼不已。这些都源于不正确的自我评价，即过高或过低地估计了自己，使理想的自我与现实的自我距离较大，从而影响自我对现实生活的态度和行为。

大学生涉世未深，常常受到诸多外部因素的影响，带着某些偏见及负面信息看待新的事物及人，这往往会对学生的未来发展带来阻碍，抑或对学生的心理产生影响。

完善自我——有效应对认知偏差

例海藏真

狐假虎威

从前，某个山洞中有一只老虎，因为肚子饿了，便跑到外面寻觅食物。当它走进一片茂密的森林时，忽然看到前面有只狐狸正在散步。它觉得这正是个千载难逢的好机会，于是便一跃身扑过去，毫不费力地将狐狸擒了过来。

可是当它张开嘴巴，正准备把那只狐狸吃进肚子里的时候，狡黠的狐狸突然说话了：“哼！你不要以为自己是百兽之王，便敢将我吞食掉，你要知道，天帝已经命令我为王中之王，无论谁吃了我，都将遭到天帝极严厉的制裁与惩罚。”老虎听了狐狸的话，半信半疑，可是，当它斜过头去，看到狐狸那副傲慢镇定的样子，心里不觉一惊，原先那股嚣张的气焰和盛气凌人的架势，竟不知何时已经消失了大半。虽然如此，考虑心中仍然在想：我是百兽之王，天底下任何野兽见了我都会害怕。而它竟然不怕我，难道它真是奉天帝之命来统治我们的？这时，狐狸见老虎迟疑着不敢吃自己，知道它对自己的那一番说辞已经有几分相信了，于是便更加神气十足地挺起胸膛，指着老虎的鼻子说：“怎么，难道你不相信我说的话吗？那么你现在就跟我来，走在我后面，看看所有野兽见了我，是不是都吓得魂不附体，抱头鼠窜。”老虎觉得这个主意不错，便照着去做了。

于是，狐狸就大模大样地在前面开路，而老虎则小心翼翼在后面跟着。它们没走多久，就隐约看见森林的深处有许多小动物正在活动，但是当它们发现走在狐狸后面的老虎时，都大惊失色，四散奔逃。

这时，狐狸很得意地掉过头去看看老虎。老虎目睹这种情形，不禁有一些心惊胆战，但它并不知道野兽怕的是自己，而以为它们真是怕狐狸呢！

狡狐之计之所以得逞，不仅是因为假借老虎之势去威胁群兽，还因为这只老虎对自己的认知不全面、不正确，如果它能清楚地意识到自己是百兽之王，群兽怕的是它而不是狡猾的狐狸，那它就不会被狐狸愚弄了，这就是认知偏差所造成的后果。

一、认知概述

认知，是指通过形成概念、知觉、判断或想象等心理活动来获取知识的过程，即个体思维进行信息处理的心理功能。

认知偏差，是指人们根据一定表现的现象或虚假的信息对他人作出判断，从而导致判断失误或判断本身与判断对象的真实情况不相符。

例如，从前有个人，丢了一把斧子。他怀疑是邻居家的儿子偷去了，便观察那人。看那人走路的样子，像是偷斧子的；看那人的脸色表情，也像是偷斧子的；听他的言谈话语，更像是偷斧子的，那人的一言一行、一举一动，无不像是偷斧子的。不久后，丢斧子的人在上山的时候发现了自己的斧子，第二天又见到邻居家的儿子，就觉得他言行举止没有一处像是偷斧子的人了。

这样的证实性偏见具有极大的主观性，常常先入为主，进而牵强附会，导致无法正确地分析现状。这可以说是人之常情，几乎每个人都无法避免。

二、认知偏差产生的原因

认知偏差是一种偏差的判断模式，通常发生在特定情况下。经济学家认为，大脑通常采用简单程序应对复杂环境，因此出现偏差在所难免。而社会心理学家则认为，认知偏差跟自我中心的思维倾向有关，是为了维持积极的自我形象，保持自尊或者维持良好的自我感觉。不过，进化心理学家哈瑟尔顿和列托则认为，目前已有的解释难以令人满意，给出的都是表面答案，他们认为许多认知偏差都是自然选择配备给人们的“行为手册”，指导人们以犯错误的方式适应世界，因为如果不犯这种错误，就可能会犯代价更高的错误。

由此可见，认知偏差是复杂社会的常见现象，它的产生基础或是由于人脑的生理机制所致，或是由于人的自我保护机制所致，也可能是人的社会适应机制所致。

三、认知偏差的种类

（一）首因效应

首因效应又称第一印象，是指人与人接触进行认知的时候，首先被反映的信息，对于形成人的印象起着强烈的作用。这种认知偏差大多发生于陌生人之间的首次见面。之所以会引起这种认知偏差，就在于认知是根据不完全信息而对交往对象作出判断的。首因效应一旦形成，就会直接影响人们交往的态度，从而影响个体的行为。如果一个人给另一个人留下一个好的印象，那么在以后的交往中，可能对对方更加关心和注意，并给予特别的帮助，这就是常说的先入为主。反之亦然。首因效应留下的印象是深刻的，但往往是不准确的或者是与现实不相符合的，因而是有偏差的。

例海藏真

一个新闻系的毕业生正急于寻找工作。一天，他到某报社对总编说：“你们需要一个编辑吗?”“不需要!”“那么记者呢?”“不需要!”“那么排字工人、校对呢?”“不，我们什么空缺也没有了。”“那么，你们一定需要这个东西。”说着他从公文包中拿出一块精致的小牌子，上面写着“额满，暂不雇用”。

总编看了看牌子，微笑着点了点头，说：“如果你愿意，可以到我们广告部工作。”这个大学生通过自己制作的牌子表达了自己的机智和乐观，给总编留下了美好的“第一印象”，引起其极大的兴趣，从而为自己赢得了一份满意的工作。

你所穿的衣服、你脸上的线条、你的声调、你的思想和由这些思想所发展出来的品德，所有这一切都构成你的个性。你的衣服式样以及它们是否适当，毫无疑问地也构成了你个性中很重要的一部分，因为人们都是从你的外表获得对你的第一印象。即便是你握手时的态度也密切关系到是否可能因此吸引或排斥和你握手的人。你眼中的神情也构成你个性中的一个重要部分，因为有些人能够由你的眼睛看穿你的内心；看出你内心深处的思想，看出你最隐秘的念头。上文中毕业生的成功与他留给报社总编的第一印象密不可分。

（二）近因效应

近因效应又称新颖效应，是指个体对最近获得的信息留下清晰印象，其作用往往会冲淡过去所获得的有关印象。首因效应和近因效应都是使个体认知发生偏差的心理因素，只不过个体获得的信息对认知情况的作用条件不同罢了。假如关于某人的两种信息连续被感知，人总是倾向于前一种信息并形成深刻的印象，这是首因效应。假如人们先知道某人的第一信息，隔较长时间后才了解第二个信息，这第二个信息便是最新的。这最新的信息则会给人留下较深刻的印象，这即为近因效应。换句话说，熟悉的人之间更容易受近因效应的影响，而陌生人之间主要受首因效应的影响。

聚焦实验

美国心理学家洛钦斯用撰写的两段文字作为实验材料研究了首因效应与近因效应。他撰写的文字材料主要是描写一个名叫吉姆的男孩的生活片段，第一段文字将吉姆描写成热情并外向的人，另一段文字则相反，把他描写成冷淡而内向的人。例如，第一段中说吉姆与朋友一起去上学，走在洒满阳光的马路上，与店铺里的熟人说话，与新结识的女孩子打招呼等；第二段中说吉姆放学后一个人步行回家，他走在马路的背阴一侧，他没有与新近结识的女孩子打招呼等。在实验中，卢钦斯把两段文字加以组合：

第一组，描写吉姆热情外向的文字先出现，冷淡内向的文字后出现；

第二组，描写吉姆冷淡内向的文字先出现，热情外向的文字后出现；

第三组，只显示描写吉姆热情外向的文字；

第四组，只显示描写吉姆冷淡内向的文字。

洛钦斯让四组被试分别阅读一组文字材料，然后回答一个问题："吉姆是一个什么样的人?"结果发现，第一组被试中有78%的人认为吉姆是友好的，第二组中只有18%的被试认为吉姆是友好的，第三组中认为吉姆是友好的比例有95%，第四组只有3%的被试认为吉姆是友好的。

这项研究结果证明，信息呈现的顺序会对认知产生影响，先呈现的信息比后呈现的信息有更大的影响作用。但是，洛钦斯进一步的研究发现，如果在两段文字之间插入某些其他活动，如做数学题、听故事等，则大部分被试会根据活动以后得到的信息对吉姆进行判断。也就是说，最近获得的信息对他们的社会知觉起到了更大的影响作用，这就是近因效应。

（三）晕轮效应

晕轮效应，又称光环效应，是指在认知时，人常常对个体所具有的某个特征泛化到其他一系列有关特征，也就是从所知觉到的特征泛化推及其他未知觉的特征，从局部信息而形成一个完整的印象。这就好像晕轮一样，从一个中心点逐渐向外扩散成越来越大的圆圈。交往中的认知晕轮效应引起的偏差，可能产生一种自我应验的预言。

例海藏真

俄罗斯著名的大文豪普希金狂热地爱上了被称为“莫斯科第一美人”的娜坦丽，并且和她结了婚。娜坦丽容貌惊人，但与普希金“志不同道不合”。当普希金每次把写好的诗读给她听时，她总是捂着耳朵说：“不要听！不要听！”相反，她总是要普希金陪她游乐，出席一些豪华的晚会、舞会，普希金为此丢下创作，弄得债台高筑，最后还为她决斗而死，一颗文学巨星就这样过早地陨落了。在普希金看来，一个漂亮的女人也必然有非凡的智慧和高贵的品格，然而事实并非如此，这种现象被称为晕轮效应。

名人效应是一种典型的晕轮效应。不难发现，拍广告片的多数是那些有名的歌星、影星，而很少见到那些名不见经传的小人物。因为明星推出的商品更容易得到大家的认同。一个作家一旦出名，以前压在箱子底的稿件全然不愁发表，所有著作都不愁销售，这都是晕轮效应的作用。男女朋友之间也经常会出现晕轮效应。两个恩爱的人在一起，便会觉得双方身上都是优点，没有一点点缺点。这就是在刚开始喜欢上一个人的时候，其实只是喜欢上了对方表现出来的某一方面的优点，然后经过晕轮效应的扩大，使自己觉得对方身上全是优点。

（四）投射效应

投射效应是指以己度人，认为自己具有某种特性，他人也一定会有与自己相同的特性，把自己的感情、意志、特性投射到他人身上并强加于人的一种认知障碍。在人际认知过程中，人们常常假设他人与自己具有相同的属性、爱好或倾向等，常常认为别人理所当然地知道自己心中的想法。

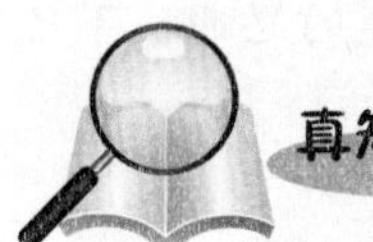
真知灼见

有一头猪、一只绵羊和一头乳牛，被关在同一畜栏里。有一天早上，牧人进来捉猪，猪大声号叫着，猛烈地反抗。绵羊和乳牛很讨厌猪的叫声，便一起责备猪：“你吵什么啊，他常常捉我们，我们并不大呼小叫。”猪听了回答道：“他捉你们和捉我完全是两回事，他捉你们只是要你们的毛和乳汁，但是捉我却是要我的命啊！”

这则寓言形象地说明了一个简单的道理：那就是理解别人是不容易的。在现实生活中，每个人都在社会上扮演一定的角色，在交际过程中，人们都是从具体角度考虑问题的。由于长期习惯于从自己的角色出发来看待自己和别人的行为，就使得认识带有不同程度的片面性。例如，在商场，顾客认为营业员都不尽职，营业员却觉得顾客总是找麻烦；做领导的觉得下属不服从管理，做下属的觉得上级不了解实际情况。这些就是因为角色不同，人际关系总是发生冲突，不能相互理解造成了交际障碍。要想克服这一障碍，就需要换位思考，即设身处地为对方着想，这样，就能谅解对方的行为和态度了。

（五）刻板印象

刻板印象又称定型化效应，是指个人受社会影响而对某些人或事持稳定不变的看法。它既有积极的一面，也有消极的一面。积极的一面表现为：对于具有很多共同之处的某类人在一定范围内进行判断时，不用探索信息，直接按照已形成的固定看法即可得出结论，这就简化了认知过程，节省了大量时间、精力；消极的一面表现为：在被给予有限材料的基础上做出带普遍性的结论，会使人在认知别人时忽视个体差异，从而导致知觉上的错误，妨碍对他人做出正确的评价。

刻板印象的形成，主要是因为在社会生活中，人不可能对某个群体中的每一成员都进行深入了解，而只能与其中的部分成员交往，因此，只能由部分推知全部，用所接触到的部分去推知这个群体的全部。可是，定型化一旦形成，就很难打破，并且会对人的认知过程产生很大的影响。

聚焦实验

苏联社会心理学家包达列夫曾做过这样的实验，将一个人的照片分别给两组大学生看，照片人的特征是眼睛深凹，下巴外翘。但在出示照片前，对第一组学生说：这个人是一个十恶不赦的罪犯；对第二组学生却说：这个人是一位知识渊博的科学家。然后他让两组学生各自用词汇描述所见照片上这个人的相貌。

评价的结果，甲组学生认为：此人眼睛深凹，表明他凶狠、狡猾，下巴外翘反映着其顽固不化的性格；乙组学生认为：此人眼睛深凹，表明他具有深邃的思想，下巴外翘反映他具有探索真理的顽强精神。

为什么两组学生对同一照片人的面部特征所做出的评价竟有如此大的差异？原因很简单，是人们对社会各类的人有着一定的定型认知。把他当罪犯来看时，自然就把其眼睛、下巴的特征归类为凶狠、狡猾和顽固不化；而把他当学者来看时，便把相同的特征归为思想的深邃和意志的坚定。刻板效应实际就是一种心理定式。

四、认知偏差应对

认知可以使我们快捷地处理海量信息。当你睁开眼时，大脑就不断地受到所见事物的刺激。在你有意识地思考着某一具体事物时，你的大脑却处理着成千上万的潜意识想法。不幸的是，我们的认知并非尽善尽美，有时我们会潜意识地制造出判断偏差，这种认知上的偏差不受年龄、性别、受教育状况或智力等因素的影响，每个人都会遇上。那么，如何有效避免认知上的偏差呢？

（一）学会利用认知效应

1. 首因效应应对策略

首因效应的产生与个体的社会经历、社交经验的丰富程度有关。如果个体有丰富的社会经历、充实的社会知识，那么，他会将首因效应的作用控制在最低限度；另外，通过学习，在理智层面上认识首因效应，明确它的重要作用及影响方式，也可以降低首因效应的影响，更进一步，个体还可以利用首因效应，使自己给别人留下良好的第一印象。

例海藏真

某天上午，马鸣赶到鸿达公司参加最后一轮应聘，主考官正是鸿达公司的谢总。考试时间快要结束时，马鸣才满头大汗地赶到考场。谢总瞟了一眼坐在自己面前的马鸣，只见他大滴的汗珠子从额头上冒出来，满脸通红，上身一件红格子衬衣，加上满头乱糟糟的头发，给人一种吊儿郎当的感觉。谢总仔细地打量了他一阵，疑惑地问道："你是研究生毕业？"似乎对他的学历表示怀疑。马鸣很尴尬地点点头回答："是的。"接着，心存疑虑的谢总向他提出了几个专业性很强的问题，马鸣渐渐静下心来，回答得头头是道。最终，谢总经过再三考虑，总算决定录用马鸣。当马鸣第一次来上班时，谢总把马鸣叫到自己的办公室，对他说："本来，在我第一眼看到你的时候，我本不打算录用你，你知道为什么吗？"马鸣摇摇头。谢总接着说："当时你的那副尊容实在让人不敢恭维，满头冒汗、头发散乱、衣着不整，特别是你那件红格子衬衫，更是显得不伦不类，不像个研究生，倒像个自由散漫的社会小青年。你给我的第一印象太坏。要不是你后来在回答问题时很出色，你一定会被淘汰。"

马鸣听罢，这才红着脸说明原因："那天我前来应聘时，在大街上看见有人遇上车祸，我就主动协助司机把伤员抬上出租车，并和另外一个路人把伤员送去医院。从医院里出来，我发现自己的衣服沾了血迹，于是，我就回家去换衣服。不巧我的衣服还没干，我就把我二弟的一件衬衫穿来了。又因为耽误了时间，我就拼命地赶路，时间虽然赶上了，却是一副狼狈相……"

谢总这才点点头说："难得你有助人为乐的好品德。不过，以后与陌生人第一次见面，千万要注意自己给别人的第一印象啊！"

马鸣的工作很出色，不出半年，就被升为业务主管，深得谢总的器重。

资料来源：百度文库。

事实证明，首因效应在人们的交往中起着非常重要的作用，在人际交往中对人的影响是非常大的，人与人第一次交往中给人留下的印象，在对方的头脑中形成并占据着主导地位。因此，在交友、应聘、求职等社交活动中，我们可以利用这种效应，展示给对方一种极好的形象，为以后的交流打下良好的基础。当然，这在社交活动中只是一种暂时的行为，更深层次的交往还需要“硬件”完备。

要做到这一点，首先要注重仪表风度，一般情况下人们都愿意同衣着干净整齐、落落大方的人接触和交往。其次要注意言谈举止，言辞幽默、侃侃而谈、不卑不亢、举止优雅，这样会给人留下难以忘怀的印象。另外，还要学会面带微笑，这样可给他人留下热情、善良、友好、诚挚的印象。最后，尽量发挥你的聪明才智，在对方的心中留下睿智的印象。

准确地把握首因效应，定能给自己的事业开创良好的人际关系。

2. 近因效应应对策略

人与人在交往中，对对方的看法是不断改变的。往往一件最新发生的事情，会影响长期形成的看法，这就是近因效应的作用。一般越是熟悉、亲密的人之间越容易出现近因效应。近因效应除了积极作用外，经常也有消极作用，在印象形成中实际上包含着喜新厌旧的特点，这点应当注意：在朋友、熟人之间也要尽量“保鲜”。

善始善终留余地

小张一毕业就应聘到一家企业工作了4年多。和绝大多数上班族一样，这4年多里有愉快也有困扰，总体的感觉是普普通通、平平淡淡。直到去年，小张受一个朋友邀请跳槽到另一家企业做了部门经理。在离开前面那家企业时，老板专门找时间和小张聊了一个多小时，为小张提了一些善意的建议，最后亲自将小张送出了办公室。说来也怪，工作了4年多也没什么特殊记忆，最后这一个多小时却给小张留下了深刻印象。老板和小张的谈话内容以及握手、微笑等细节，都体现出了对小张的尊重，令小张非常感动。到了新的公司后，小张的部门多次和前面的那家企业有业务往来和合作，后来发展为两家企业之间的稳定合作，由于对前老板留下的好印象，小张成了两家企业之间的润滑剂，合作一开始就很成功，实现了双赢。

资料来源：爱聘才网，2011年12月31日。

同首因效应相反，近因效应使人们更看重新近的信息，并以此为依据对问题做出判断。个体如果能善于利用近因效应原理，把握好每一次的最近交往，把每一次新的交往都当当一次机遇，不断对之前留给对方的印象进行改写和更新，那么假以时日，双方的关系将不断提升，自己的人脉关系、人际评价也将逐渐积蓄为巨大的宝藏。做好“近因”，对于那些曾经给别人第一印象不是很深甚至不是很好的朋友尤其重要。

3. 晕轮效应应对策略

晕轮效应往往产生于自己对某个人或事物的了解还不深入的时候，因而容易受感、知觉的表面性、局部性和选择性的影响，从而对于某人或事物的认识仅仅专注于一些外在特征上。另外，这种态度还会连带影响到跟这个人的具体特征有关的事物上。

阿迪达斯的运动鞋

现在，阿迪达斯的运动鞋几乎无人不知无人不晓。但是，没有几个人会知道这家德国的体育用品公司是怎样出名的。其实，该品牌的闻名于世全赖于很好地利用了奥运会这个资源。

阿迪达斯运动鞋走向世界的契机是1936年的奥运会。这一年，公司创始人阿迪·达斯勒突发奇想，制作了一双带钉子的短跑运动鞋。怎样使这种样式特别的鞋卖个好价钱呢？阿迪颇费了一番脑筋。他听到一个消息：美国短跑名将欧文斯最有希望夺冠。于是他把钉子鞋无偿送给欧文斯试穿，结果不出所料，欧文斯在那届运动会上四次夺得金牌。当所有的新闻媒介、亿万观众争睹明星风采时，那双造型独特的运动鞋自然也特别引人注目。奥运会结束后，由阿迪独家经营的这种定名为“阿迪达斯”的新型运动鞋便开始畅销世界，成为短跑运动员的必备之物。

以后，每逢有新产品问世，阿迪总要精心选择试穿的运动员和产品的推出时机。

1954年，世界杯足球赛在瑞士举行，年事已高的阿迪推出一个新品种——可以更换鞋底的足球鞋。决赛那天，体育场一片泥泞，匈牙利队员在场上踉踉跄跄，而穿阿迪达斯的德国队球员却健步如飞，并首次登上世界冠军的宝座。阿迪达斯新型运动鞋又一次引起轰动效应，马上，整个联邦德国乃至全世界的体育界都成为阿迪达斯的商业舞台，产品几乎供不应求。

1970年，墨西哥世界杯足球赛开幕，人们惊异地发现联邦德国名将乌韦·赛勒尔在绿茵场上驰骋如故。而在此之前他腿部受伤的消息已传扬多时，许多人都在深深地为他惋惜。阿迪特意为他赶制了一双球鞋，使他得以重返球场。赛勒尔的这双鞋自然又一次成了赛场新闻而传遍世界，阿迪达斯又身价倍增地和明星的名字连在了一起。

在外人看来，阿迪达斯运动鞋似乎与冠军有着某种必然的联系，穿上它就意味着成功。这就是一种晕轮效应。

晕轮效应与首因效应有很大区别。“第一印象”是以仪容仪表、言谈举止为素材而形成的，带有较多的情绪色彩。受其影响，人们会喜欢或不喜欢与对方交往，但不能明确地说出对方“是什么人”。“晕轮效应”是在与对方交往了一段时间后，因了解对方的某一特别突出的品质并据此进行“故事化”的推理而产生的。晕轮效应下的人际认知要比“第一印象”更有深度。人们已能“持之有据”地说对方是“好人”或是“坏人”。

从时间上说，首因效应在前，晕轮效应在后。但是在人际交往中，往往是“首因”仍在起作用的时候，“晕轮”也开始起作用了。这样首因效应就会像“增效剂”一样地去增强晕轮效应。晕轮效应作用时间比首因效应长，它可以持续到人际交往的全过程。

因此在人际交往中，不要把自己的某些心理特点附加给对方，这种人际知觉的投射倾向，往往是不自觉的。一旦你自己不加注意，没有清醒、理智地经常进行自我反思，就很可能产生各种偏见；还要冷静、客观地对待第一印象，思想上具有改造甚至否定第一印象的准备，因为先入为主的第一印象总是会影响你对以后信息的判断。第一印象一旦形成，以后的信息常常只扮演补充和解释的角色。另外，也不要按照预想的类型将人分为不同种类，更不要以貌取人，我们在认识他人的问题上应该不满足于表象，而是注重了解对方心理、行为等深层结构。

4. 投射效应应对策略

在人际交往过程中，人们常常假设他人与自己有同样的想法或倾向，认为对方理所当然地了解自己的想法，若对方的行动不符合自己的想法或没有表现出对自己的理解，往往对对方感到失望甚至愤怒。投射效应一般有两种表现形式：一是感情投射，即认为别人的好恶与自己相同，无意识地将他人的特性纳入自己既定的框架中，按自己的思维方式加以理解。比如说恋爱中的女孩子喜欢看韩剧，就会反复要求男朋友陪自己看韩剧，要求对方与自己一起关注而不顾对方的感受和兴趣。如果对方不乐意，就认为对方不够关心自己、不够爱自己。另外一种表现形式就是认知缺乏客观性，比如说有的人对自己喜欢的事物越来越喜欢，而对讨厌的事物越来越讨厌，根据自己的喜好过分地赞扬或贬低某事物或某人，失去了人际交往中认知的客观性，导致主观臆断。

例海藏真

美国商场上的大赢家顾尔德

1878 年，西联电报公司是当时电报市场上的霸主，而顾尔德投资 100 万美元成立了另外一家电报公司，这无疑影响到了西联电报公司的利益。面对顾尔德的冲击，西联老板认为必须除掉这个最大的竞争对手，因此公司董事会决定花费巨资收购顾尔德创办的公司。他们成功地收购了该公司没多久，顾尔德又成立了一家新的电报公司，再一次和西联电报公司形成竞争关系。西联用同样的方法，再次收购了顾尔德所创立的公司。西联公司以为顾尔德只是等着被高价收买从中获利，但事实上，顾尔德只是在转移注意力，他在西联公司收购之前，已经购买了爱迪生的四重发报机专利，并通过此次西联公司的收购行为安排了自己的人，最后通过内部蚕食和专利权的双重办法，控制了西联公司的经营权，使其完全落到了自己的手中。

顾尔德巧妙地利用了西联公司的习惯做法来引导其就范，并利用对方思维定式的投射效应，灵活且有效地影响对方，最终击败竞争对手，巩固了自己在电报业界的地位。

资料来源：《洞悉人生 拥抱成功：影响他们的心理学》，2017 年 10 月 14 日。

由于投射效应的存在，人们常常会习惯性地根据自己对别人的看法，来推测他人的真正意图或心理特征，但就在这个看似定势的行为中，却可能被主动施加影响的一方利用。简单地说，就是欲向他人施加影响的时候，你能够以同样的行为、动作、喜好展现在对手的面前，掌控对方的预期心理，当对方误认为你会继续在同样的喜好、思想、观念影响下做出同样的行为、举动时，你便能够掌控固定模式中的主动权，进而影响形势向着你设想的方向发展。

记住：正确地使用投射效应会让我们更理解别人。“将心比心”“已所不欲，勿施于人”，这些做法会使自己有一个良好的人际关系。

5. 刻板印象应对策略

刻板印象能麻痹人的思想，对他人或事物产生偏见，这会潜移默化地影响人的行为。因此，如何打破刻板印象。需要相应的应对策略。

在任何国家，民众大多都朴实善良，他们对某一件事物的认知往往会被主流媒体引导。而美国的主流媒体，总是有意无意地妖魔化中国和中国人，于是美国民众就信以为真了。

曾几何时，在美国媒体和大众心中的华人就一直是这样一个刻板形象：阴险狡诈、行动诡秘、诡计多端、欺骗成性、肮脏不堪、缺乏道德。这是因为美国的影视剧中有个“傅满洲博士”。他残暴成性、诡计多端，精通五花八门的鲜为人知的酷刑，能研制稀奇古怪的毒药，总是幽闭在黑暗世界中构想和策划危害白人世界的邪恶勾当。还有一个人物是华人侦探查理·陈，他举止缓慢、外表谦和、不近女色，行为举止缺少阳刚之气，动作矫揉造作，卑躬屈膝、唯唯诺诺。

这些形象不太好的“中国人”一度成为所有中国人的典型形象。直到后来，功夫之王李小龙横空出世，他豪迈直爽，劫富济贫。中国人在外国人眼中的形象才稍有改观，“中国功夫”从此享誉西方。

再后来，成龙、李连杰等越来越多的中国人以正面形象出现在各种美国电影中。但他们都是以武林高手的形象出现的，于是中国人再次被刻板地与功夫联系在一起。很多美国人觉得中国人都会武功。

避免刻板印象最有效的办法就是摆脱旧的思维习惯，打破惯有的思维定式，换个位置、换个角度、换个思路想问题，用变化发展的眼光看待万事万物，善于接受新的事物，这样就可以尽量避免人际交往中产生的刻板印象。

（二）尽量避免认知偏差

1. 用联系、发展的观点看待交往对象及其行为

社会认知偏差广泛存在于人际交往活动中，而且形式多种多样，每一种认知偏差产生的情境和条件不同，对个体人际交往所产生的影响也各不相同。因此在人际交往过程中，应把认知效应结合起来对人、事进行感知。一是要预防认知效应的消极影响，用动态的、历史的、发展的眼光看待交往对象及其行为，把对人、事的每一次感知都当作我们认知事物过程中的一个阶段，避免形而上学的片面性；二是要在一定条件下，发挥两种效应的积极作用，做事要善始善终。俗语说得好："路遥知马力，日久见人心。"

2. 用全面的观点观察交往对象及其行为

社会认知偏差最显著的特点就是看待人或事不够全面。在认知偏差的影响下，个体的人际交往往往只抓住了交往对象的个别特征而忽略其他，习惯于由个别推及一般，由部分推及整体。因此，与对方交往时，应多了解对方，防止以一当十、以偏概全，自觉消除这类认知偏差的消极影响，做到公正、合理、全面地评价及对待每一位交往对象及其行为。

3. 坚持共性与个性统一尤其重视个性的原则

在不同的认知偏差影响下，个体经常将交往对象及其行为对号入座，这种只重视共性、忽略个性的交往方式严重影响了人际交往，因此应坚持共性和个性统一尤其重视个性的原则，在认识他人时，要具体观察，尽量避免"贴标签"、模式化，避免用"有色眼镜"看人。

4. 坚持理智原则，不能感情用事

理智是指一个人辨别是非、利害关系和控制自己感情、支配自己行为的能力。而种种社会认知偏差的产生往往跟认知者的非理智判断心理有关。因此，人际交往时要注意克服非理智的心理，理智地对待交往对象及其行为。

5. 克服主观心理因素对社会认知偏差产生的影响

人总是在一定的心理倾向和一定的方法原则下，加工整理外部输入的他人的信息，形成对他人的印象，然后把这个印象加到认知对象身上，认为这就是此人的实际特征。因此，认识到主观心理因素对他人的作用、规律，就能在人际交往中发挥积极作用，克服消极影响，消除由此而产生的一系列人际交往障碍，正确地认识他人，正确地看待他人、对待他人，处理好人际关系。

人类趣味认知偏差

1. 安慰剂效应

安慰剂效应是指一些实际无用的物质在被人相信有疗效时会产生积极作用。这种效应在医学上普遍存在。给一位患有疾病的患者吃一个糖片（患者不知情）而患者的病情会得到一定的改善。这可能与个体产生的“期望效应”有关，即病患期待着药片（其实是糖片）可以治愈他的疾病，所以他会自我感觉疾病有所好转。

2. 承诺升级

承诺升级指人们对已失败的事情继续坚持。人们不断地做出抉择，总会有失误的时候。当然，在逻辑上我们应当改变那些失败的决策并试着从其反方向着手。但是事实上个人不仅会自我强迫继续坚持最初的选择，还会进一步进行投入——因为他已经投入一定的沉没成本了。

3. 双曲贴现

双曲贴现指人们宁愿要金额较小的眼前酬劳也不要金额较大的日后报酬。举例而言，大多数人宁愿选择今天就获取20美元，而不选一年后获取100美元。

4. 感应抵抗

感应抵抗指人们常常选择同束缚自己的行为对着干。这种现象在叛逆期的青少年中最为普遍。这些感应抵抗者本没有非得做出怪异行为的必要，但正是“不能做”才让他们“想去做”。

5. 羊群心理

羊群心理指倾向于放弃自我意见而随大流，以此来获得安全感和防止冲突。羊群心理揭示了时尚可以流行的原因。服饰、汽车、嗜好、风格等都能得到一些群体的共鸣并引发时尚潮流。

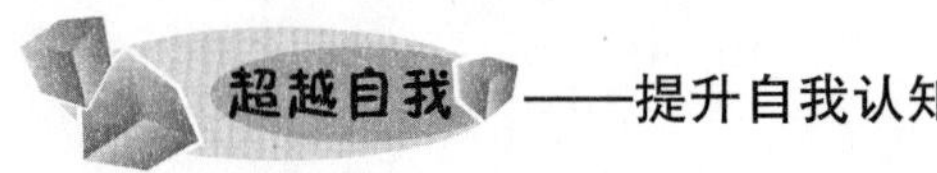

自我认知包括：

（1）自我观察：①自身外表和体质状况的观察，包括外貌、风度和健康状况等方面的观察；②自我形象的观察，主要包括对自己在所生活的集体中的位置和作用、公共生活中的举止表现及社会适应能力等的观察；③自己精神世界的观察，包括对自己政治态度、道德水平、智力水平、能力、性格、兴趣、爱好、特长等方面的观察。

（2）他人评价：①通过身边家长、老师的评价认识自己；②客观认识、理智接受身边朋友的批评与建议、观点和看法。

（3）心理测验。通过标准化的心理测验，如 SCL－90 心理健康量表、16PF 人格测试等认识自己。

（4）活动体现。通过参加活动时自己的表现，如自己在活动中所处的位置，在活动中问题处理的方式方法及效果，自己在活动中的优缺点以及在活动中的收获等认识自己。

通过以上方法，现在的你对自己是否有了一个客观、全面的认识了呢？

第十三章　把握角色　避免冲突

了解自我——趣味小测验

测测你在朋友圈中的角色

1. 你每天都吃早餐？	Yes—去 Q2	No—去 Q3
2. 你养过宠物吗？	Yes—去 Q7	No—去 Q3
3. 你有过打工的经验吗？	Yes—去 Q7	No—去 Q4
4. 你的运动细胞很好吗？	Yes—去 Q8	No—去 Q5
5. 你正在减肥吗？	Yes—去 Q9	No—去 Q6
6. 你认为在电影院看电影的时候，一定要吃喝东西吗？	Yes—去 Q9	No—去 Q10
7. 你觉得世上没有外星人吗？	Yes—去 Q11	No—去 Q8
8. 你有很多异性朋友吗？	Yes—去 Q12	No—去 Q9
9. 你很少看漫画吗？	Yes—去 Q13	No—去 Q10
10. 你一到卡拉 OK 就会唱个不停吗？	Yes—去 Q17	No—去 Q14
11. 你喜欢吃三明治吗？	Yes—去 Q14	No—去 Q12
12. 你擅长自创不同菜式吗？	Yes—去 Q15	No—去 Q13
13. 你懂得画漫画吗？	Yes—去 Q16	No—去 Q14
14. 你喜欢格子图案吗？	Yes—去 Q16	No—去 Q18
15. 从小到大你都很想到海外去读书吗？	Yes—去 Q19	No—去 Q16
16. 你曾经参加过某个艺人的影迷会或流连于相关网站吗？	Yes—去 Q20	No—去 Q17
17. 你容易被感动而哭泣吗？	Yes—去 Q21	No—去 Q18
18. 你曾处于脚踏两只船的感情状态吗？	Yes—去 Q21	No—去 Q22
19. 生活中如果没有手机，你觉得非常不方便甚至是困扰吗？	Yes—去 Q23	No—去 Q20
20. 你每日都会看报纸经济版或电视财经新闻吗？	Yes—去 Q24	No—去 Q21
21. 你很怕看恐怖片吗？	Yes—去 Q22	No—去 Q25
22. 你喜欢喝咖啡吗？	Yes—去 Q26	No—去 Q25
23. 你爱喷香水吗？	Yes—你是 A 类人	No—你是 B 类人

24. 你的家中有 5 瓶以上的护肤品吗？　Yes—你是 C 类人　No—你是 D 类人
25. 你是一个不怕麻烦的人吗？　Yes—你是 E 类人　No—你是 F 类人
26. 你常被朋友邀请去参加不同类型的活动吗？
Yes—你是 G 类人　No—你是 H 类人

计分标准及结果解释：

A 类人——领导者

你很有大将之风，不管是在熟悉或陌生的环境，你都会主动跟别人打招呼。有问题发生时，你也总是毫不犹豫地冲上前去解决。你享受别人的赞赏，天生就具有领导才能，在团体中常处于指挥的地位，容易获得别人的信任。

B 类人——开心果

你善于活跃气氛，没事也会找事做，没话也会找话讲，有你在的地方就有笑声。你的人际关系不错，大家都喜欢和你相处，而你也总是开朗大方，所以朋友很多，但小心那些参加不完的聚会让你疲于应付。

C 类人——潮流人

你很注意流行信息，只要有人和你聊这类型的话题，你一定可以马上和他成为无话不谈的好朋友。同时你也是很有原则的人，只要不与你的原则冲突，你就万事好商量，可是一旦违背你的原则，那就毫无商量余地！

D 类人——乖孩子

你非常自律、很守规矩、自我要求很高，相对地，对别人也不会放松，你喜欢自我约束力强的人，个性散漫的人是无法和你成为朋友的。你非常努力，是别人眼中的乖孩子，常因为太专注于学习而忽略了人际关系。

E 类人——十三点

你对人没有什么特别的好恶，不过，如果有人能和你聊聊有兴趣的话题，你会和他马上混熟，毫无心机。别人和你相处的感觉很舒服，所以你很容易交朋友，就算你不积极拓展人际关系，朋友也会自动来到你身边。

F 类人——独行侠

在团体中，你的话并不多，样样有所保留，别人对你的印象是“神秘”。其实你并不是不喜欢和人群在一起，只是你喜欢躲在一边观察，所以你非常能看出别人心里在想什么。你喜欢和别人讨论命理、星座、占卜之类的话题。

G 类人——小天真

你是一个没心机的人，想法单纯，凡事都很少有计划或想太远，属于“今朝有酒今朝醉”的类型。原则上，你的朋友都会喜欢你，可是有时候你的天真可能会为别人带来一些不必要的麻烦。

H 类人——小天使

你是一个很随和的人，不会带给别人压力，对朋友很体贴，具有同情心。任何人来找你帮忙，你都会尽你所能提供帮助，不求回报，也不会不耐烦，所以你的人际关系很好，是许多人的心灵“急救站”。

注：本测验的结果仅供参考。

认识自我——当代大学生角色冲突现状

当今时代，社会各界对大学生综合能力、学术水平的要求越来越高，使得大学生在关注专业学习的同时不得不考虑参与到校园文化活动中，为自己将来的简历、就业推荐表增加筹码。但在这一过程中，大学生的不同角色定位间就会出现冲突，具体表现为以下几点。

1. 学生角色意识转变出现的冲突

一个人的角色不是一成不变的。当一个人扮演新角色时，新旧角色间会发生矛盾。许多新生在由中学生转为大学生的过程中，一时不能适应，感到压抑、孤寂、苦闷等，并为此而苦恼。

2. 由失落心理引起的角色冲突

这包括学习成绩不理想引起的冲突，因同学、好友各方面都比自己强而感到失落、怨恨而产生嫉妒心理等。

3. 实际角色和理想角色的差距

一些学生对自己有很高的期望值，但实际上成绩平平、相貌一般，无特殊爱好或才能，因此长期处于自卑的心理状态中。

4. 多重角色心理冲突

这类角色冲突主要发生在担任学生干部的同学中。对于这一类学生，无论是自己或老师、同学，都有一种求全的心理倾向。他们既要学好功课，又要干好工作；既要在同学中有威信，又要得到老师的信任；既要工作、学习好，又要兼顾娱乐玩耍。这种多重角色和心理压力常使他们筋疲力尽、顾此失彼。

5. 家庭经济条件差引起的角色冲突

这主要表现在部分来自农村的学生身上。在学校“争强好胜”的环境中，家庭经济条件的好坏也成了衡量一个人成功与否的标准。家庭生活条件困难的学生易受到冷落，失落感、自卑心理都比较强，容易引起冲突。

6. 社会角色“超前意识”引起的角色冲突

当代大学生往往对国家和民族表现出强烈的忧患意识，这应该说是值得肯定的。但一些大学生由于过高估计了自我价值，往往难以摆正自己在社会中所处的位置；一些学生辨别能力有限，用西方先进的地方同我国落后的地方来比较，往往以一个“社会觉醒家”的形象自居，想通过自己的奋斗来改变国家的现状，而在实际生活中一旦遇到困难和挫折，又很容易垂头丧气情绪低落。

以上种种冲突如处理不好，会对学生自身的心理健康和未来发展产生不良影响，所以我们要学会——“正确把握角色，有效避免冲突”。

完善自我——正确把握角色，有效避免冲突

例海藏真

有一个大学财会班的女学生，喜欢唱歌、跳舞，喜欢小孩子。她一直希望成为幼儿园老师，所以，一开始她对财会专业并不感兴趣，成绩平平。在三年级第一学期时，她意识到自己的幼师梦可能永远也没办法实现了，这才开始认真地学习起专业课程，特别是财务管理这门课引起了她的兴趣。这一学期她的成绩排名急剧上升，财务管理科目甚至进入了班上前三名。

角色冲突是使人紧张的重要原因之一，因为角色冲突常常会导致“角色超负荷”。研究证明，体验到角色超负荷的人会心率加速，胆固醇增高。美国社会心理学家米德把这种现象称为“角色紧张”。角色紧张对社会及个体的健康都非常有害。

一、角色及角色冲突的含义

在社会中，一个人的角色并不是孤立存在的，而是与其他的角色联系在一起的。这样一组相互联系、相互依存、相互补充的角色就是所谓的角色因素。任何一个人都不可能仅仅承担某一社会角色，而总是承担着多重社会角色，他所承担的多种角色又总是与更多的社会角色相互联系，所有这些就构成了角色集。

（一）社会角色

社会角色是指与人们的某种社会地位、身份相一致的一整套权利、义务的规范与行为模式，它是人们对具有特定身份的人的行为期望，它构成社会群体或组织的基础。具体说来，它包括以下四方面的含义。

第一，角色是社会地位的外在表现；

第二，角色是人们的一整套权利、义务的规范和行为模式；

第三，角色是人们对于处在特定地位上的人们行为的期待；

第四，角色是社会群体或社会组织的基础。

（二）角色间冲突

角色间冲突是指个人在所履行的两个或多个社会角色之间或角色与人格之间发生的冲突。角色冲突可导致焦虑、紧张、苦恼、效率下降，或使个人为解决冲突而从一个或多个不相容的角色中撤退，重新定位于一个模糊不清的角色，或通过协调减轻对立各方的压力。角色冲突主要表现为两个情形：一是空间与时间上的冲突。一个学生，他肩负着学习的任务；作为父母的儿子，他承担着孝敬长辈的义务；作为哥哥，他承担着爱护妹妹或弟弟的任务。这样不可避免地就在时间和空间上产生了矛盾。二是行为模式内容上的冲突。比如，一个人改变了旧角色，担任了新角色，并且，新角色与旧角色有性质区别时，也会产生新旧角色的冲突。刚刚升入大学的新生，面对新生活的不适应就是一个例证。

（三）角色内冲突

角色内冲突是指同一个角色，由于社会上人们对于他的期望与要求的不一致，或者角色承担者对这个角色的理解不一致，在角色承担者内心产生的一种矛盾与冲突。例如，对于老师这个角色，不同类型的学生就有不同的期望，好学生希望老师对他们严格要求，而差学生则希望老师对他们放任自流。角色内冲突往往是由角色自身所包含的矛盾造成的。此外，角色间冲突也往往转化为角色内冲突，通过内冲突的形式表现和完成。

例海藏真

公司效益滑坡，许多人选择了离开，小方被一家公司的人力资源部相中，可是他又舍不得离开目前这家公司，因为在这里他有比别人好得多的待遇，老板视他为心腹，公司一有困难就跳槽，是不是太不仁不义了？朋友说："什么不仁不义？鸟向亮处飞，人往高处走，在经济社会，没有钱就无法生存，还是另谋高就吧。"他犹豫着，陷入了不知是离开好还是留下好的两难困境。

"郁闷"渐渐侵蚀了小方的心灵。他变得焦虑，变得左右为难。一个曾经天塌下来也不紧不慢的他，变得没了主见。他开始静不下心，一件事尚未做完，却已经筹划着另一件事。仿佛走到了一个有着无穷可能的路口。在他的四周，布满了黑漆漆的路，他无法决定自己的下一步该做什么。

小方的遭遇恰恰是很多人都会遇到的，他不仅经历了角色间的冲突，还承受了角色内的冲突。

二、角色冲突分类

美国心理学家米勒将人的基本冲突分成三大类：双趋冲突、双避冲突、趋避冲突。其中，双趋冲突又称趋—趋冲突，指一个人同时面临两个同样具有吸引力的目标，必须从中抉择时发生的心理冲突。比如，世界杯足球赛多在 6 月底到 8 月初这段时间举行，而这段时间又恰恰是接近学校期末考试的时间。喜欢看足球的同学就会产生内心的冲突：既想观看高水平的球赛，又不想影响考试。这样的冲突就会产生看与不看的焦虑，导致心理压力。双避冲突又称避—避冲突，指一个人同时面临两个同样不受欢迎或令人厌恶的事物，回避其一就必然遭遇另一个时产生的心理冲突。比如，有些学生在学校时，既不想用功读书，又害怕考试不及格，这就是双避冲突。趋避冲突，指一个人对同一目标持有矛盾的态度——既向往（喜欢）又拒绝（厌恶）时发生的心理冲突。这一目标可以满足人的某些需求，但同时又会构成某些威胁，既有吸引力又有排斥力，使人陷入进退两难的心理困境。如大学生既想担任学生干部使自己得到实际锻炼，又怕耗时太多影响学习。有时候一个人可能必须在两个或两个以上的事物或目标间抉择，此时产生的心理冲突不是单一的趋避冲突，而是双重或多重趋避冲突。如择业时有两个单位可供选择，而每个单位又利弊相当，就有可能使人举棋不定而陷入这种冲突中。再如，有些人为了获得较高的经济收入和良好的住房条件，尽管工作和生活环境不适应，但还是想换一个新工作。与此同时，又考虑到留在原单位工作，尽管收入、住房条件差些，但却有习惯了的工作和生活环境以及适应了的人际关系。此时，考虑到各种利弊和得失，就会产生多重趋避冲突。如果几个目标的吸引力和排斥力相差较大，解决冲突还比较容易；如果几种目际的吸引力和排斥力比较接近，则解决冲突就相对困难，需要较长时间考虑得失、权衡利弊。

现实生活中的心理冲突是十分复杂的，往往同时包含上述三类基本冲突。心理冲突若不能获得解决，便会造成挫折和心理应激。许多研究表明，未解决的心理冲突是健康的大敌。这需要角色扮演者在这两种相反的角色之间做出痛苦的选择。

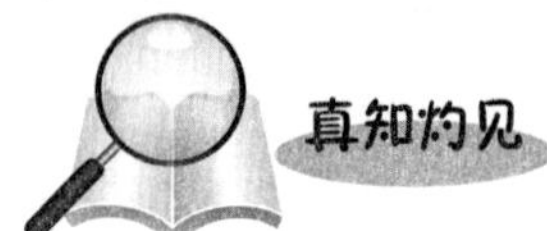

美国亚裔仅占美国总人口的4%，但他们考取美国一流大学的比例却相当高。亚裔学生成绩如此优异，与他们的种族无关，与他们受到的教育特别是家庭教育密切相关。亚裔家庭在培养孩子方面有哪些值得借鉴的做法？两位美籍韩裔姐妹以自己的成功经历与感悟，将亚裔家庭教育中值得肯定的特点归纳为17个诀窍，令人耳目一新。下面的内容是该书中的“诀窍四”。

我们都扮演某种社会角色：教师、医生、律师、管道工人或操持家务者等。假想一下，要是满大街都是律师而没有人清扫垃圾，那么这个世界会是什么样？要是每一个人都想做木匠而没人想做医生，又会是怎样一种情形？如果不实行法治，就会有太多的混乱。

正如一个团体需要不同角色的人才能正常运作，一个家庭也需要其成员承担不同的责任义务来完成所有的“工作”。

大部分父母只是希望他们的孩子幸福、健康、有责任心。不管怎么说，在当今的美国，孩子似乎要比过去承担更多的责任。他们是父母的好帮手（在家做家务），是课外活动的参加者，比如从事体育运动或演奏乐器，最重要的，他们还是学生。在这个单亲家庭越来越多的时代中，许多孩子也承担起父母对年幼儿童所承担的责任。鉴于当今的孩子要承担越来越多的责任，又要抵御许多分心的事情（比如互联网、有线电视等），他们的学习成绩和教育显然受到极大的影响。

一个人的角色越清楚、越简单，这个人就越可能把事情做好。亚裔家庭的孩子似乎比其他美国家庭的孩子角色更加确定，这或许就是亚裔孩子学习优秀的另外一个原因。其他美国孩子除了帮助做家务外还要从事好多不同的课外活动，而亚裔学生只是把精力放在学习上。一般而言，亚裔学生在家中承担的角色清楚明白，只有两项：服从父母和努力学习。在学校表现好，为的是能够有一个光明的未来。亚裔家庭中的父母比非亚裔家庭中的父母更加强调孩子作为学生和寻求知识者的角色，强调学习成绩。

亚裔父母需要做几件事来保证他们的孩子有效地担当起学生的角色。首先，他们严格规定他们的孩子在校外活动的时间；其次，亚裔父母愿意在放学后承担作为教育者的角色，并乐此不疲；再次，亚裔父母借助他们的教育者角色教导他们的孩子，作为一个学生不仅有趣而且值得；最后，亚裔父母发自内心地敬仰教师职业，他们从不小看教育者的作用，也不会让自己的孩子陷入这样的误区。

资料来源：《明确孩子的学生角色》，2007 年 3 月。

三、学生承担的角色

（一）子女的角色

孝敬父母自古以来就是先贤们倡导的为人之道、做人之本。即便是在经济高度发达的今天，当好子女、孝敬父母依然是现代社会一个最基本的文明要求。

例海藏真

上海市小学生沈梦佳，她的妈妈生下她不久便患了糖尿病，后来病情恶化，又引发了尿毒症。她的父亲是工人，每月工资 500 元，家里还有一位 50 多岁体弱多病的奶奶，生活非常困难。但生活的艰难并没有压垮小梦佳。穷人的孩子早当家，她非常体贴父母，主动为父母分忧，4 岁时，她就学会自己洗衣服、收拾房间、上街买东西；6 岁时，她会做全部家务，照料病床上的妈妈；8 岁时，她已经学会给妈妈煎药、打针……生活的磨炼使她更加坚强、更加懂事。晚上照料病床上的妈妈，白天上课她依然聚精会神，学习成绩在班上名列前茅。

“百善孝为先”，一个人能从小做到孝敬父母，便能懂得爱人、关心人、尊重人，增强社会责任感，从一定意义上说，“孝是做人的起点”。可以想象，一个从不爱自己父母、不爱同学、不爱老师的人，能爱祖国、爱人民吗？一个不爱国、不爱家的人，能够尽心尽力地去当好一个祖国的建设者吗？

然而，现今的独生子女家庭，由于教育的不当，造成了许多孩子不谙人情，不孝敬父母。这样的“抱大的一代”，一旦家长不遂其心愿，就由娇而横、由爱生恨，甚至还有恩将仇报的情况出现。

例海藏真

案例一：黄某是浙江大学的一名学生，从小到大成绩一直很优秀，因此受到家长的宠爱。黄某的母亲从未说过儿子一句“不是”。黄某交友不慎，母亲责备了一句，他就认为自己在同学面前没了面子，心生怨恨，竟手持利刃将熟睡中的母亲残忍地杀死。

案例二：河南省一个刚刚从医学院毕业在家等待就业的女孩，和奶奶为家庭琐事发生争执，竟举起菜刀砍死了70多岁的老人。

这些都是生活中真实的案例。这些触目惊心的案例，为我们敲响了警钟：怎样让自己学会尽孝，扮演好子女这一社会角色呢？

1. 培养责任意识

子女是一种社会角色，与其他角色相比，这一社会角色具有终身性的特点。一个子女不管其年龄有多大，或者自己也已经为人父母，但在父母面前永远是子女。这种社会角色永远也不会变化，其应该承担的责任和义务是谁也无法替代的。

子女这一社会角色的义务，核心实际上是一种责任。这种责任随着子女年龄增大，其内容也随之不断地增加新的要求。

2. 心中有父母

家庭是一个“共生体”，家庭成员之间需要互相依存、共同发展。个人既承担家庭的义务和责任，又共同分享家庭的利益。作为子女，必须从小树立起一种观念：心中有他人，心中有爸爸、妈妈、爷爷、奶奶……要尊重他人的权益，不能侵犯他人的权益。比如深夜时分，全家人在睡觉，你一个人不能大吵大闹，也不能把收音机、电视机开得很响，影响他人休息，因为每个人都有分享空间的权利，你不顾别人的权益，就是一种“霸道”。

3. 体贴、关心父母

家里的人生了病，特别是爸爸妈妈生了病，应该主动关心、问候、递水拿药、细心护理，不能无动于衷。父母生病时子女的关心问候是任何药物都替代不了的“良方”，会给父母带来极大的心理慰藉。

4. 学会感恩

例海藏真

在一个阳光明媚的星期天，聪明的男孩汤姆给妈妈写下了一份账单："汤姆给妈妈到超级市场买食品，妈妈应付5美元；汤姆自己起床叠被，妈妈应付2美元；汤姆为家里擦地板，妈妈应付3美元；汤姆是一个听话的好孩子，妈妈应付10美元；合计：20美元。"汤姆写完后，把纸条压在餐桌上，便上床睡大觉去了。忙得满头大汗的妈妈看到了这张纸条后，只是宽容地笑了笑，随即在上面添上几行字，放回了汤姆的枕边。醒来的汤姆看到了这样一份账单：妈妈含辛茹苦地抚养汤姆，汤姆应付0美元；妈妈教汤姆走路、说话，汤姆应付0美元；妈妈以后还将继续为汤姆奉献，汤姆应付0美元；妈妈拥有一个天使般可爱的小男孩，汤姆应付0美元；合计：0美元。这张纸条至今仍被汤姆珍藏着，它记录着一个孩子从懵懂走向懂事的经历。

资料来源：《妈妈的账单》。

父母对孩子的爱是无私的，汤姆的妈妈通过一份账单让孩子体验到妈妈无私的爱，同时也让孩子体验到，妈妈的爱是无私的，但不应是无偿的，做子女的对父母应该有报偿的义务，要做一个会感恩的人。

学会"感恩"，自然该从感恩父母开始。因为父母是最早有恩于孩子的人，父母之恩，身为子女的我们应本能地感受到。如果连父母之恩也漠然置之，那又如何期望自己能感受到来自他人的关爱、来自社会的体恤、来自祖国的培养和来自大自然的赏赐呢？感恩的基本就在于孝敬父母：记住父母的生日，为劳累困倦的父母洗个脚，懂得节日里第一个问候的该是父母……

这里有一首歌谣，与天下子女共勉：

自己事情自己办，不给父母添麻烦；
家务劳动帮着干，多为父母减负担；
对待父母有礼貌，早晚起居要问安；
探亲访友离家长，禀告父母莫挂牵；
衣食住行讲礼貌，尊老敬长想在前；
艰苦朴素少花钱，不跟别人比吃穿；
思想学习勤汇报，恳求父母多指点；
批评教育不顶嘴，感谢父母要求严；
养育之恩重如山，儿女责任记心间；
为人处事德为本，敬重父母孝当先。

（二）朋友的角色

朋友之间的关系作为人际关系的一种，虽没有骨肉血脉的联结，但却有一种亲情无法替代的东西。也许在生活中的某个瞬间你会发现，身边最好的朋友就像一个翻版的自己，让你有一种心灵相通的感觉；当你不如意、不开心时，朋友就像天使一样来到自己身边，宽慰自己、理解自己、支持自己……朋友是人生的宝贵财富，朋友之间互相关心是毋庸置疑的，但每个人都有自己喜欢的生活方式，如果任何事都不分你我的话，会使友情陷入一种尴尬的境地。因此，要学会扮演朋友这一角色。

1. 为朋友留有足够的自由空间

聚焦实验

一位心理学家做过这样一个实验：一个刚刚开门的阅览室，当里面只有一位读者时，心理学家就进去拿椅子坐在他（她）旁边。试验进行了80人次。结果证明，没有一个被试者能够容忍一个陌生人紧挨自己坐下。当心理学家坐在他们身边后，很多被试者会默默地移到别处坐下，有人甚至明确地问："你想干什么？"

心理学家霍尔认为，人际交往中双方所保持的空间距离是人际关系的表现，研究发现，亲密关系（父母和子女、夫妻间）的距离在45厘米以内，个人关系（朋友、熟人间）的距离一般在45～120厘米，社会关系（一般认识者之间）一般在120～360厘米，公共关系（陌生人、上下级之间）的距离在360厘米以上。

这个理论并不是意味着朋友、熟人交往要把距离控制在45～120厘米这么精确，它只是人对事物在态度上的一种表现。

朋友、熟人往往通过沟通，在思想、情趣等方面因为相通或互补而建立了比较亲密的类似于战友般的情谊，但切记：每个人都有自己的隐私，都有希望自己独处的时候，所以你要清楚你只能介入他生活的一部分，不要刨根问底地询问朋友的隐私，这只会让朋友感觉隐私受到侵犯，如果他想告诉你，自会说与你听。也不要时时刻刻与朋友黏在一起，让朋友没有时间处理自己的事情。为各自留有自由空间，方是友情长久之道。

2. 遵循人际交往的原则

人际交往要遵循"镜子原则"，即你对别人怎样，别人也会报以相同的态度；人际交往也遵循"对等原则"，你付出多少，将得到差不多相同的回报。但是有一个很重要的前提，那就是真诚。如果一个人对别人的好不是发自内心的，只是带着一定的目的去"讨好"别人，希望得到别人同等的回报，那么这种不自然的表现和表露都会让别人感到你不真诚，你可能因此得不到回报。此外，朋友之间的互动与帮助是对等的，当你接受别人馈赠的时候也应该予以差不多同等的回馈，这不仅是"礼尚往来"，也是遵循"对等原则"、保持心理上平衡感的一种做法。

3. 善于倾听

例海藏真

古时候，曾经有个小国家的使者到中国来，进贡了三个一模一样的金人，把皇帝高兴坏了。可是这小国的使者出了一道题目考皇帝：这三个金人哪个最有价值？皇帝想了许多办法，请来珠宝匠检查，称重量、看做工，都是一模一样的。

怎么办？使者还等着回去汇报呢。泱泱大国，不会连这个小问题都解决不了吧。最后，有一位退休的老大臣说他有办法。皇帝将使者请到大殿，老臣胸有成竹地拿着三根稻草，分别插入三个金人的耳朵里，第一个金人的稻草从另一边耳朵出来了；第二个金人的稻草从嘴巴里直接掉出来；而第三个金人，稻草进去后掉进了肚子，什么响动也没有。老臣说：第三个金人最有价值！

使者默默无语，答案正确。

资料来源：《哲理故事》。

这个故事告诉我们，最有价值的人，不一定是最能说的人。老天给我们两只耳朵一张嘴，本来就是让我们多听少说的。善于倾听，才是成熟的人最基本的素质。

我们每个人都应该重视倾听，提高自身的倾听技巧，学会做一个优秀的倾听者。要善于倾听朋友的心声，分担朋友的烦恼；善于倾听别人的抱怨，并且理解他们的抱怨，这样才能想出合适的办法应对不同的人、不同的事；善于倾听他人言语，既尊重他人也可赢得别人的尊重；善于倾听还可以使你更深刻地了解他人，也了解自己，客观地看待自己，这样才能取人之长，去己之短。

4. 体谅别人

要学会体谅别人。任何一个人都有优缺点，而我们最大的弱点是看不到自己的缺点，但却很容易看到对方的缺点，所以我们评判周围的人的时候常常把他们的缺点无限地放大，同时把他们的优点无限地缩小。“关系越近的人缺点越多”，不从此误区中解脱出来，会导致你无法跟别人交往。如果你认真地去看别人的优点，并且欣赏他的优点，尽可能地避开他的缺点；或者你作为真正的朋友，尽可能地以友好的态度去纠正他的缺点，结果就会不一样。所以你对周围朋友的缺点首先应该采取谅解的态度，在谅解的前提之下，你才能够指出对方的缺点，而且是以真诚的态度指出来，这样，两个人就会共同进步。否则，朋友的路就走到头了。如果你对所有的人的缺点都缺乏必要的谅解，你可能终生不会有一个朋友，将终生生活在孤独之中。

（三）学生的角色

作为学生，不仅要学习知识，还要学习如何做人。但无论是做人做事，上课、下课、用餐、就寝、值日、活动，甚至一言一行都有责任存在。那么，一名学生的责任有哪些呢？

1. 对学习负责，做一名成绩优秀的学生

作为一名学生，最主要的任务是认真学习各科文化知识。上课专心听讲、独立完成作业、刻苦钻研、战胜困难，学业成绩优秀，这就是对学习负责。

2. 对班集体负责，做一名可亲的好同学

学校是一个大家庭，而班级就是一个小家庭，在这个家庭里面，有四五十名同学，每一个同学都有各自的爱好和禀性，如何把这个家庭建设好呢？这就需要每一位同学的付出和努力。

干净的教室不是打扫出来的，而是保持出来的，每位同学在教室卫生管理的过程中都应学会自律、学会尊重他人的劳动成果。除此之外，还要保持安静、不大声喧哗，营造良好的学习氛围，这是对同学的学习负责。

3. 对健康负责，做一名快乐的学生

讲究卫生、积极值日，保持教室、寝室、公共区域良好的卫生环境，就是对同学的健康负责。中午和晚上在寝室里休息时，不大声喧哗，让其他同学休息好，就是对同学的健康负责。积极参加体育锻炼，注意劳逸结合，养成良好的饮食卫生习惯，就是对自己的身体健康负责。

4. 对学校负责，做一名让人尊敬的学生

学校是每一名学生学习生活的地方，这里有敬爱的老师、可爱的同学，营造一种文明和谐的校园环境是每一名学生应尽的责任。

伸手把哗哗流水的水龙头关上，白天随手关掉走廊亮着的电灯，主动修好损坏的公共设施等，这样不仅是对学校负责，更能凸显作为学生的良好素质。形成这样的好习惯之后，将来走向社会，也能更好地被社会认同和尊重。搞好学习，积极参加各项活动，取得优异的成绩，为学校争光，这也是对学校负责。

5. 对父母负责，做一名孝顺的好孩子

在现实生活中，我们享受着父母无微不至的照顾，然而有些学生不理解父母，过分地在物质享受方面向父母提要求，在学业上却没有对家庭承担应有的责任。作为一名学生，应学会对父母负责，虽然不能为父母分担生活的艰辛，但我们在生活上可以少让父母为自己操心，在学习上尽自己最大的努力让父母欣慰。如，平时勤俭节约，不乱花钱，渴了多喝凉开水，少喝饮料，坚持一日三餐在学校食堂里就餐，少买零食和“垃圾食品”。

6. 对教师负责，做一个懂礼知节的好学生

尊重老师，不仅表现在见面问好，上课前鞠躬问候，还应该学会遵守课堂纪律，认真听课、完成作业，这是爱护、尊重老师的劳动成果的表现。听取、尊重老师的意见、建议，不辱骂老师，有意见委婉地提出，不当众让老师为难。上课前，帮助老师收拾好讲桌、擦好黑板，保持讲台清洁卫生，不破坏老师上课的工具等。

7. 对他人负责，做一个讲诚信的人

每个人都是社会当中的成员，谁也不可能脱离社会而单独存在。作为学生，应学

会对他人负责，敢于奉献自己的真诚。其实在前进的路途上，搬开别人脚下的绊脚石，有时恰恰是在为自己铺路。一个能够为他人承担责任的人，一定是一个值得信赖的人，也是可以委以重任的人。我们要学会欣赏和接纳别人，学会理解和谅解别人，学会和别人沟通交流。人只有具有了集体观念、团队精神，才能自觉承担责任，尽到应尽的义务，才能进一步上升为社会责任意识。

四、正确处理学生角色向职业角色的转换

毕业生从学生角色到职业角色的转换，必然伴随着角色冲突、角色学习和角色协调等一系列过程。因此，学生在开始自己的职业生涯之前，应该学习一些相关的知识，对自我、社会，对即将从事的职业进行深入细致的了解和调查分析，找出自身不足，提高心理承受力，加强角色认知，做好上岗前的各项准备，顺利地实现角色转换。

（一）角色转换

1. 就业前夕的角色转换

学生从面试到正式上岗存在着一段时间间隔，许多学生难免出现这样的心态：工作有了着落，不用上班，不用上课，人生突然失去了目标，感觉很空虚。一些人把这段时间当成“最后的疯狂”，完全放松甚至放纵。其实，在校学习期间的学习环境、学习条件以及学习技能的训练环境都是最为理想的。因此，毕业生应该有针对性地学习知识、培养能力，提前奠定良好的心理基础和知识技能基础。

2. 试用期内的角色转换

任何工作都需要经过一段时间的试用期，考核合格之后才能转为正式人员。在校期间，学生学习和生活条件比较优越，空闲时间比较多，节奏缓和、压力小。而试用期时，毕业生往往被安排到条件艰苦的基层去锻炼，而且工作繁忙，经常需要加班加点，属于自己的时间越来越少。这种情况下，往往会加剧一个人的角色冲突。为此，学生首先应该加强试用期内的学习和认识，使角色转换顺利实现。了解就业单位的基本情况，熟悉规章制度和工作程序，更重要的是通过岗前培训来树立集体主义观念，培养人际协调能力和奉献精神。从某种意义上讲，岗前培训可以直接反映出新员工的素质高低，因此单位都非常重视，并依此择优录用、分配岗位。毕业生一定要以认真的态度把握好这样一个充实自己、表现自己和提升自己的良机。

其次，毕业生要树立工作的责任意识。多数人在走上工作岗位之初，一般不会被委以重任，而是先从最简单的辅助性工作做起，这符合人才成长的基本规律。因此，不管工作的大小，职位的高低，都要以满腔的热情、高度的事业心和责任感认真对待，争取圆满完成工作任务。

再次，毕业生还要善于展现自己的知识。毕业生因为具有新知识而受到同事的青睐和尊敬，但由此也使一些人与同事相处时容易产生一定的距离。因此，在同事面前一定要表现得谦虚、随和，在尊重同事丰富经验的同时，适时适度地展现自己的知识。

最后，要培养实事求是的工作作风。毕业生具有较强的自尊心和自立意识，在工作上总想独当一面，取得成就。尽管很多人对待工作的态度是认真谨慎的，但在很多时候，工作中还是难免出现失误。如果工作中出现了失误，就要认真地分析原因，总结经验教训，找准失误点；要敢于向领导和同事承认错误，勇于承担责任，以获得领导和同事的理解。另外，要虚心学习、请教，总结经验教训，防止类似失误再次发生。

（二）角色转换过程中容易出现的问题

有些学生在角色转换的过程中，受到社会因素、家庭因素尤其是自身认知能力、人格心理发展、意志品质以及情绪情感等因素的影响，不能正确认识角色转换的实质，或者在角色转换中不能持之以恒，这就会出现一系列问题。

1. 浮躁与自傲并存

有些毕业生对人才的理解不够全面和准确，认为自己接受了比较系统正规的教育，拿到了学历，学到了知识，已经是人才了，于是就轻视实践，眼高手低，频繁想换工作。事实上，如果不能静下心来踏踏实实地学习、适应工作，不管什么样的单位都不会适合你。

2. 畏惧和依恋同在

有些毕业生在角色转换过程中容易出现依恋学生角色的怀旧心理。以学生角色的社会义务和社会规范来要求自己、对待工作，以学生角色的习惯方式来待人接物，观察和分析事物。面对新环境，一些毕业生在刚走进新的工作环境时，常常缩手缩脚，怕担责任，怕出事故，怕闹笑话，怕造成不良影响。于是工作上就放不开手脚，前怕狼后怕虎，缺乏年轻人的朝气和锐气。

（三）问题解决策略

1. 调整就业心态，做好心理准备

调整就业心态，做好心理准备是角色转换的基础。毕业生要有抗挫折的心理准备，这是事业成功者的必备素质。

2. 培养职业兴趣

热爱本职工作，全身心投入工作是角色转换的前提。刚刚走上工作岗位的学生，应当全身心地投入到工作中去，在工作中培养职业兴趣，取得工作成绩。

3. 虚心学习知识，提高工作能力

虚心学习知识，提高工作能力是角色转换的重要手段。面对全新的职业，毕业生需要像小学生那样从头学起，虚心向有经验的技术人员、领导、师傅和同事学习，不断丰富自己的专业知识，提高自己的专业技能，最终达到自我完善。

4. 勤于观察思考，善于发现问题

勤于观察思考，善于发现问题是角色转换的有力保障。毕业生进入职业角色，只有善于观察问题，才能发现问题，只有运用自身掌握的知识去努力解决问题，才能掌握大量的第一手资料，分析研究职业对象的内部规律，培养自己的独立见解，才能逐步具备独立开展工作的能力，更好地承担角色责任。

消除角色冲突指南针

1. 准确的角色认知

充分领悟自身要扮演的各个角色，对角色准确地认识和理解。只有个体对角色有准确的认知，在角色实践的过程中才能避免角色失调。

2. 及时提醒自己转换角色

可采取一些简单易行的方法提醒自己转换角色。如自制一些提醒自己的小纸条或小卡片放在家里或教室。或在走入教室那一刻告诉自己，自己的子女角色已经“下班”，学生角色要“上班”。

3. 加强“角色”的协调能力

要消除角色冲突，就要加强个体对各种角色的协调能力，使得各个角色从不和谐转至和谐乃至相互补充促进。用纸笔记录下来各种角色的冲突之处，逐条分析解决冲突的方法。

4. 关注自己的兴趣所在

除了学习，让自己拥有多种兴趣是丰富业余生活、转换角色的一个好的途径。用兴趣爱好把学习和生活的界限分清楚，才能更好地转换角色，从而消除“角色冲突”。

超越自我——角色转换训练

角色模拟拓展训练

“听与说”游戏

角色分配：

（1）母亲：拥有一个3岁大的孩子；

（2）发明家：正在研究新能源（可再生、无污染）汽车；

（3）医学家：长年研究艾滋病的治疗方案，已取得突破性进展；

（4）宇航员：即将远征火星，寻找适合人类居住的新星球；

（5）生态学家：负责热带雨林抢救工作；

（6）流浪汉。

游戏背景：

私人飞机坠落在荒岛上，只有6人存活。这时逃生工具只有一个只能容纳一人的热气球，没有水和食物。

游戏方法：

针对由谁乘坐气球先行离岛的问题，各自陈述理由。先复述前一人的理由再申述自己的理由。最后，由大家根据复述别人逃生理由的完整性与陈述自身理由的充分性决定可先行离岛的人。

游戏说明的道理（可以请学员一起谈看法）：

（1）认真聆听别人的话，记住别人的想法，这样别人才会相信你，才会让你先行离岛。由此可见，聆听非常重要。

（2）根据学员的表现评价：好的表达/需要提升的表达。

第十四章　团队合作　凝聚力量

——趣味小测验

团队合作精神测试

当今社会的竞争日趋激烈，信息量成几何级数增长。任何一个组织的成功都不能仅仅依靠某一个人单枪匹马作战，因此，团队合作的重要性不言而喻。没有团队合作精神的人，将很难在这个社会立足。你的团队合作精神如何呢?

请您按第一直觉直接作答，尽量避免涂改，标清选项以便核分。

1. 当班级来了一个新同学，你会怎么做：

A. 这跟我没有太大关系

B. 主动和他/她打招呼，帮助他/她尽快适应学校

C. 他/她跟我主动打招呼后再去帮助他/她

2. 当班级组织体育活动时，你会：

A. 积极参与，即使自己体育不太好也会在旁边加油

B. 不是强迫参加就不参加，忙自己的事情更重要；

C. 自己喜欢的项目就参加，不喜欢的就不参加。

3. 当你和朋友一起聚餐点菜的时候，你会怎么做：

A. 点自己最喜欢吃的菜

B. 点大多数朋友都比较喜欢吃的菜

C. 点自己喜欢大家也还能吃的菜

4. 和几个朋友一起约定去景点玩的时候，你：

A. 总是比约定时间早到几分钟

B. 一般是最晚到，让别人等你

C. 有时候早到，有时候晚到

5. 你所参加的球队比赛失败了，你会：

A. 抱怨那些没打好的人

B. 鼓励大家不要气馁

C. 让大家一起找出原因

6. 同学遇到不会做的题，而你正好会做，你会：

A. 如果是自己的竞争对手就不告诉他

B. 给他讲一遍，如果还是不懂的话就让他去问别人

C. 耐心地给他解答，直到他听懂为止
7. 宿舍同学生病的时候，你会：
A. 跟自己关系好就照顾照顾，不好就算了
B. 认为人人都应该学会照顾自己，不能指望别人
C. 仔细照顾他，为他做一些力所能及的事情
8. 宿舍熄灯后，你一般：
A. 已经做完该做事情，躺在床上了
B. 忙一些事情，不时发出声响
C. 忙一些事，但尽量轻手轻脚
9. 你的好朋友这次考试比你成绩好，你会：
A. 衷心地向他表示祝贺，并向他请教
B. 表面表示祝贺，心里不太舒服
C. 心里很不舒服，暂时先不理他
10. 对于那些学习成绩很差的人，一般情况下你会怎样看待他们：
A. 他们天生就比较笨，不想和他们打交道
B. 他们可能是不够勤奋，再努力点就好了
C. 他们在某些方面有我所不具有的优点
11. 当你和能力不如你的小组成员一起完成一项活动时，你会：
A. 自己一个人干算了，免得他们做不好我还得重做
B. 自己干最重要的部分，其他的分给他们做
C. 按照每个人的情况，合理分工，共同完成任务
12. 班级大扫除时，某个同学临时有事不能完成他的任务，你会：
A. 主动去分担他的工作
B. 不是分内的事情自己才不理会
C. 这次替他干，下次值日让他帮自己干

计分标准：
按表 14－1 计算得分。

表 14－1　计分标准

得分 题号 选项	1	2	3	4	5	6	7	8	9	10	11	12
A	0	2	0	2	0	0	1	2	2	0	0	2
B	2	0	2	0	2	1	0	0	1	1	1	0
C	1	1	1	1	1	2	2	1	0	2	2	1

结果解释：

17～24分：你是一个很有合作精神的人。遇到事情你能够考虑到其他人，因此大家都愿意和你共事，你会有很不错的发展。

10～16分：你的团队合作精神处于中等水平。一般情况下，你能够注意别人的感受，但是需要加强对合作重要性的认识，这样你会更受欢迎。

10分以下：你的团队合作精神很差，需要有意识地去培养。在当今社会，学会和别人合作，能让你取得更大的成就。

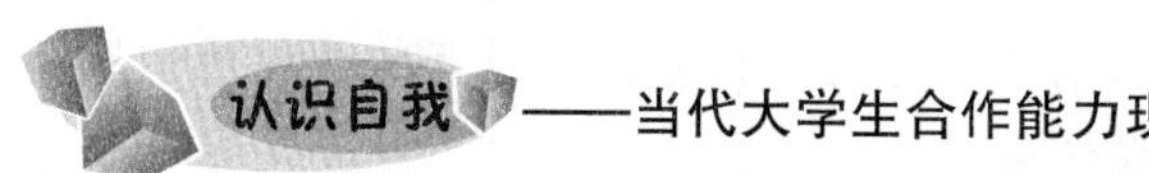

——当代大学生合作能力现状

2018年6月，《中国青年报》上刊登过一篇报道，报道中说：除专门技能，雇主在招聘信息中还提出了通用性的能力素质方面的要求。提及率较高的有人际沟通能力（59.9%）、团队协作能力（44.6%）、责任心（39.8%）、思维能力（36.9%）、组织协调能力（35.3%）、职业操守（26.5%）、语言表达能力（20.8%）、抗压能力（20.2%）、外语能力（20.1%）、学习能力（19.2%）、独立工作能力（17.0%）等。

在这项调查中，人际沟通与团队合作能力占了能力素质需求中最大的比重。然而，现今的学生有相当一部分把竞争意识放在第一位，把合作精神放在第二位。长春市某高校也有一项关于大学生团队精神的调查，结果显示：我国当代学生80%以上都是独生子女，所以，学生对于团体活动参与积极性不高，尤其是在大学中，参加社团活动的目的很大一部分是由于老师要求参加才不得不参加。而当个人利益与集体利益发生冲突的时候，一部分学生是看情况决定自己的立场，另一部分学生则是以个人的利益为主。深入调查发现，团队合作精神给学生留下的印象多是在竞赛或者比赛中发挥作用，日常生活中起不到显著作用。由此可见，当今大学生对于团队合作精神这方面的认识还不够深入、透彻。

——加强团队合作

中远恒信：团队价值观比个人魅力更重要

团队的力量犹如“蚂蚁军团”

中远恒信从成立至今始终坚信：一个企业要做强做大，个人的力量是有限的，团队的力量则是无穷的，企业只有充分发挥团队的力量，才能把企业做大。

曾有人把团队的力量做了很形象地描述：在非洲的草原上如果见到羚羊在奔逃，

那可能是狮子来了；如果见到狮子在躲避，那或许是象群发怒了；如果见到成百上千的狮子和大象集体逃命的壮观景象，那是什么来了呢？——是蚂蚁军团来了！这就是团队和个人的最大区别。

一人难挑千斤担，众人能移万座山。

团队合作是事业成功的基础，在当前严峻的就业、创业和竞争形势下，更应该精诚合作、共创未来。高效的团队对于要达到的目标有清楚的了解，并坚信这一目标包含着重大的意义和价值。

中远恒信始终坚信：一个共同目标激励着团队成员把个人目标升华到群体目标中去，在有效的团队中，成员愿意为团队目标做出承诺，清楚地知道团队希望他们做什么工作，以及他们怎样共同工作最后完成任务。

中远恒信的管理者积极把每个员工融入团队中来，让员工与员工、员工与领导、领导与下属默契配合，创造一个所向披靡的优秀团队。

用团队的力量应对行业的挑战

个人的智慧，仅是草尖露珠；集体的智慧，才是长河流水。人在江湖，单打独斗终究不是长远之计，抱团取暖才是最好的出路。拥有良好和谐的团队气氛，团队成员相互依存、相互支撑，心在一起，对一个团队来说很重要。

面对风云变幻的产业投资新趋势，想要谋求更大的发展，实现更有力的突破，团队的力量是基础。未来，我们愿意如同“蚂蚁军团”一般，各部门密切合作，齐心协力，在新的征程上，闯出一片天。

资料来源：搜狐网。

团队是由员工和管理层组成的一个共同体，该共同体合理利用每一个成员的知识和技能协同工作、解决问题。能把这些人有机地组织起来，最大限度发挥每个人的能力和潜能，产生的绝不是 1 + 1 = 2 的简单加法效应，而是永恒的巨大威力，从而达到共同的目标。

每个人的能力都有一定限度，善于与人合作的人，能够弥补自己能力的不足，达到自己原本达不到的目的。

一、团队及团队合作的含义

斯蒂芬·罗宾斯在 1994 年首次提出了“团队”的概念。所谓团队，就是为了实现某一目标而由相互协作的个体所组成的正式群体。合作就是个人与个人、群体与群体之间为达到共同目的，彼此相互配合的一种联合行动。

团队合作指的是一群有能力、有信念的人在特定的团队中，为了一个共同的目标相互支持、共同奋斗的过程。它可以调动团队成员的所有资源和才智，自动地祛除所有不和谐和不公正现象，同时会给予那些诚心、大公无私的奉献者适当的回报。

二、团队合作的重要性

（一）团队合作提供无穷力量

例海藏真

从前，吐谷浑国的国王阿豺有20个儿子。他这20个儿子个个都很有本领，难分上下。可是他们自恃本领强，都不把别人放在眼里，认为只有自己最有才能。平时20个儿子常常明争暗斗，见面就互相讥讽，在背后也总爱说别人的坏话。阿豺见到儿子们这种互不相容的情况很是担心，他明白敌人很容易利用这种不睦的局面各个击破他们，那样一来国家的安危就悬于一线了。阿豺常常利用各种机会和场合苦口婆心地教导儿子们停止互相攻击、倾轧，要他们相互团结友爱。可是儿子们对父亲的话都是左耳朵进、右耳朵出，表面上装作遵从教诲，实际上并没放在心上，还是依然我行我素。

阿豺一天天老了，他明白自己在位的日子不会很久了。儿子们怎么办呢？再没有人能教诲他们、调解他们之间的矛盾了，那国家不是要四分五裂了吗？究竟用什么办法才能让他们懂得要团结起来呢？阿豺越来越忧心忡忡。

有一天，他终于有了主意。他把儿子们召集到病榻前，吩咐他们说："你们每个人都放一支箭在地上。"儿子们不知何故，但还是照办了。阿豺又叫过自己的弟弟慕利延说："你随便拾一支箭折断它。"慕利延顺手捡起身边的一支箭，稍一用力，箭就断了。阿豺又说："现在你把剩下的19支箭全都拾起来，把它们捆在一起，再试着折断。"慕利延抓住箭捆，使出了吃奶的力气，咬牙弯腰，脖子上青筋鼓起，折腾得满头大汗，始终也没能将一捆箭折断。阿豺缓缓地转向儿子们，语重心长地说道："你们也都看得很明白了，一支箭，轻轻一折就断了，可是合在一起的时候，就怎么也折不断。你们兄弟也是如此，如果互相争斗，单独行动，很容易遭到失败，只有20个人联合起来，齐心协力，才会产生无比巨大的力量，才可以战胜一切，保障国家的安全。这就是团结的力量啊！"

儿子们终于领悟了父亲的良苦用心，想起自己以往的行为，都悔恨地流着泪说："父亲，我们明白了，您放心吧！"这个故事告诉我们：团结就是力量，只有团结起来，才会产生巨大的力量和智慧。

资料来源：《阿豺折箭》。

19支箭合起来的力量是无穷的，我们只有将每一支箭合起来，才能更好地发挥各自的力量。团队亦是如此，唯有团队中的每个人都互相协作，发挥以一当十的功效，这个团队才能立于不败之地。

（二）团队合作营造良好氛围

由于团队成员具有目标的一致性，从而产生了一种整体的归属感。正是这种归属感，使得每个成员感到在为团队努力的同时也是在为自己实现目标。与此同时，感受到其他成员与自己一起在为这个目标而努力，会激起每个成员更强的工作积极性，有助于提高团队成员的工作效率。

鼓励合作的星巴克咖啡

星巴克咖啡自1987年在西雅图创建第一家街头小咖啡馆开始，发展到今天遍布全世界34个国家和地区的8 300家咖啡店，除了在打造品牌上的独到策略之外，团队建设便是它维持品牌质量的至关重要的手段，也是该公司不可替代的竞争力所在。以商店为单位组成团队，星巴克倡导的是平等快乐工作的团队文化（内部）。星巴克对自己的定位是“第三去处”，即家与工作场所之间的栖息之地，因此让顾客感到放松舒适、满意快乐是公司的愿景之一。

与大多数企业不同，星巴克从不强调投资回报，却强调快乐回报。星巴克的逻辑是：只有顾客开心了，才会成为回头客；只有员工开心了，才能让顾客成为回头客。而当二者都开心了，公司也就成长了，持股者也会开心。而团队文化则是获得快乐回报的最重要手段。那么，星巴克是如何创造这种平等快乐工作的团队合作文化的呢？

首先，领导者将自己视为普通的一员。虽然他们从事计划、安排、管理的工作，但他们并不认为自己与众不同，应该享受特殊的权利，不做普通员工做的工作。比方说，该公司的国际部主任去国外的星巴克巡视的时候，也会与店员一起上班，做咖啡、清洗杯碗、打扫店铺甚至洗手间，完全没有架子。

其次，每个员工在工作上都有较明确的分工，比如有的专门负责接受顾客的点菜、收款，有的主管咖啡的制作，有的专门管理内部库存，等等，但每个人对店里所有工种所要求的技能都受过培训，因此在分工负责的同时，又有很强的不分家的概念。也就是说，当一个咖啡制作员忙不过来的时候，其他人如果自己分管的工作不算太忙，会去主动帮忙，完全没有“莫管他人瓦上霜”的态度。这种既分工又不分家的团队文化不是一蹴而就的，而是有针对性地强化训练的结果。

最后，鼓励合作、奖励合作、培训合作行为。所有在星巴克工作的员工，无论你来自哪个国家，在商店开张之前，都要集体到西雅图（星巴克总部）接受三个月的培训。学习研磨制作咖啡的技巧当然用不着三个月，培训大部分的时间主要用于磨合员工，让员工接受并实践平等快乐的团队工作文化。由于各个国家之间的民族文化差异，有的时候在实施之中会遇到很大的障碍。比如日本、韩国的文化讲求等级，很难打破等级让大家平等相处。最简单的例子就是彼此之间直呼其名。因为习惯了加上头衔的称呼，不加头衔称呼对方对上下两级都是挑战。为了实践平等的公司文化，同时尊重当地的民族文化习惯，公司想出了用给每个员工起一个英文名字的方式来解决这个矛盾。另外，公司还设计了各种各样有趣的小礼品来及时奖励员工的主动合作行为，让每个人都时时体会到合作是公司文化的核心，是受到公司管理层高度认可和重视的。

（三）团队合作促进事业成功

俗话说："人无完人。"一个人的力量有限，若是个人单打独斗难以把全部事情都做尽做全做大。但是多人分工合作的话，就会有人多力量大的优势。可以把团队的整体目标分割成许多小目标，再分配给团队的成员去一起完成，这样不仅可以缩短完成大目标的时间，提高效率，还可以使事业在最短的时间内获得成功。

七个小矮人

在古希腊时期的塞浦路斯，有一座城堡里曾经关着一群小矮人，传说他们因为受到了可怕的诅咒而被关到了这个与世隔绝的地方。他们找不到任何人可以求助，没有粮食，没有水，七个小矮人越来越绝望。

小矮人们没有想到，这是神灵对他们的考验，关于团结、智慧、知识、合作的考验。

小矮人中，阿基米德是第一个被守护神雅典娜托梦的。雅典娜告诉他，在这个城堡里，除了他们呆的那间阴湿的储藏室以外，其他的25个房间里，有1个房间里有一些蜂蜜和水，够他们维持生存一段时间，而在另外的24个房间里有石头，其中有240块灵石，收集这240块灵石并把它们排成一个圈，可怕的咒语就会解除，他们就能逃离厄运，重返自己的家园。

第二天，阿基米德迫不及待地把这个梦告诉了其他的六个伙伴，其中四个人都不愿意相信，只有爱丽丝和苏格拉底愿意和他一起去努力。开始的几天里，爱丽丝想先去找些木柴生火，这样既能取暖又能让房间里有些光亮，把240块灵石找齐，好快点让咒语解除。三个人无法统一意见，于是决定各找各的，但几天下来，三个人都没有成果，倒是累得筋疲力尽，更让其他四个人取笑不已。

但是三个人没有放弃，失败让他们意识到应该团结起来。他们决定先找火种，再找吃的，最后大家一起找灵石。果然，经过三个人的团结合作，他们很快在左边第二个房间里找到了大量的蜂蜜和水。

小矮人的故事告诉我们，一个人做不成的事情，团队合作可以实现。如果七个小矮人都能团结起来，他们会更快地找到蜂蜜和水，更快地解除咒语。

（四）团队合作产生创新意识

团队至少由两个或两个以上的个体组成。三人行，必有我师焉。也就是说，每个人都有自己的优缺点，每个人都有自己独创的想法。团队成员组成的多元化，有助于产生不同想法，从而有助于在决策的时候集思广益，产生一个比较好的方案。

聚焦实验

猴子的故事

美国加利福尼亚大学的学者做了这样一个实验：把 6 只猴子分别关在 3 间空房子里，每间 2 只，房子里分别放着一定数量的食物，但放的位置高度不一样。第一间房子的食物就放在地上，第二间房子的食物分别从易到难悬挂在不同高度的适当位置上，第三间房子的食物悬挂在房顶。

数日后，他们发现第一间房子的猴子一死一伤，伤的缺了耳朵断了腿，奄奄一息。第三间房子的猴子也死了。只有第二间房子的猴子活得好好的。

究其原因，第一间房子的猴子一进房子就看到了地上的食物，于是，为了争夺唾手可得的食物而大动干戈，结果死的死伤的伤。第三间房子的猴子虽做了努力，但食物太高，难度过大，够不着，被活活饿死了。只有第二间房子的两只猴子先是凭着自己的本能蹦跳取食。最后，随着悬挂食物的高度增加，难度增大，两只猴子只有协作才能取得食物。于是，一只猴子托起另一只猴子跳起取食。这样，它们每天都能取得够吃的食物，很好地活了下来。

三、如何拥有良好的团队合作能力

（一）明确的目标

一个团队的存在，肯定有特殊的原因或为了特殊的目标，这也是团队存在的意义。团队目标越明确、具体，团队成员的行动越积极、高效，团队的稳定性也越高。因此，团队建立之初的首要任务就是使团队各成员明确团队的目标，并为此不断努力。

聚焦实验

成功的道路是目标铺出来的

心理学家曾经做过这样一个实验：组织三组人，让他们分别向着10公里以外的三个村子进发。

第一组的人既不知道村庄的名字，又不知道路程有多远，只告诉他们跟着向导走就行了。刚走出两三公里，就开始有人叫苦，走到一半的时候，有人几乎愤怒了。他们抱怨为什么要走这么远，何时才能走到头？有人甚至坐在路边不愿走了，越往后他们的情绪也就越低落。

第二组的人知道村庄的名字和路程有多远，但路边没有里程碑，只能凭经验来估计行程的时间和距离。走到一半的时候，大多数人想知道已经走了多远，有人说："大概走了一半的路程。"于是，大家又簇拥着继续向前走。当走到全程的四分之三的时候，大家情绪开始低落，觉得疲惫不堪，而路程似乎还有很长。当有人说"快到了"时，大家才又振作起来，加快了行进的步伐。

第三组的人不仅知道村子的名字、路程，而且公路旁每一公里就有一块里程碑，人们边走边看里程碑，每缩短一公里大家便有一阵小小的快乐。行进中他们用看里程碑的快乐消除疲劳，用坚定的步伐丈量行走的路程，所以很快就到达了目的地。

心理学家得出了这样的结论：当人们的行动有了明确目标的时候，就能把自己的行动与目标不断地加以对照，进而清楚地知道自己的行进速度与目标之间的距离。人们行动的动机就会得到维持和加强，就会自觉地克服一切困难，努力达到目标。

（二）和谐的人际关系

一个人如果想获得事业上的成功，实现自己的人生价值，就绝不能把自己孤立起来。在生活中多找机会与别人接触，了解别人会帮助我们更加了解自己、了解社会。扩大与外界的交际会让我们在人生的道路上受益匪浅。

建立和谐的人际关系，有利于增强团结，有助于增进身心健康，有助于人们形成互补，有利于提高人们的工作效率。

博闻天下

美国著名的福特汽车公司在新泽西的一家工厂，过去曾因管理混乱而差点倒闭。后来总公司派去了一位很能干的人，在他到任后的第三天，就发现了问题的症结：偌大的厂房里，一道道流水线如同一道道屏障隔断了工人之间的直接交流；机器的轰鸣声、试车线上滚动轴发出的噪声更使人们关于工作的信息交流越发难以实现。

由于工厂濒临倒闭，过去的领导一个劲地要生产任务，而将大家一同聚餐、工作外共同娱乐的时间压缩到了最低。所有这些，使得员工们彼此谈心、交往的机会少之又少，工厂的凄凉景象很快使他们的工作热情大减，人际关系的冷漠也使员工本来就不好的心情雪上加霜。组织内出现了混乱，人们口角不断，不必要的争议也开始增多，有的人干脆破罐破摔，工厂的情势每况愈下，这才到总部去搬救兵。

这位新任的管理者敏锐地觉察到这一问题后，果断地决定以后员工的午餐费由厂里负担，希望所有的人都能留下来聚餐，共渡难关。在员工看来，工厂可能到了最后关头，需要大干一番了，所以心甘情愿地努力工作，其实这位经理的真实意图就在于给员工们一个互相沟通了解的机会，以建立信任空间，使组织的人际关系有所改善。

在每天中午大家就餐时，经理还亲自在食堂的一角架起烤肉架，免费为每位员工烤肉。一番辛苦没有白费，在那段日子，员工们餐桌上谈论的话题都是有关组织未来走向的，大家纷纷献计献策，并将工作中的问题主动拿出来讨论，寻求最佳的解决途径。

这位经理的决定是有相当风险的。他冒着成本增加的危险拯救了企业不良的人际关系，使所有的成员又都回到了一个和谐的氛围中。尽管机器的噪声还是不止，但已经挡不住人们内心深处的交流热情了。两个月后，企业业绩好转，5 个月后，企业奇迹般地开始赢利了。这个企业至今还保持着这一传统，中午的午餐大家欢聚一堂，由经理亲自派送烤肉。

美国著名的心理学家卡耐基认为，“成功 =30% 知识 +70% 人脉”；更有人说，“人际关系与人力技能才是真正的第一生产力。”因为人的生命永远不孤立，我们和所有的东西都会发生关系，而生命中最主要的，也就是这种人际关系。由此看来，要想成功，首先需要拥有和谐的人际关系。

资料来源：百度文库。

（三）相互尊重信任

互相信任是一切的基石。如果不能信任对方，团队就会产生冲突。

狮子和熊

在一片森林里，有一对好朋友狮子和熊，他们常常在一起捕猎。这一天，它俩又一次出发去寻找猎物。走了好半天，目光敏锐的狮子一下子发现了山坡上有只小鹿，狮子正要扑上去，熊一把拉住它说：“别急，鹿跑得快，我们只有前后夹击才能抓住它。”狮子听了，觉得有道理，于是它俩就分别行动了。

鹿正津津有味地啃着青草，忽然听到背后有响声。它回头一看：啊呀，不得了！一只狮子正轻手轻脚向它扑过来！鹿吓得撒腿就跑，狮子在后面紧追不舍，无奈鹿跑得真快，狮子追不上。这时熊从旁边窜出来，挡住鹿的去路。它挥着蒲扇大的巴掌，一下子就把鹿打昏了。狮子随后赶到，问道："熊老弟，猎物该怎样分呢？"熊回答："狮大哥，那可不能含糊，谁的功劳大，谁就分得多。"狮子说："我的功劳大，鹿是我先发现的。"熊也不甘示弱："发现有什么用，要不是我出主意，你能抓到吗？"

狮子很不服气地说："如果我不把鹿赶到你这里，你也抓不到啊！"两人你一言我一语争个不休，谁也不让谁，都认为自己的功劳大，说着说着，两人就打了起来。

被打昏的鹿逐渐醒了过来，看到狮子和熊打得不可开交，赶紧爬起来，一溜烟逃走了。当狮子和熊打得精疲力竭时回头一看，鹿早不见了。

熊和狮子你看我，我看你，后悔得直叹气。

一项事业的成功，常常需要参与者的团结合作，共同努力，只有这样，才能获得丰硕的成果，享受成功的喜悦。

（四）善于沟通

沟通是人与人之间、人与群体之间思想与感情的传递和反馈过程。沟通是合作的前提，是合作的开始，是凝聚人心的纽带，只有平时多交往、多沟通，相互之间了解多了、关心多了、体谅多了，才会有共同语言，才能产生合作的基础。

曾经有这样一个小故事。有一把坚实的大锁挂在铁门上，一根铁杆费了九牛二虎之力，还是无法将它撬开。钥匙来了，它瘦小的身子钻进锁孔，只轻轻一转，那大锁一下子就打开了。铁杆奇怪地问："为什么我费了那么大力气也打不开，而你却轻而易举地就把它打开了呢？"钥匙说："因为我最了解它的心。"

美国沃尔玛公司总裁萨姆·沃尔顿曾说过："如果你必须将沃尔玛管理体制浓缩成一种思想，那可能就是沟通。因为它是我们成功的真正关键之一。"沟通就是为了达成共识，而实现沟通的前提就是让所有员工一起面对现实，共同参与，让大家都知道事实的真相。这样才能统一思想认识，从而解决问题。

通用电器公司总裁杰克·韦尔奇说："管理就是沟通、沟通再沟通。"日本经营之神松下幸之助说："企业管理过去是沟通，现在是沟通，未来还是沟通。"英国管理学家L. 威尔德认为："管理者的最基本能力就是有效沟通。"卡耐基说："无论何时，管理者应将沟通视为最重要的工作，职位越高，沟通工作越重要。"

（五）学会借助他人的力量

比尔·盖茨说过："一个人永远不要靠自己一个人花100%的力量解决问题解决问题，而要靠100个人花每个人1%的力量解决问题。"你不会做的事，一定有人会做；你想不出的办法，一定有人能想出来。所以，当你束手无策、深感沮丧的时候，试着问一下自己："我真的想尽办法了吗？"你将发现，其实有很多人能帮助你解决难题。

最大的力量

在巴西的一座古镇有一个名叫卢拉的穷孩子，他3岁就在街上擦皮鞋赚钱。卢拉读完小学就辍学了，12岁到洗染店当学徒，14岁进厂做工。

一天，卢拉放学回家，正准备开门的时候，发现钥匙不见了。他返回学校去找，也没有找到。当时他的爸爸在贝伦码头，妈妈去了一个叫蒂诺卡的地方，他们星期天才能回来。怎么办呢？他尝试着打开那把锁。他使用了胸卡、别针、铁丝等各种物品，弄得满头大汗，也没有弄开。最后他束手无策，坐在门口发呆。

这时，他的邻居博尔巴先生走过来，问："你在干什么？小伙子！"

"我的钥匙丢了，我想尽办法都无法进门。"卢拉沮丧地回答。

"不会吧！你没有想尽办法。至少你没有请求我的帮助。"说着，博尔巴先生从口袋里掏出钥匙，把门打开了。卢拉愣住了。原来，他的妈妈在邻居家留了一把备用钥匙。

55岁时，卢拉通过选举成为巴西第四十任总统。后来，他谈到自己的学习经历时说："我的第一任老师是我小时候的邻居博尔巴先生。"

资料来源：百度知道。

四、团队合作中应注意以下问题

（一）能力差

团队工作中总会有一块短板，每个人也都是有短板的。如果是能力问题，就需要开动脑筋去弥补自己的不足。一遍不行两遍，两遍不行三遍，反反复复，肯定会有改变。但是，如果你不管不顾，那么最终会危害到团队的整体工作。

木桶效应

木桶效应又称水桶原理、短板理论、水桶短板管理理论，是由美国管理学家彼得提出的。其核心内容为：一只水桶盛水的多少，并不取决于桶壁上最高的那块木板，而恰恰取决于桶壁上最短的那块。根据这一核心内容，“水桶理论”还有两个推论：其一，只有桶壁上的所有木板都足够高，那水桶才能盛满水；其二，只要这个水桶里有一块木板不够高，水桶里的水就不可能是满的。

木桶效应告诉我们：任何一个组织，可能面临的一个共同问题，即构成组织的各个部分往往是优劣不齐的，而劣势部分往往决定整个组织的水平，人亦如此。因此，要提高个人的整体能力。

（二）效率低

做事效率低下，本来一天可以做完的工作，非得要拖到两三天。我们应该时刻提醒自己，并且明确任务的急切性和重要性。要摆脱一切借口，在规定时间内完成任务。

例海藏真

台湾生产管理专家杨望远在演讲中提到这样一个例子：美国有一个农庄，经过统计发现，其农作物的产出值达平均上限的两倍，这是令人难以置信的。有一位效率专家想去研究其高效率原因，他千里迢迢来到这个农庄，看到一户农家，就推门而入。他发现屋里有一位农妇正在工作。她怎么工作呢？两只手织毛衣，一只脚正推动着摇篮，摇篮里睡着一位刚出生不久的婴儿，另外一只脚推动一个链条带动的搅拌器，嘴里哼着催眠曲，炉子上烧着有汽笛的水壶，耳朵在注意听水有没有烧开。但是效率专家觉得很奇怪，为什么每隔一会儿，她就站起来，再重重地坐下去，这样一直重复？效率专家再仔细一看，才发现这位农妇的坐垫竟是一大袋必须重复压才会好吃的奶酪。因此效率专家说不必查了，他已经知道高效率的原因了。

效率是团队持续发展的重要保证，高效率的工作不仅会影响团队目标的实现，还会为个人带来更大的发展空间。

（三）太粗心

粗心是指对细节问题不重视，重复性问题经常犯，新问题也时有发生。在团队合作中，粗心是非常可怕的，因为有些问题的发生没有先兆，到了最终阶段，出了问题才显现出来，这时一般出的都是大问题。所以要加强对工作的检查，多提醒自己需要注意的事项，同时有意识地去加强个人能力，整理工作经验，把每次的问题都总结出来进行分析解决，使之成为自己的经验。

切尔诺贝利核电站事故

操作员粗心大意并违反了规程，他们未察觉核电站控制棒上的设计缺陷，另外安全干事和负责该夜实验操作员之间的通信不足（由于工作粗心造成），造成了这一震惊世界的事故。

1986 年 4 月 26 日，核电站的第 4 号核反应堆在进行半烘烤实验中突然失火，引起爆炸，核物质泄漏，其辐射量相当于 500 颗美国投在日本的原子弹。爆炸使机组被完全损坏，8 吨多强辐射物质泄漏，尘埃随风飘散，致使俄罗斯、白俄罗斯和乌克兰许多地区遭到核辐射的污染。

26 日凌晨，反应堆熔化燃烧，引起爆炸，冲破保护壳，厂房起火，放射性物质源源泄出。人们用水和化学剂灭火，瞬间即被蒸发，消防员的靴子陷没在熔化的沥青中。1 号、2 号、3 号机组暂停运转，电站周围 30 公里被宣布为危险区，居民撤走。事故发生时当场死亡 2 人，受伤 204 人。5 月 8 日，反应堆停止燃烧，但温度仍达 300℃；当地辐射强度最高为每小时 15 毫伦琴，基辅市为 0.2 毫伦琴，而正常值允许量是 0.01 毫伦琴。瑞典检测到放射性尘埃，超过正常数值 100 倍。西方各国赶忙从基辅地区撤出各自的侨民和游客，拒绝接受白俄罗斯和乌克兰的进口食品。苏联官方 4 个月后公布：事故共造成 31 人死亡，主要是抢险人员，其中包括一名少将；得放射病者 203 人；从危险区撤出 13.5 万人。1992 年乌克兰官方公布，已有 7 000 多人死于这次事故的核污染。

5 月 9 日，国际原子能机构总干事布利克斯应苏联政府邀请，乘直升机从 800 米高空查看核电站的情况，他认为这是迄今为止世界上最严重的一次核事故。

灾后两年之中，26 万人参加了事故处理，为 4 号核反应堆浇了一层层混凝土，当成“棺材”埋葬起来。清洗了 2 100 万平方米“脏土”，为核电站职工另建了斯拉乌捷奇新城，为撤离的居民另建 2.1 万幢住宅。这一切，包括发电减少的损失，共计花费约 80 亿卢布（约合 120 亿美元）。

白俄罗斯共和国损失了 20% 的农业用地，220 万人居住的土地遭到污染，成百个村镇人去屋空。乌克兰被遗弃的禁区成了盗贼的乐园和野马的天堂，所有珍贵物品均被盗走，污染也因此扩散到区外。核电站 7 公里内的松树、云杉凋萎，1 000 公顷森林逐渐死亡。30 公里以外的“安全区”也不安全，癌症患者、儿童甲状腺患者和畸形家畜急剧增加；即使 80 公里外的集体农庄，20% 的小猪生下来也被发现眼睛不正常。上述奇怪的症状都被称为“切尔诺贝利综合征”。

土地、水源被严重污染，成千上万的人被迫离开家园，切尔诺贝利成了荒凉之地。10 年后，放射性仍在继续威胁着白俄罗斯、乌克兰和俄罗斯约 800 万人的生命和健康。专家们说，切尔诺贝利事故的后果将延续一百年。

资料来源：百度百科。

粗心不是小毛病，它可能会给个人、团队乃至整个国家带来毁灭性的伤害，所以，要养成细心、细致的习惯，成就个人好品质。

（四）太骄傲

太骄傲分两种，一种是确实有能力，自己在某方面有专长，对做好该项工作很有把握；另一种是没什么太高的能力，只不过自我感觉良好。这两类太骄傲都需要在工作开始前明确目标，如果做不到，必须进行批评与自我批评，改掉骄傲的态度。

孔子带着学生到鲁桓公的祠庙里参观的时候，看到了一个用来装水的器皿，倾斜地放在祠庙里，那时候把这种倾斜的器皿叫欹器。

孔子便向守庙的人问道："请告诉我，这是什么器皿呢？"守庙的人告诉他："这是欹器，是放在座位右边，用来警诫自己，如'座右铭'一般用来伴坐的器皿。"孔子说："我听说这种用来装水的伴坐的器皿，在没有装水或装水少时就会歪倒；水装得适中，不多不少的时候就会是端正的。里面的水装得过多或装满了，它也会翻倒。"

说着，孔子回过头来对他的学生们说："你们往里面倒水试试看吧！"学生们听后舀来了水，一个个慢慢地向这个可用来装水的器皿里灌水。果然，当水装得适中的时候，这个器皿就端端正正的。不一会儿，水灌满了，它就翻倒了，里面的水流了出来。再过了一会儿，器皿里的水流尽了，就倾斜了，又像原来一样歪斜在那里。这时候，孔子便长长地叹了一口气说道："唉！世界上哪里会有太满而不倾覆翻倒的事物啊！"

这个故事的寓意是借用欹器装满水就倾覆翻倒的现象来说明骄傲自满往往向它的对立面——空虚转化，从而告诉人们要谦虚谨慎，不要骄傲自满，凡骄傲自满的人，没有不失败的。

资料来源：《欹器的故事》。

谦虚谨慎才能使团队成员之间更好地配合，实现团队的成功。

五、不配合

当领导分配工作时，用各种借口拖延，这不仅害人还害己，所以要避免这种现象的发生。第一要紧跟脚步；第二要明确目标；第三要规定完成时间；第四不找任何借口。

在远古的时候，天神创造了人类。随着人类的增多，天神开始担忧，他怕人类不团结会造成世界大乱，从而影响了他们稳定的生活。为了检验人类之间是否具备团结协作、互帮互助的意识，天神做了一个试验：他把人类分为两批，在每批人的面前都放了一大堆可口美味的食物，但是，却给每个人发了一双细长的筷子，要求他们在规定的时间内把桌上的食物全部吃完，并不许有任何的浪费。

试验开始了，第一批人各自为政，只顾拼命地用筷子夹取食物往自己的嘴里送，但因筷子太长，总是无法够到自己的嘴，而且因为你争我抢，造成了食物极大的浪费，天神看到摇了摇头，为此感到失望。

轮到第二批人类了，他们一上来并没有急着要用筷子往自己的嘴里送食物，而是大家一起围坐成了一个圆圈，先用自己的筷子夹取食物送到坐在自己对面人的嘴里，然后，由坐在自己对面的人用筷子夹取食物送到自己的嘴里。就这样，每个人都在规定时间内吃到了整桌的食物，丝毫没有造成浪费。第二批人不仅仅享受了美味，还获得了更多彼此的信任和好感。天神看了，点了点头，为此感到欣慰。

明确目标、互相配合、相互信任，才能利人利己。

——团队合作拓展训练

拓展训练

建塔

一个人有创造力不难，难的是一个团队的创造力能充分发挥。通过团队创造力配合的练习，一个充满创造力的团队才可能诞生！

目标：让团队成员在执行任务中发挥创意，并且让每个组员都能扮演各自角色，为完成团队任务做出贡献。让团队的成员们认识到合作的重要性。

形式：全班学生，5 人 1 个小组

时间：30 分钟

道具：每组吸管 30 支，胶带 1 卷，剪刀 1 把，订书机 1 个

过程：

（1）发给每个小组材料，并说明每组要在 25 分钟之内用这些材料建一座自己认为最漂亮的塔。这座塔的塔高至少 50 厘米，要求外形美观、结构合理、创意第一。

（2）做完之后，每个小组把塔摆在大家面前进行评比。胜出的小组会得到一些小礼品。

第十五章　积极心态　幸福生活

——趣味小测验

乐观性测试

指导语：对于每个问题，有“是”与“否”两种答案，请根据读题后的第一感觉尽快选择，不要花太多的时间思考，将题号与答案记录下来，根据测验后的计分方法算出结果。谢谢你参与本测验。

1. 如果半夜里听到有人敲门，你会以为那是坏消息或有麻烦发生了吗？
2. 你随身带着安全别针或一条绳子，以防万一衣服或别的东西裂开吗？
3. 你跟人打过赌吗？
4. 你曾梦想过中了彩票或继承一大笔遗产吗？
5. 出门的时候，你经常带着一把伞吗？
6. 你把收入的大部分用来买保险吗？
7. 度假时，你曾经没预定旅馆就出门吗？
8. 你觉得大部分的人都很诚实吗？
9. 度假时，把家门钥匙托付给朋友或邻居保管，你会将贵重物品事先锁起来吗？
10. 对于新的计划，你总是非常热衷吗？
11. 当朋友表示一定奉还时，你会答应借钱给他吗？
12. 大家计划去野餐或烤肉时，如果下雨，你仍会照原定计划准备吗？
13. 在一般情况下，你信任别人吗？
14. 如果有重要的约会，你会提早出门，以防塞车、抛锚或别的状况发生吗？
15. 如果医生叫你做一次身体检查，你会怀疑自己可能有病吗？
16. 每天早晨起床时，你会期待美好一天的开始吗？
17. 收到意外的来函或包裹时，你会特别开心吗？
18. 你会随心所欲地花钱，等花完以后再发愁吗？
19. 上飞机前，你会买旅行保险吗？
20. 你对未来的 12 个月充满希望吗？

计分方法：

1. 是→0　　否→1；
2. 是→0　　否→1；
3. 是→1　　否→0；

4. 是→1 否→0；
5. 是→0 否→1；
6. 是→0 否→1；
7. 是→1 否→0；
8. 是→1 否→0；
9. 是→0 否→1；
10. 是→1 否→0；
11. 是→1 否→0；
12. 是→0 否→1；
13. 是→1 否→0；
14. 是→0 否→1；
15. 是→0 否→1；
16. 是→1 否→0；
17. 是→1 否→0；
18. 是→1 否→0；
19. 是→0 否→1；
20. 是→1 否→0。

计分标准及结果解释：

如果你的分数是0～7分，你是个标准的悲观者，看人生总是看到不好的那一面。身为悲观者，唯一的好处是，由于你从来不往好处想，所以你也就很少失望。然而，以悲观的态度面对人生，却有太多的不利：你随时会担心失败，因此宁愿不去尝试新的事物，尤其当遇到困难时，你的悲观会让你觉得人生灰暗、无法接受。悲观会使人产生沮丧、困惑、恐惧、气愤和挫折的情绪。解决这种状况的唯一办法是以积极的态度来面对每一件事或每一个人，即使你偶尔仍会感到失望，但你会逐渐对人生增加信心，胜过原来消极态度带给你的影响。

如果你的分数是8～14分，你对人生的态度比较正常。不过，你仍然可以更进一步，只要你学会怎样以积极和乐观的态度来应付人生中无法避免的起伏情况。

如果你的分数是15～20分，你是个标准的乐观主义者。你看人生总是看到好的那一面，将失望和困难放到旁边去。乐观，使人活得更有劲，不过要记住，有时候过分乐观，也会造成你对事情掉以轻心，结果反而误事。

注：本测验的结果仅供参考。

认识自我——当代大学生的幸福感现状

由于经济的高速发展，物质生活越来越丰富，本该是共享劳动成果的时刻，社会各处却充满了忙碌与疲惫的身影。有人发出了这样的疑问："你幸福吗?"这是一个现实又引人深思的问题。美国作家、清华大学心理学系客座教授贝内克指出："不幸福的生活会让人生病，也会让人寿命缩短。”身体健康和主观的幸福感紧密相连。如果感到幸福，能减少中风、心血管疾病和过敏性反应等疾病，让人的寿命平均约增加7.5岁。因此，幸福是健康的保障。

广东某高校曾经对在校的大学生进行了一次关于大学生幸福指数的问卷调查，其结果显示如下。

（1）对自己的生活质量感到很满意的同学占8.2%；对自己生活质量比较满意的同学占54.0%；感到不满意的和非常不满意的分别占23.0%和14.8%。

（2）44.9%的同学精神满足对象是亲情：认为家庭美满是一个人幸福的重要标准的占56.1%，还有45.9%同学选择亲情作为人生的信念，表明大学生对亲情甚为依赖。

（3）在精神上，65.5%的同学对感情生活的满足状况表示还可以；而有24.3%的同学表示情感生活得不到满足。

（4）71.3%的同学认为谈恋爱能够提升自己的幸福指数，渴望谈恋爱；而以为谈恋爱不能提升自己的幸福指数，对爱情不那么渴望的仅占28.7%。

（5）有44.3%的同学认为得到别人认可使自己感到幸福，31.1%的同学认为如果身边有许多朋友关心自己，就会感到幸福。

可见，每个学生对幸福感的认知力与感受力是不同的，但总体而言，当代大学生的幸福指数相对不高，需要学生学会调整自己的心态，用积极的思想、行为应对学习与生活。

富翁与乞丐

从前，有个富翁，他很富有，富有到整个小镇一半的财产都是属于他的，但是他不快乐。他想获得快乐，于是向全城征集快乐的方法。

有人提出吃，有人提出建造最好的房屋，有人提出去获取更多的财富，富翁只是摇摇头，没有说什么。

一日，他在小镇内散步，遇到了一个乞丐，这个乞丐也是满面愁容，富翁觉得这个表情似曾相识，因为这就是他的自己的表情。于是富翁上前询问乞丐：“你为什么不快乐。”

乞丐回道：“我吃不饱穿不暖，为什么我要觉得快乐。”

富翁觉得有点意思，于是就说：“我吃得饱穿得暖，但是为什么我还是觉得不快乐呢?”

乞丐轻蔑地一笑道："少骗人了，你什么都有，怎么会不快乐。"

富翁若有所思道："我把我的九成财产分给你，自己归隐山林，这样你是否就会变得快乐？"

乞丐拼命地点着头，富翁也履行了承诺，九成财产给了乞丐。从此，乞丐一下子成为小镇最富裕的人。

成为富翁的乞丐第一时间去当地最好的饭馆大吃大喝起来，同时命令他的属下为他建造最好的房屋，不仅如此，这位乞丐也不断通过他的财产获取更多的财产。

一开始的几个月，乞丐很快乐，物质上得到了极大的满足，他不断地在心中感谢那位愚蠢的富翁。但是好日子没有过多少天，乞丐由于吃山珍海味太多导致营养过剩，原本消瘦的他变得臃肿不堪；盖好的房子总是显得空落落的，总觉得巨大的房子里少了些什么；拿去获取财富的资金有损有赚，他总是因为自己的财产波动而感到焦虑。他感到了不快乐，回想起那次富翁对自己说的不快乐的场景，他开始明白了一些东西。

他找到了富翁，要求富翁拿回他的财产，富翁拒绝了。富翁说他过得很快乐，因为没有了担忧，此刻的他在物质、精神上都很快乐，同时他告诫这个曾经的乞丐，我们很多时候自己受的苦，别人很难理解，除非那个人重复了我们的生活。乞丐没说话，他慢慢走向小镇上的另外一个乞丐……

资料来源：豆瓣。

幸福从来都与金钱无关。每个人都有自己的生活方式，不同的生活方式蕴含着不同的快乐，关键是你的思想与观念是什么。

一、幸福与幸福感的含义

沙哈尔的幸福

本·沙哈尔是哈佛大学心理学硕士、哲学和组织行为学博士，他开设的"积极心理学"被哈佛学生推选为最受欢迎的课程，"其奇妙之处在于，当学生们离开教室的时候，都迈着欢快的步子"。泰勒在哈佛被称为"最受欢迎的导师"，同时他还受聘为多家著名跨国公司的心理咨询师和培训师，他的课程具有实用性和可操作性，被众多企业家和高管们誉为"摸得着的幸福"。

本·沙哈尔对幸福的理解，发生根本转变的起因是他早年的一次重要经历。

16 岁那年，在以色列长大的本·沙哈尔获得了全国壁球赛的冠军。在长达 5 年的训练中，空虚感如影相伴，他一直觉得生命中缺少了什么。虽为此闷闷不乐，但他仍坚信：身体和心理都要坚强，才能最终取胜；而胜利，一定会带来充实感，也能让自己最终幸福。

终于，本·沙哈尔如愿以偿，夺冠后的他欣喜若狂，和家人、朋友举行了隆重的庆贺。那时，他对自己的理念更加深信不疑：成功可以带来快乐，过去所受的种种苦痛都是值得的。

“可就在那天晚上，睡前我坐在床上，试着再回味一下无限的快感。可是突然间，那种胜利的感觉，那种梦想成真的喜悦，所有的快乐，都消失得无影无踪。我的内心忽然又变得很空虚，只有迷惘和恐惧。泪水涌出，不再是喜极而泣，而是伤心难过。在如此顺意的情况下，尚不能感到幸福的话，那我将到何处寻找我人生的幸福?”

他极力让自己镇定，并告诉自己这只是暂时的神经过敏。但在接下来的日子里，他仍没有找回快乐；相反，内心的空虚感越来越重。他慢慢发现：胜利并没为他带来任何幸福，他所依赖的逻辑被彻底打破。“从那时起，我开始对一个问题非常着迷：如何才能得到真正的幸福?”

本·沙哈尔注意观察周围的人，谁看起来幸福，他就向谁请教。他读有关幸福的书，从亚里士多德到孔子，从古代哲学到现代心理学，从学术研究到自助书籍。最后他决定去大学主修哲学和心理学。

他的幸福观，逐渐清晰起来：幸福，应该是快乐与意义的结合。

“一个幸福的人，必须有一个明确的、可以带来快乐和意义的目标，然后努力地去追求。真正快乐的人，会在自己觉得有意义的生活方式里，享受它的点点滴滴。”

幸福，是一种感受良好时的情绪反应，是一个人的需求得到满足时而产生的长久的喜悦，并希望一直保持这种愉快心情。

幸福感 = R × 满足感（R 为幸福商）。幸福划分为四个维度，满足、快乐、投入、意义。每个维度的幸福都是好的，但是将浅层次的快乐转化为深远的满足感和持久的幸福感是一件益处更大的事情。

二、幸福与积极心理学

例海藏真

马丁·塞利格曼是美国心理学家，积极心理学创始人。

有一天，塞利格曼教授看到他 5 岁大的外孙女尼奇将种子抛向天空，手舞足蹈地假装在播种，正想制止外孙女。他的女儿却对他说：“爸爸，我能与你谈谈吗?”塞利格曼问她想谈什么，女儿说：“爸爸，我从 3 岁到 5 岁一直都在抱怨，每天都要说这个不好那个不好。但当我长到 5 岁时，我决定不再抱怨了，这是我从来没做过的最困难的决定。我能够不再抱怨，您是否可以不再那样经常郁闷?”

这个故事里蕴含着一个重大发现：那就是传统的心理学总在找病因，找治疗方案，这些都是消极被动的行为，而新的心理学将目光转移到正常人那里，帮助他们找到幸福、获得满意。

就这样，“积极心理学”诞生了，没有重大学术成果，但有个好的目标。

康普顿在其著作《积极心理学入门》中这样写道：“积极心理学家要去发现和培育天赋和才华，让日常生活更令人满意，而不仅仅是治疗心理疾病。”

要意识到，其实人的注意力是有限的，所以如果把注意力放到积极的角度，那么就不容易受到消极影响。

积极心理学的核心理论可归纳为“美的假说”，而幸福是核心概念。塞利格曼认为，“真正的幸福来源于对基本力量的辨别和培育，并能在日常工作、恋爱、运动和抚养子女方面使用这些力量”。为了让幸福的概念更易被人理解，塞利格曼将其一分为三，分别是：快乐的生活、好的生活、有意义的生活。

聚焦实验

美国心理学家塞利格曼在 1967 年研究动物时做过以下实验。他起初把狗关在笼子里，只要蜂鸣器一响，就给狗施加难以忍受的电击。狗关在笼子里逃避不了电击，于是在笼子里狂奔，惊恐哀叫。多次实验后，蜂鸣器一响，狗就趴在地上，惊恐哀叫，也不狂奔。后来实验者在电击前把笼门打开，此时狗不但不逃，而是不等电击出现，就倒地呻吟和颤抖。它本来可以主动逃避，却绝望地等待痛苦的来临，这就是习得性无助。

在对人类的观察实验中，心理学家也得到了与习得性无助类似的结果。

习得无助感最常见的描述是：一个人消极地面对生活情况，经常没有意志去战胜困境，而且相当依赖别人的意见和帮助。成因不单是生活情况的改变或是特殊的生活体验，服用药物有时也会造成这种心理困境。

而具有习得性无助的人常常会伴有沮丧、痛苦、悲伤等负面体验。

三、幸福的来源

（一）乐观心态

乐观的心态是产生幸福的源泉。保持乐观的心态就能产生幸福。

苏格拉底是单身汉的时候，和几个朋友一起住在一间只有七八平方米的小屋里。尽管生活非常不便，但是，他一天到晚总是乐呵呵的。

有人问他："那么多人挤在一起，连转个身都困难，有什么可乐的？"

苏格拉底说："朋友们在一块儿，随时都可以交换思想、交流感情，这难道不是很值得高兴的事吗？"

过了一段时间，朋友们一个个相继成家，先后搬了出去。屋子里只剩下苏格拉底一个人，但是他每天仍然很快活。

那人又问："你一个人孤孤单单的，有什么好高兴的？"

"我有很多书啊！一本书就是一位老师。和这么多老师在一起，时时刻刻都可以向它们请教，这怎能不令人高兴呢？"

几年后，苏格拉底也成了家，搬进了一座大楼里。这座大楼有好几层，他的家在最底层。底层在这座楼里环境是最差的，上面老是往下面泼污水，丢死老鼠、破鞋子、臭袜子和杂七杂八的脏东西，那人见他还是一副自得其乐的样子，好奇地问："你住这样的房间，也感到高兴吗？"

"是呀！你不知道住一楼有多少妙处啊！比如，进门不用爬很高的楼梯；搬东西方便，不必花很大的力气；朋友来访容易，用不着一层楼一层楼地去叩门询问……特别让我满意的是，可以在空地上养花种菜，这些乐趣呀，数之不尽啊！"苏格拉底情不自禁地说。

过了一年，苏格拉底把一层的房间让给了一位朋友，这位朋友家有一个偏瘫的老人，上下楼很不方便。他搬到了楼房的最高层，可是他每天仍是快快乐乐的。

那人揶揄地问："先生，住最高层是不是也有许多好处呀？"

苏格拉底说："是啊，好处可真不少呢！仅举几例吧：每天上下楼，这是很好的锻炼机会，有利于身体健康；光线好，看书写文章不伤眼睛；没有人在头顶干扰，白天黑夜都非常安静。"

后来，那人遇到苏格拉底的学生柏拉图，问道："你的老师总是那么快快乐乐，可我却感到，他每次所处的环境并不那么好呀。"

柏拉图说："决定一个人心情的，不在于环境，而在于心情。"

资料来源：中国论文网。

在工作中，平和、乐观的心态是最重要的。任何对客观环境的不满和怨天尤人都是无济于事的，只有以积极向上的精神去面对工作，才是解决问题的最佳方法。

（二）自尊心理

自尊心理是幸福的支架，也是幸福的赐予。没有自尊，就不能说幸福。

从前，村子里有一个地主。村里人见到地主总是毕恭毕敬，唯独一个穷秀才总是看也不看他一眼。

“一个穷秀才凭什么抬着头在我面前晃来晃去?”地主非常生气。

一天，地主和穷秀才在路上相遇。那穷秀才又高昂着头从地主身边走过。地主实在看不下去了，叫住秀才问道：“喂，我是一个人人羡慕的富翁，见到我的人都对我毕恭毕敬，为什么你就这么不识相呢?”

“虽然你很富有，但又没给我好处，我为什么要向你低头。”

“那好，我把我财产的十分之一给你，你以后见了我就恭恭敬敬地低头。”

“那么点钱，我才不干呢。”

“那么我把财产分一半给你。你能向我低头了吧。”

“那样我们不就一样富有了嘛，我凭什么向你低头?”

地主更生气了：“好，那么我把我全部财产都给你，这总可以了吧!”

听到这句话，秀才郑重其事地对他说：“从富翁变成穷人的地主啊！那样的话我才是富翁，凭什么向你这个穷光蛋低头!”

地主差点没背过气去。

谁都希望得到别人的赏识，被别人认可。但人活在世上却常常事与愿违，必须经历因得不到赏识和不被认可而受挫的痛苦。这时候，如何看待自己将会改变一个人的人生轨迹。

资料来源：《人生哲理故事》。

尊敬不是自封的，而是别人赐予的。所以希望受人尊敬的话，就要关心和体贴他人，真诚地面对生活。但自尊却不是旁人能左右的，而是自己给予的。只有自己才知道自己是多么的坦诚，有多么的优秀。只有对自己了解和信任才能孕育出真正的自尊。

（三）团队意识

有一个好的团队，才能更好地获得幸福。

广阔无垠的旷野上，一群狼踏着积雪寻找猎物。它们最常用的一种行进方法是单列行进，一匹接着一匹。领头狼的体力消耗最大。作为开路先锋，他在松软的雪地上率先冲开一条小路，以便让后边的狼保存体力。

领头狼累了时，便会让到一边，让紧跟在身后的那匹狼接替它的位置。这样它就可以跟在队尾，放松一下，养精蓄锐，迎接新的挑战。

在一对头狼夫妇的带领下，狼群中的每一匹狼要为了群体的幸福承担一分责任。比如，在母头狼产下一窝幼崽后，通常会有一位“叔叔”担当起“总保姆”的工作，这样母头狼就可以暂时摆脱当母亲的责任，和公头狼去进行“蜜月狩猎”。狼群中每个成员都不希望做固定的猎手、保姆或哨兵，不过，每一匹狼都在扮演着至关重要的角色。

早在与成年狼嬉闹玩耍时，狼崽们就被耐心训练承担领导狼群的重任。他们这样做是因为生活本该是这样。

成功的团体和幸福的家庭也是如此。每位成员不仅要承担自己的义务，还要准备随时承担起更大的领导责任。一个团体的生命力很可能就维系于此。

狼的团队精神一直被人类社会所推崇，而狼与狼之间的默契配合成为狼成功的决定性因素。狼性团队的幸福就在于狼超强的团队意识。

（四）朋友

朋友能使你感到幸福。

大学生人际关系与主观幸福感的关系研究

这一研究采用郑日昌等人编制的《人际关系综合诊断量表》以及《主观幸福感量表》进行研究，问卷后采用 SPSS22.0 统计软件对所得数据进行统计处理与分析，分析大学生的人际关系困扰与主观幸福感的关系。

对大学生人际交往各个维度和主观幸福感的各个维度进行相关分析后发现：积极情感在待人接物、异性交往两个维度上呈正相关。消极情感在人际交往的各个维度上呈负相关。生活满意度在人际交往的各个维度上呈负相关。

以人际交往的四个维度做自变量，主观幸福感的三个维度做因变量，进行回归分析，结果表明：交谈困扰对生活满意度有预测作用；交谈困扰和交友困扰对消极情感有预测作用；待人接物困扰和异性交往困扰对积极情感有预测作用；交友困扰的性别差异显著；积极情感在待人接物、异性交往两个维度上呈正相关；消极情感在人际交往的各个维度上呈负相关。人际交往困扰得分越高，可能会体验到更多的消极情感，即人际交往困扰得分越高，幸福感越低。另外，研究显示，生活满意度在人际交往的各个维度上呈负相关。人际交往困扰对主观幸福感有预测作用。

（五）豁达

豁达是幸福感的重要来源之一。

碎 罐

过去，有一个人提着一个非常精美的罐子赶路，走着走着，一不小心，“啪”的一声，罐子摔在路边一块大石头上，顿时成了碎片。路人见了，唏嘘不已，都为这么精美的罐子成了碎片而惋惜。可是那个摔破罐子的人却像没这么回事一样，头也不扭一下，看都不看那罐子一眼，照旧赶他的路。

过路的人都很吃惊，为什么此人如此洒脱，多么精美的罐子啊，摔碎了多么可惜呀！甚至有人还怀疑此人的神经是否正常。

事后，有人问这个人为什么要这样？

这人说：“已经摔碎了的罐子，何必再去留恋呢？”

豁达是一种摆脱了得失心的精神状态。失去了就是失去了，何必还要空留恋呢？如果留恋有用，还要继续努力干什么？

（六）好的工作

一份好的工作，再加上良好的休闲娱乐，幸福就会不时地出现。

跳 槽

A 对 B 说：“我要离开这个公司，我恨这个公司！”

B 建议道：“我举双手赞成你报复这破公司，一定要给它点颜色看看。不过你现在离开，还不是最好的时机。”

A 问：“为什么？”

B 说：“如果你现在走，公司的损失并不大。你应该趁着在公司的机会，拼命去为自己拉一些客户，成为公司独当一面的人物，然后带着这些客户突然离开公司，公司才会受到重大损失。”

A 觉得 B 说得非常在理，于是努力工作。事遂所愿，半年多的努力工作后，他有了许多忠实的客户。

再见面时 B 对 A 说：“现在是时机了，要赶快行动哦！”

A 淡然笑道：“老总跟我长谈过了，准备升我做总经理助理，我暂时没有离开的打算。”其实这也正是 B 的初衷。只有付出大于得到，让老板真正看到你的能力，才会给你更多的成长机会。

资料来源：豆丁网，2009 年 5 月 23 日。

不要一味地埋怨环境带给人的诸多不便，其实环境本身是客观的，谁处于那个位置都会遇到同样的问题，聪明的人不是消极面对，而是努力去改造，当适应并爱上所处的环境时，就会感受到幸福。

（七）管理情绪

要学会管理好自己的情绪，不要让情绪影响到工作与生活。过分压抑或放纵自己的情绪，只能和幸福越来越远。

爱地巴跑圈

在古代，有一个叫爱地巴的人，每次生气和人起争执的时候，就以很快的速度跑回家去，绕着自己的房子和土地跑3圈，然后坐在田地边喘气。爱地巴工作非常努力，他的房子越来越大，土地也越来越广，但不管房子和土地有多大，只要与人争论生气，他还是会绕着房子和土地绕3圈。爱地巴为何每次生气都绕着房子和土地跑3圈？所有认识他的人，心理都起了疑惑，但是不管怎么问他，爱地巴都不愿意说。

直到爱地巴很老了，他的房子和土地已经很广大。有一次他生了气，拄着拐杖艰难地绕着土地跟房子转圈，等他好不容易走完3圈，太阳都下山了，爱地巴独自坐在田边喘气。他的孙子在身边恳求道："阿公，您已经年纪很大了，这附近地区的人也没有人的土地比您的更大，您不能再像从前，一生气就绕着土地跑啊！您可不可以告诉我这个秘密，为什么您一生气就要绕着土地跑上3圈？"

爱地巴禁不起孙子的恳求，终于说出了隐藏在心中多年的秘密。他说："年轻时，我若和人吵架、争论、生气，就绕着房子和土地跑3圈，边跑边想，我的房子这么小，土地这么小，我哪有时间、哪有资格去跟人家生气。一想到这里，气就消了，于是就把所有时间用来努力工作。"孙子问道："阿公，您年纪老，又变成最富有的人，为什么还要绕着房子和土地跑？"爱地巴笑着说："我现在还是会生气，生气时绕着房子和土地走3圈，边走边想，我的房子这么大，土地这么多，我又何必跟人计较？一想到这儿，气就消了。"

资料来源：百度文库。

控制好情绪是我们内心成熟的表现，也是我们身体健康的需要，同时还是我们预防疾病的重要方法。因此，要学会管理自己的消极情绪，做情绪的主人。

（八）健康

健康是幸福的基石，如果没有健全的身体和健康的体魄，就相当于没有根基的建筑。

积极乐观心态对健康的影响，大到不可思议！

美国的戴维·霍金斯博士是一位医生，他医治了很多来自世界各地的病人。他研究发现："人的意念振动频率如果在200以上就很少生病。"

戴维·霍金斯发现，凡是生病的人一般都有很多负面的意念，他们喜欢抱怨、指责、仇恨别人，不断指责别人的过程当中就消减自己很大的能量。这些意念的振动频率低于200。这些人容易患各种疾病。

没有爱会生病

振动频率也就是人们常说的磁场。"很多人生病是因为没有慈悲心、爱心、宽容心，只有痛苦和沮丧，通常这些人的振动频率低于200，容易得很多不同的病。"

霍金斯博士说：只要看到病人就知道这个人为什么生病，因为从病人身上找不到任何一个和爱相关的字，只有痛苦、怨恨、沮丧围绕在他周围。

振动频率高者能带来美好的场

研究发现，最高的振动指数是1 000，最低的振动指数是1。目前，在这个世界上，振动频率最高的人是700，他的能量特别足，这类人出现的时候，能够影响一个地方的磁场。

当诺贝尔和平奖得主特瑞萨出现在颁奖会上的时候，全场气氛相当好，振动频率很高，她的磁场让全场的人都感受到她的能量，美好和感动充满其中。

当能量很高的人出现时，他的磁场会让整个万事万物变得美好祥和起来，而当一个人有很多负面意念的时候，伤害的不仅是他自己，也让周围环境的磁场变得不好。

振动频率能量分层示意如图15－1所示。

振动频率200以上的意念通常表现为：喜欢关怀别人，拥有慈悲心、爱心，行善、宽容别人等，这些都是高的振动频率所具有的表现。这类人的能量值往往能达到400到500。

相反，喜欢嗔恨、发怒，动不动指责、怨恨、嫉妒、苛求他人，凡事自私自利，只考虑自己，很少考虑他人感受的，这些人的振动频率很低，这些低的振动频率也是导致癌症、心脏病等种种病的原因之一。

多些积极乐观的心态、正面的念头以及一颗慈爱的心，是健康不可缺少的。古人说，大德者寿，诚不我欺！

图 15－1　能量层级示意图

哈佛大学推荐让你快乐的 10 个方法

我们可以将这些方法打印出来贴在家里明显的地方，每天提醒自己去实践，经过一段时间的练习，你一定会惊喜地发现自己的成长和改变。

1. 要学会感恩

当你的感恩之心能够欣赏生活的美，你自然就充满了幸福感。

2. 不断学习

学习让我们保持年轻，梦想让我们充满活力。我们运用大脑进行运作的时候，就会变得开心和满足。

3. 学会解决问题

开心的人是会解决问题的人。在生活中遇到挑战的时候，这类人会直面挑战，调动全身力量寻找解决办法，提高自己的自信心和直面挑战的能力。

4. 做你想做的事情

如果现在不能做你想做的事情，那就试着在你现在的工作中寻找快乐和意义，或者培养一个你喜爱的兴趣。

5. 活在当下

你感到沮丧，是因为你活在过去。你会感到担忧和焦虑，是因为你活在未来。但是当你感到满足、开心和平和时，你才是活在当下。

6. 学会原谅

憎恨和生气是对自我的惩罚。每个人都会犯错，只有通过错误，我们才能慢慢学会如何成为一个更强大、更好的人。

7. 要经常说谢谢

对生活中的祝福要学会欣赏。向那些让你生活变好的人，表达出你的欣赏之情也同样重要。

8. 要乐观

每当你面对一个挑战时，如果你倾向于想象最坏的结果，那就需要自我转换。乐观肯定能驱使你走向成功和获得更多幸福感。

9. 好好照顾自己

一个健康的身体是幸福的关键。如果你身体不好，无论如何努力都很难快乐。好好照顾你的身体、大脑和精神。

10. 学会给予

做好事是最能确保你心情好的方法之一。在人们做好事的时候，他们的大脑变得活跃。所以，那些关心别人的人要比不大关心别人的人更开心。

超越自我——提高幸福感受力

我和幸福有个约定

古往今来，芸芸众生追求最多的一个词就是“幸福”。

李白为了追求幸福，寄情于山水之中；

陶渊明为了寻找幸福，抛官归隐采傲菊；

于连为了得到幸福，费尽心思挤入上流；

骆驼祥子为了活得幸福，丢弃了尊严和上进的心……

一切快乐，痛苦，悲哀，一切悲与喜，

那些笑与泪都与幸福有着千丝万缕的联系，剪不断，理还乱。然而，我们的幸福在哪儿呢？

1. 运用三个排比句，写一下幸福是什么。

____

____

____

2. 叙述一个例子，写出你和幸福的约定。如你和某个人、某件事的约定。

____

____

____

____

3. 关于幸福再总结一下，抒情一下，议论一下。

____

____

____

____

原来，我们和幸福早已约定好，它已留驻在我们的心中。采集生活中的点点滴滴，无论是苦是甜，都把它们当成酿造幸福的原料。在我们的人生道路上，让我们微笑着走好每一步！

参考文献

[1]郭瞻予,房素兰. 让快乐伴你成长:大学生心理健康教育读本[M]. 沈阳:辽宁大学出版社,2012.

[2]赵洪成,桑小洲. 快乐成才:高职生心理健康教育[M]. 北京:北京理工大学出版社,2011.

[3]陈选华,王军. 放飞理想:大学生心理健康教育课程[M]. 合肥:中国科学技术大学出版社,2008.

[4]人力资源和社会保障部教材办公室. 心理健康知识与案例分析[M]. 北京:中国劳动社会保障出版社,2009.

[5]阳旭,姜献生. 高职学生职业道德与礼仪实训教程[M]. 北京:科学出版社,2009.

[6]牧之. 阳光心态[M]. 北京:企业管理出版社,2010.

[7]陶红亮. 培养孩子财商108个细节[M]. 武汉:湖北教育出版社,2011.

[8]黄希庭. 心理健康教育[M]. 北京:高等教育出版社,2001.

[9]张梦欣. 心理健康教育读本[M]. 北京:中国劳动社会保障出版社,2007.

[10]栗九红. 心理健康[M]. 沈阳:东北大学出版社,2010.

[11]杨毅宏. 世界500强面试实录[M]. 北京:机械工业出版社,2010.

[12]纽斯特罗姆,戴维斯. 组织行为学[M]. 陈兴珠,译. 北京:经济科学出版社,2000.

[13]约里克,洛塞,莱克. 未来人力资源管理[M]. 于学英,译. 北京:机械工业出版社,2003.

[14]李春凯,杨立状,罗娇,等. 上海人刻板印象的结构及其动态变化[J]. 宁波大学学报(人文科学版),2009,22(1):140-144.

[15]王军,王海燕. 认知偏差对管理决策影响研究[J]. 黑龙江对外经贸,2009,176:88-90.

[16]谢继红. 人际交往中的认识偏差简析[J]. 牡丹江教育学院学报,2008.

后 记

2018 年 6 月 19 日，北京中科院研究生谢某在餐厅里宴请远道而来的高中同学，遭对方捅伤身亡。据知情人士透露，伤人者沉迷游戏被死者劝勉，于是怀恨在心，引发悲剧。

近些年，发生在“天之骄子”身上的悲剧案例不断增多：2013 年 4 月，上海复旦大学上海医学院枫林校区研究生黄洋被投毒致死，犯罪嫌疑人为被害人室友林森浩，原因只是愚人节开个玩笑；南京航空航天大学金城学院两名同宿舍学生因未及时开门发生口角，一名学生被刺伤，送医院后抢救无效死亡；2016 年，山东德州，一学生酒后与人争吵，捅伤两人，伤者送医院后抢救无效死亡；2018 年 3 月，21 岁的大学生王某因考研压力太大，无心学习，在看了和犯罪有关的图书和影视剧后，为追求刺激，遂产生了故意杀人的想法，执铁锤将无冤无仇的无辜者头部打伤；2018 年 2 月，25 岁的理工硕士罗正宇在一家旅社自缢身亡，只因内心脆弱，无法面对生活。

随着大学生伤人及自伤案件的不断增多，学生的心理健康问题成为人们的关注焦点，引起了社会各界的震动。这些事件为当今的教育界敲响了警钟。一个个年轻生命的逝去，应引起整个社会的伤痛和反思。教育的本质不仅在于知识的传授，更在于培养学生心智的健全和人格的丰满。

有位教育家曾经说过：“身体不好是废品，学习不好是次品，品德不好是危险品，心理不健康是易爆品。”虽然，我们不能单纯地用“物品”来形容一个人，但是，现实总是一次又一次地用血的事实证明这句话的正确性。

“当生命不再时，我们能做些什么?”作为教师，我们在反思。“我们该如何改进，做到防患于未然，避免更多悲剧的发生?”“当孩子们对自己的生活失去信心的时候，当生命不再时，那些分数、奖状又有什么意义?”因此，我们这些长年奋斗在教育教学第一线的教师们，共同思考，得出了这样一个结论：现在的学生迫切需要的是关于生命和心理健康的教育，教育目的是帮助学生学会寻找幸福，获得存在的意义，确立生命的尊严意识，这不仅需要学生拥有身体的健康，还需要学生拥有健康的心理，具有适应社会的能力，这样才能使学生无论何时何地都能调节好自己的心态，协调好人际关系，拥有一个美好的人生。基于这一目的，我们抱着认真而严谨的态度，完成了本书的编写工作。